RUMO a uma SOCIEDADE LIBERTÁRIA

Em memória de um grande homem,
Murray N. Rothbard

Walter Block

Rumo a uma Sociedade Libertária

Pósfacio por Raphaël Lima

Tradução de Luiz Paulo C. de Carvalho

São Paulo | 2018

LVM

Publicado originalmente em inglês: *Toward a Libertarian Society*

2ª Edição Revista e Ampliada

Impresso no Brasil/ Printed in Brazil
ISBN:978-85-8119-101-0

Editor Responsável | Alex Catharino
Tradução | Luiz Paulo C. de Carvalho
Revisão da tradução | Márcia Xavier de Brito
Revisão ortográfica e gramatical | Márcio Scansani / Armada
Revisão técnica | Fabio Barbieri
Preparação dos originais | Márcia Xavier de Brito
Revisão final | Márcio Scansani / Armada
Produção editorial | Alex Catharino
Capa | Mariangela Ghizellini / LVM
Projeto gráfico, diagramação e editoração | Ricardo Bogéa / Artífices
Pré-impressão e impressão | Evangraf

Ficha Catalográfica:

B651d
Block, Walter – 1941-

Rumo a uma Sociedade Libertária/ Walter Block; tradução de Luiz Paulo C. de Carvalho; posfácio de Raphaël Lima – São Paulo: LVM Editora, 2ª Edição Revista e Ampliada, 2018. 312p.

ISBN: 978-85-93751-42-4

1.Sistemas econômicos – Liberalismo; 2. Libertarianismo; 3. Política Externa; 4. Economia; 5. Liberdades Individuais; 5. Teoria Libertária

CDU 330.342.172

Índices para Catálogo Sistemático:

Economia – Sistemas Econômicos – 330.342
Liberalismo Econômico – 330.342.172

Editado no Brasil por:

LVM Editora
Rua Leopoldo Couto de Magalhães Júnior, 1098, Cj. 46
04.542-001. São Paulo, SP, Brasil
Telefax: 55 (11) 3704-3782
contato@lvmeditora.com.br · www.lvmeditora.com.br

Sumário

Caridade

Médico

IV - TEORIA LIBERTÁRIA

As Premissas Básicas

Secessões

Teoria da Pena

Política

Posfácio à 2ª Edição Brasileira

Prefácio à edição brasileira

É um prazer escrever um prefácio para a versão em português do meu livro *Rumo a uma Sociedade Libertária*. Por quê? Por várias razões. Primeiro que qualquer autor sempre dá cordiais boas-vidas à tradução de um de seus livros para um idioma diferente do publicado originalmente; a nosso ver, quanto mais pessoas puderem ler nossos livros, melhor. Segundo que, graças ao Brasil, um dos maiores e potencialmente mais ricos países do mundo, o português se tornará uma língua cada vez mais importante no decorrer dos próximos anos. No entanto, isso será verdade se, e somente se, as políticas públicas adotadas por esta nação forem radicalmente alteradas no sentido do apoio à livre iniciativa e à proteção dos direitos de propriedade privada. E isso me leva a uma terceira razão: o Instituto Mises Brasil é o *think tank* mais proeminente de políticas públicas em Economia no país e, na verdade, um dos principais em todo o mundo. É essa organização que publica apresente tradução de meu livro. Por apoiara Escola Austríaca de Economia (na perspectiva de Menger, Böhm-Bawerk, Mises, Hayek e Rothbard) e sob a liderança de Hélio Beltrão, o Instituto Mises Brasil é a maior promessa para a economia brasileira e também, em parte, para o resto do mundo, dado o posto que esta nação sul-americana assumirá no cenário mundial se e quando seguirem as recomendações apresentadas.

Há mais uma razão pela qual estou muito contente em escrever este prefácio. Isso me dá a oportunidade de acrescentar ao livro um comentário sobre os eventos mais recentes que aconteceram desde a publicação da versão em inglês. O que aconteceu no último ano desde a publicação do original em inglês em 2014 pelo Mises Institute em Auburn, Alabama? O que eu acrescentaria a este livro, caso tivesse oportunidade?

Muitas coisas aconteceram desde então. Falarei sobre elas sob a mesma rubrica presente no livro original, *Rumo a uma Sociedade Libertária;* isto é, política externa, economia e liberdades pessoais. Apresentarei cada uma delas na ordem de importância que lhes atribuo. A política externa é a mais importante, uma vez que gera a maior perda (ou ganho) de vidas. E, também, corrobora as outras duas, especialmente a economia. A "ciência lúgubre" é secundária em importância, já que ela detém a resposta da escolha entre a miséria e a prosperidade. As liberdades individuais também são importantes, mas, em minha opinião, em menor grau. (Entendo que, ao dizer isso, estou passando perto demais de um marginalismo violador, a solução para o paradoxo da água e do diamante, mas, insisto, se formos, hipoteticamente, capazes de escolher apenas um dentre estes três, essa seria a ordem de importância). Continuo afirmando que esse é o prisma pelo qual todas as filosofias econômicas devem ser vistas; e que a economia austríaca e o libertarianismo são os melhores veículos não somente para nos fazer compreender os problemas mundiais, mas também para nos conduzir em direção às soluções.

Política Externa

O governo dos Estados Unidos, em sua infinita sabedoria, derrubou os regimes totalitários e autocráticos de Muammar Gadhafi na Líbia, de Saddam Hussein no Iraque e vem se esforçando, ineptamente, para fazer o mesmo com Bashar al-Assad na Síria. Esses sujeitos eram ditadores. Oprimiam a população de seus países. Eles não eram, pasmem, democratas. A missão da "terra dos livres e lar dos bravos" era a de exportar a democracia e a economia mista para estes bárbaros oprimidos. E o resultado foi o ISIS. Não se pode negar que o último é muito pior do que o primeiro.

Será que os Estados Unidos foram bem-sucedidos em acabar com o cruel reinado do ISIS? Não. E lá vem Putin e a Rússia. Ele age de modo a apoiar o seu cliente, o Estado sírio, e para acabar com o flagelo do ISIS, não muito distante das fronteiras da Rússia. Será que os maníacos belicistas dos Estados Unidos aplaudem esta iniciativa? Nem um pouco. Em vez disso, nada fazem senão proferir ameaças de uma III Guerra Mundial com uma superpotência nuclear.

Economia

Meu antigo colega de classe e parceiro de atletismo, o senador de Vermont, Bernie Senders fica colérico ao defender que o salário mínimo deva ser aumentado para $15 por hora. Quando dá palestras, atrai multidões de mais de 20.000 pessoas. Na época destes escritos (outubro de 2015), cresce silenciosamente nas pesquisas de opinião pública contra Hillary Clinton, a favorita dos democratas. "Bernie", como popularmente o chamam, acredita que o salário mínimo é como um piso: suba-o e os ganhos de todos também aumentarão até o nível determinado pela lei. Se fosse assim, por que não aumentar para US$1.000 a hora? Com uma só canetada legislativa, poderíamos remediar a pobreza do mundo todo, caso todos os países assim fizessem. Não, não e não. Na verdade, o salário mínimo é um obstáculo, uma barreira ou mesmo um sarrafo transversal de salto em altura; quanto maior for, mais alto o povo deverá saltar para conseguir emprego. A $15/hora, todos aqueles com a produtividade abaixo deste valor (os jovens, os não qualificados e os negros, desproporcionalmente) serão relegados a uma vida inteira de desemprego. Não é por acidente que estes grupos sejam assolados pelo desemprego quatro vezes mais do que os trabalhadores qualificados.

Outro ponto. O papa Francisco tem recriminado o "capitalismo". Se ele estiver se referindo ao capitalismo de compadrio, ou ao capitalismo fascista de corporações monopolistas estatais, eu o apoio em 100%. Neste caso, as fortunas não são criadas pela satisfação dos consumidores e dos produtores por intermédio de uma concatenação de trocas voluntárias de serviços, mas sim por meio do processo político, favores, protecionismo (tarifário), *bailouts,* subsídios etc. Isso vai totalmente de encontro ao capitalismo *laissez-faire*, que tem suas bases nos direitos de propriedade privada em que a atividade comercial é um acordo entre as partes. O problema deste papa é simplesmente não fazer qualquer distinção entre esses dois tipos de "capitalismo" muito, muito diferentes entre si. Gostaria que ele lesse e refletisse sobre qualquer texto básico de economia. Isso me faz pensar que alguém deveria enviar-lhe uma cópia deste livro. Será que ele lê português?

Liberdades Individuais

Bernie Sanders também quer impor a educação superior gratuita nos Estados Unidos. Pelo menos isso é o que ele diz. Na realidade, eu o apoio. Defendo tudo o que é grátis e tudo que ponha um fim na escassez no grau mais elevado o possível. Mas não é isso, de modo algum, o que está sendo defendido pelos adeptos desta política. Em vez disso, esse possível próximo presidente dos Estados Unidos quer tomar (ou melhor, roubar) dinheiro de algumas pessoas e dá-lo a outras, desde que o usem para o ensino superior das últimas. Na minha opinião, as universidades se transformaram em verdadeiras latrinas intelectuais. Apresentam programas de estudos feministas, afros, LGBT e de outros exemplos do marxismo cultural. São tão politicamente corretas que muitas desejam banir o uso das palavras "ele" e "ela" e "banana", com receio de que insultem os que facilmente têm síncopes. Algumas universidades obrigam aos professores a dar aos alunos uma espécie de "alerta prévio" para que os pobres coitadinhos não entrem em um estado de confusão mental ao contemplar uma ideia de que discordam. Se tivermos de subsidiar alguma coisa (porém, creio que não devemos subsidiar nada) que sejam produtos inofensivos como os elásticos ou clipes de papel e não as instituições de pseudo-ensino superior.

Uma horrenda série de acontecimentos recentes foram os fuzilamentos em massa de pessoas inocentes nos *campus* universitários nos Estados Unidos. Pessoas de todo o mundo, incluindo o Brasil, certamente ficaram assustadas. O tradicional remédio oferecido pelos nossos amigos da esquerda foi o controle de armas. Mas cerca de 92% de todos esses terríveis eventos aconteceram em *gun-free zones*, em lugares livres de armas! Acabemos com estas zonas desarmadas e não com as armas. Uma sociedade armada é uma sociedade mais educada e também mais segura.

O controle de armas é a política amada por ditadores. Hitler promulgou essa legislação. No entanto, se fosse permitido o porte de armas a todos os judeus na Alemanha, seus destinos poderiam ter sido radicalmente melhores. Com certeza não poderia ter sido pior. Hitler poderia muito bem ter expulsado os judeus sem realizar uma carnificina maciça pois, armadas com pistolas, essas pessoas teriam, provavelmente, matado um número significativo de soldados em autodefesa. Não, a Segunda Emenda da Constituição dos Estados Unidos não visa principalmente beneficiar caçadores e atiradores desportivos. Foi elaborada para promover a liberdade diante de governos excessivos.

Walter Block
New Orleans, 2016

Prefácio à edição norte-americana

O que me dilacera é o libertarianismo ser um banquinho de três pernas. Consiste em uma política externa, uma política econômica e as políticas relativas às liberdades individuais. Espere! Não, isso não está completamente correto. Sim, libertarianismo de fato consiste nessas três "pernas", assim como todas as outras filosofias políticas – marxismo, conservadorismo, liberalismo de esquerda, progressismo, comunismo, nazismo, feminismo – sem exceções. Isto é, *toda* filosofia política, para que se entenda como completa, deve se dirigir a essas três questões, digladiar-se com elas, confrontá-las.

Os tópicos aos quais me refiro neste livro baseiam-se numa resposta quintessencialmente *libertária* para esses desafios. E, para que esse material seja coerente com tal filosofia, deve ser estritamente fiel aos dois elementos, os únicos pertencentes ao libertarianismo: o princípio da não-agressão e o dos direitos à propriedade privada baseados no *homesteading*[1].

Este livro consegue cumprir tal tarefa? Isso cabe a outros responderem. Quanto a mim, tudo o que posso dizer é que certamente assim pretendo que ele o faça. Por exemplo, na esfera da política externa, o princípio da não-agressão implicaria em uma política estrita de não-intervencionismo. Isso *não* é isolacionismo. Este significa que os Estados Unidos deixem de se envolver; não se metam, por assim dizer, com ninguém no resto do mundo. Isso não é, de modo algum, o que professa o princípio de não-agressão. Os cidadãos de nosso país devem ser livres para visitar, fazer

[1] Em um sistema de mercado totalmente livre, as terras simplesmente permaneceriam sem dono até que pela primeira vez fossem utilizadas, e depois disso poderiam ser compradas dos primeiros usuários e de seus herdeiros ou cessionários. Assim, o primeiro usuário adquiriria a propriedade legítima de um recurso natural por dar uso à terra, visto que nenhuma porção do território estaria sob o domínio do Estado, pois não existiria a propriedade governamental de domínio público. (N. do E.)

comércio, comprar, vender, investir e permitir que os investimentos provenientes de pessoas de todos os cantos do globo. Isso significa somente que os Estados Unidos retirem suas centenas de bases militares instaladas em dezenas de outros países. Isso é pacifismo? Claro que não. Um papel adequado para o governo dos Estados Unidos, se é que existe algum, é o de se preocupar com a defesa, não com o ataque. Todo fã de basquete sabe a diferença. É quando o *outro* time está com a bola que eles gritam "Defesa!" É terrível que o americano médio não seja capaz de estabelecer essa distinção de forma consistente. O que uma política externa adequada pediria? Algo como uma poderosa Guarda Costeira, pronta para chutar o traseiro de quem ousasse nos atacar (e deixar de ter a responsabilidade de apreender drogas legais etc.).

Eis o porquê de, na parte I deste livro, dedicado à política externa, tentei, do meu jeito esquisitão, provar que os Estados Unidos não são, no momento, um país que implementa uma postura libertária, mas sim imperialista. Desfilamos altivamente pelo planeta, lançando *drones* nas pessoas, afogamos gente e utilizamos outros métodos para matá-las; pessoas que realmente nunca atacaram os Estados Unidos. E, em casos nos quais elas de fato o fizeram, tal como Ron Paul insiste em afirmar com correção, foi devido a "*blowblacks*[2]". Estão aqui, afirma Paul, porque antes estivemos lá. A solução é, claramente, adotar a política estabelecida por Thomas Jefferson e George Washington de não existirem "*entangling aliances*"[3] e a de John Quincy Adams de não buscar fora do país monstros a serem destruídos. CDPV, cuidar da própria vida é, de longe, uma política bem melhor do que qualquer uma das aplicadas pelos Estados Unidos durante a maior parte de sua história. Emular a política externa da Suíça pode ser um bom começo.

---

[2] Expressão empregada para as consequências negativas que afetam um país cujo governo empreendeu uma operação de inteligência, geralmente clandestina, em outro país. (N. do T.)

[3] O termo é utilizado normalmente no original em inglês e poderia ser traduzido como "alianças que não embaracem". O termo aparece no discurso inaugural de Thomas Jefferson em 1801 e não aparece explicitamente no famoso discurso de despedida de George Washington, embora a ideia estivesse presente com relação à Europa e que pode ser interpretada como uma recomendação desses "pais da pátria" ao isolacionismo. (N. do E.)

Na seção II desde livro, dedicada às liberdades econômicas, tento provar que um sistema de livre iniciativa é autossustentável, maximiza a riqueza e se desenvolve melhor, bem melhor, sem nenhuma "ajuda" do Estado. "Faço parte do governo e estou aqui para ajudá-lo" seria o ponto de vista diametralmente oposto do aqui oferecido. Isso porque o dito setor público é baseado na violência preliminar, pelo menos no que se refere a sua tributação obrigatória. E, na análise rothbardiana, sua intervenção triangular, proibindo ou forçando interações comerciais em nome dos residentes desta nação, prejudica, não ajuda, o bem-estar econômico. O meu título de capítulo predileto na seção de microeconomia é: "Quer ajudar os Pobres e Oprimidos? Incentive o Capitalismo *Laissez-Faire*, seu *Bleeding-heart Liberal*[4]". Reflita sobre isso e verá que aplica-se também aos assim chamados libertários *Bleeding-heart*[5]. E isso se aplica, sem sombra de dúvida, à esfera macroeconômica. Falem o que quiserem sobre intervencionismo microeconômico, ele possui por sua própria natureza um âmbito algo limitado. O mesmo não ocorre na esfera macroeconômica, onde o estadista pode causar muito mais mal, pois suas políticas têm um impacto muito maior sobre todos os aspectos da economia. É importante, também, defender o ambientalismo de livre mercado, que está longe de ser uma contradição de termos, a despeito do quanto nossos amigos na esquerda desejassem que assim o fosse. Não, também no campo ambiental, os direitos à propriedade privada, o sistema de lucros e perdas são as derradeiras e melhores promessas para a humanidade e para o reino animal também. Como um aluno de pós-graduação de Gary Becker na Universidade de Columbia, tenho grande interesse em economia do trabalho e a proporção de capítulos sobre esse tema confirma o fato. Sindicatos, salários mínimos, violação dos direitos dos "fura-greves" são, todos, elementos básicos de uma análi-

[4] No Brasil, expressão é utilizada em inglês mesmo e designa um tipo de esquerda progressista (*Liberal* no sentido norte-americano) que se identifica com os menos privilegiados. Uma tradução possível seria um "esquerdista compassivo ou sentimental". (N. do E.)

[5] Os libertários *Bleeding-heart* são um grupo que afirma ser libertário por acreditar nas liberdades civis e na economia de livre mercado, mas adotam os valores e vocabulário da esquerda por entenderem espelhar uma preocupação com os menos favorecidos. (N. do E.)

se austro-libertária sobre esse setor da economia. Escrevo num momento em que há uma investida para aumentar a inflexibilidade na lei do salário mínimo. Espero que os capítulos desta seção do livro desempenhem algum papel na prevenção contra essa iniciativa maligna.

A parte III do livro centra-se nas liberdades individuais. Os libertários não precisam pedir nenhuma desculpa acerca de análise sobre o feminismo, a legalização das drogas, a filantropia ou o sistema de saúde. Repetidas vezes, as políticas libertárias, com base nos direitos individuais, são tanto mais eficazes quanto apresentam maior congruência com a moralidade.

E o que dizer da perspectiva libertária apoiada sobre as três pernas do banquinho da economia política. E quanto à própria teoria libertária? Este é o objeto de análise da IV e final parte do livro. Aqui, tento estabelecer as premissas básicas e aplicá-las à secessão, à teoria da punição, e à política.

Espero que este livro faça você pensar e questionar como a sociedade pode ser bem-sucedida sem um Estado monolítico nos espezinhando. Ficaria muito feliz se esta obra ajudasse, de alguma maneira, a promover a nossa amada filosofia, o libertarianismo.

Walter Block

New Orleans, 2014

Introdução

Na palestra intitulada "Imite Ron Paul", proferida durante a convenção estadual dos *Young Americans For Liberty* (Jovens Americanos Pela Liberdade) em Auburn, Alabama, em 6 abril de 2013, Lew Rockwell mencionou cinco pontos. O primeiro deles, a meu ver, o mais importante foi: "A questão da guerra não pode, e não deve ser evitada". A respeito desse tema, disse Lew :

> Primeiro e sobretudo, Ron é um crítico do estado de guerra. A guerra no Iraque, que ainda era uma questão viva quando Ron primeiro concorreu à nomeação republicana, fora vendida ao público tendo por base mentiras evidentes e insultantes mesmo para os padrões do governo norte-americano. A devastação – em termos de mortes, mutilações, deslocamentos e destruição pura - consternou todo e qualquer ser humano decente.
>
> Sim, o Departamento de Educação é um escárnio, mas não é nada comparado às horripilantes imagens do que aconteceu aos homens, mulheres e crianças no Iraque. Se não fosse para denunciar tal evidente mal moral, pensou Ron consigo mesmo, afinal, qual era o propósito estar na vida pública?
>
> Ainda assim, esta é a problemática à qual Ron deveria ter evitado, segundo os estrategistas. Fale apenas sobre as finanças, fale sobre a grandeza da América, fale sobre qualquer coisa que as pessoas estiverem discutindo e você ficará bem. E, deixaram de acrescentar, ficará esquecido.
>
> Mas tivesse Ron se intimidado diante deste problema, não teria acontecido "Ron Paul Revolution" alguma. Foi sua corajosa recusa em se retratar por professar verdades indizíveis sobre o papel dos Estados Unidos no mundo que fez com que os norte-americanos, e especialmente os estudantes, se sentassem e analisassem o caso com atenção.

> Quando ainda estava com uns trinta anos, Murray Rothbard, em escritos privados, disse que começava a ver a guerra como "a chave de toda a questão libertária". Eis outro modo pelo qual Ron Paul tem sido fiel à tradição rothbardiana. Repetidamente, em entrevistas e aparições públicas, Ron reorientou as questões a ele apresentadas de volta aos problemas centrais de guerra e política externa.
>
> Preocupado com o orçamento? Não se pode comandar um império com uma ninharia. Aflito com revistas de segurança das agências governamentais, com a espionagem do governo ou com câmeras focadas em você? Estas são políticas inevitáveis de uma entidade hegemônica. Caso após caso, Ron apontou uma conexão entre a política exterior imperialista e os abusos em solo pátrio.
>
> Inspirados em Ron, libertários começaram a desafiar os conservadores ao lembrá-los de que uma guerra, no fim das contas, é o programa governamental máximo. Guerras têm de tudo: propaganda, censura, espionagem, contratos de camaradagem, impressão de dinheiro, gastos exorbitantes, criação de dívidas, planejamento central, insolência — tudo o que associamos às piores intervenções na economia.

Eu já assinei minha "carta de amor" a Ron Paul em 2012 no livro *Sim para Ron Paul e para a Liberdade;* menciono isso apenas para explicar a organização do presente livro. Ele tem cinco seções: uma parte introdutória, I. Política Externa, II. Economia, III. Liberdades Individuais e IV. Teoria Libertária. É claro que as cinco estão interconectadas. Mas, se tivesse de destacar uma delas, e assim fiz, escolheria como primeira e mais importante, tal como Rockwell e Rothbard, a política externa. "A guerra é a sanidade do Estado", disse Randolph Bourne, e jamais foram ditas palavras tão verdadeiras. A incitação de guerras traz consequências para as políticas econômicas; não é à toa que o governo engendra a desvalorização da moeda: isso ajuda a levantar mais fundos do que normalmente seria possível para o passatempo favorito: cobrir o mundo com o peso de suas mãos. Traz consequências para as liberdades individuais também. Em grande parte, a enganosa guerra contra as drogas é uma serva do imperialismo. Coloco a seção econômica em segundo lugar, já que tendo a ver o mundo mais sob essa lente do que sob qualquer outra. A terceira seção no livro dá destaque às liberdades individuais, certamente um assunto muito importante para todos os libertários. A quarta seção é sobre os problemas médicos que são carentes de atenção. A seção final trata da espinha dorsal do pensamento libertário, suas teorias e ideias nucleares.

Agradeço a Lew Rockwell por me convidar a compilar uma série de colunas que escrevi para o site *LewRockwell.com* ao longo de anos. Agradeço a Stephan Kinsella e a William Barnet II, respectivamente, pela permissão de publicar ensaios que escrevemos em coautoria.

Quanto a isso, Ron Paul e Lew Rockwell não são os únicos que têm sido "fiéis à tradição rothbardiana". Murray, meu amigo de longa data, mentor, professor e inspiração, motivou uma geração inteira de libertários e economistas da Escola Austríaca a promover a gloriosa filosofia austro-libertária. Esta é uma pequena contribuição para esse objetivo. Este livro é dedicado à memória de um grande homem, Murray N. Rothbard.

Walter Block

New Orleans, 2014

Parte I
Política Externa

··· Capítulo 1 ···

Libertários Belicistas: Uma Contradição em Termos*

O argumento usado pela maioria dos defensores das guerras atuais se resume à alegação de que se a gente não chutar o traseiro do Saddam primeiro, ele é que fará isso conosco. Às vezes esse pensamento é formulado de modo mais formal nos seguintes termos: Seria faltar com o cumprimento do dever por parte do governo dos Estados Unidos não invadir o Iraque, já que, caso contrário, este país liberará suas armas de destruição em massa sobre nós.

Há muitos problemas nesse modo de ver o mundo.

Primeiro de tudo, nós já "chutamos o traseiro do Saddam" durante a primeira guerra do Iraque, sob comando de Bush, *o Velho*. Continuamos a fazer isso com a nossa política de "fechamento de espaço aéreo" e nossa interferência no comércio daquele país. Saddam não precisa nem argumentar que os Estados Unidos possam atacá-lo; nosso país já o fez, e ameaça voltar a atacar mais uma vez.

Em segundo lugar, ao longo da história nunca houve um agressor ditatorial, um assassino em massa que não concordasse com esse sentimento de ataque preventivo, e com tanto entusiasmo assim. Considere o exemplo de Stalin. Existe alguma dúvida de que ele poderia não ter recorrido a esse tipo de defesa em relação a Hitler? E o inverso, é claro, é igualmente verdade. Cada uma dessas "pessoas ilustres" argumentaria que o outro poderia atacá-lo, e, portanto, seria justificável invadi-lo primeiro.

---

*Publicado em 6 de janeiro de 2003.

Em seguida, leve em conta a incursão de Átila, *o Huno,* contra as tribos vizinhas. Ainda que, postulemos, elas não o ameaçassem, ainda assim seriam capazes, em princípio, de causar-lhe dano físico. Será que Átila não teria aderido à ideia de que, uma vez que estes outros povos *pudessem* vir a prejudicá-lo, um ataque preventivo estaria justificado? A resposta já está na própria pergunta.

Mudemos do cenário internacional para o local a fim ver como esse tipo de coisa pode terminar. Suponha que haja dois homens andando rumo ao outro em direções contrárias na calçada. Do repente, sem qualquer provocação do segundo, o cidadão A parte para cima e desfere um golpe no nariz do cidadão B. Quando questionado sobre seu comportamento, o cidadão A responde, "Bem, o B poderia ter me agredido primeiro. A violência que empreguei é, portanto, justificada como uma medida puramente defensiva". Mesmo Jack, *o Extripador* poderia se esconder atrás de tal "defesa". Afinal, seria concebível que as mulheres que assassinou poderiam ter lhe causado danos físicos. Pelo menos, tal suposição não se constitui numa contradição lógica.

Este tipo de pensamento, e deveria ser óbvio, é receita para o desastre. Se a noção libertária de não-agressão contra os não-agressores tiver de fazer algum sentido, então certamente deve existir uma distinção entre os dois conceitos. Se não conseguimos, nem mesmo em princípio, distinguir ataque de defesa, nossa filosofia política é incoerente.

Entretanto, claro que podemos. Para que a violência defensiva seja justificada, a pessoa contra a qual estamos agindo deve ter ao menos nos ameaçado; mais claro ainda, ela deve estar já em estágio inicial de lançar-nos um ataque.

Se ela não estiver fazendo quaisquer dessas coisas, lançar-lhe um ataque é injustificável, ao menos, pelo código libertário.

Não se pode negar que Saddam já havia agredido o Kuwait anteriormente. Mas, qual a relação disso com os Estados Unidos? Onde está escrito que os Estados Unidos devem ser a polícia do mundo? E se for justificável para os Estados Unidos assumir esse papel de protetor do universo conhecido, isso também deveria se aplicar aos outros países.

Essa, todavia, é a última coisa que nós, como libertários, devemos desejar, pois é receita para um desastre quase total. Para o anarquista libertário, o governo é sempre um insulto. Mesmo para o libertário minarquista, essa descrição se aplica ao Estado quando ele extrapola seus limites adequados e muito restritos. Dado que governos são uma catástrofe eterna que apenas aguardam a explosão, a última coisa que queremos é que eles se unam. Se precisarmos ter instituições que são manobras militares de violência inicial e, ao que parece, precisamos, então, que pelo menos concentremos nossos esforços em mantê-los longe uns dos outros. São como escorpiões, e nós não queremos colocar dois ou mais deles dentro de uma garrafa e então sacudi-la, especialmente se tivermos que viver dentro daquele recipiente também.

O papel adequado do Estado, mesmo de acordo com o libertário defensor do governo limitado, é o de que esta instituição proteja apenas os direitos de seus cidadãos. Invadir o Iraque a fim de puni-lo por violar os direitos no Kuwait é infringir a primeira dessas restrições. Nessa filosofia, além disso, o governo só pode proteger seus cidadãos quando estes estão localizados dentro do próprio território. Por exemplo, se um cidadão canadense faz uma visita ao Japão e seus direitos são violados por lá, então será o governo japonês, e não o canadense, que deve resolver o assunto. Se o Canadá tentasse fazê-lo, haveria uma sobreposição de soberania: ambos os países alegariam ser soberanos numa determinada região geográfica. O Canadá deveria limitar a proteção dos cidadãos que fazem turismo no exterior a no máximo informá-los de que estão viajando por conta e risco deles mesmos. Contudo, quando um país qualquer tenta policiar o mundo, o resultado é exatamente este: a sobreposição de soberanias, uma receita para o desastre.

Essas observações soarão como disparates para os não-libertários ou como ilegítimas, ou irremediavelmente enganosas. No entanto, como parecerão aos libertários, particularmente aos que defendem a aventura dos EUA em todo o mundo? Esta é uma questão absurda, na medida em que aqueles que apoiam o imperialismo norte-americano não podem ser propriamente chamados de libertários. Podem ser a favor da eliminação do controle de aluguel, das tarifas aduaneiras, dos salários mínimos, subsídios às empresas, do bem-estar social e de todas as outras violações desse tipo na esfera econômica; podem defender a revogação das leis que proíbem crimes sem vítimas, como a prostituição, a pornografia, jogos de azar e o uso de drogas que causam dependência etc. Mas, a não ser e até que apoiem uma política externa estritamente não-intervencionista e limitada à autodefesa, não podem ser considerados libertários.

··· Capítulo 2 ···

"Libertários" Sedentos de Sangue: Porque Belicistas Não Podem Ser Pró-Liberdade*

O axioma libertário de não-agressão é a essência do libertarianismo. Remova esse axioma e libertarianismo pode muito bem ser "bibliotequismo" ou vegetarianismo. Portanto, se uma pessoa quer ser libertária, deve, categoricamente, na minha opinião, ser capaz de distinguir agressão de defesa.

Eis uma piada. Você sabe a diferença entre um banheiro e uma sala de estar? Não? Bem, então não entre na minha casa. Imbuído deste espírito eu pergunto: você conhece a diferença entre ataque e defesa? Entre agressão e defesa de ataques? Não? Bem, então não se autoproclame um libertário.

Não posso expulsar ninguém do movimento libertário. Ninguém me indicou para ser detentor de tal honra. Estou apenas dando minha humilde opinião. Da mesma maneira, se você não for capaz de identificar as diferenças entre um martelo e uma talhadeira, não o consideraria um carpinteiro. Se você não for capaz a diferenciar um pincel de uma lata de tinta eu não o consideraria um pintor. Do mesmo modo, se você não faz distinção entre ataque e defesa, isto é, se você acredita em ataques preventivos contra os que não estão lhe agredindo, então não posso categorizá-lo como um libertário, mesmo que você seja a favor da livre iniciativa e se oponha à criminalização de condutas voluntárias entre adultos.

---

*Publicado em 11 de janeiro de 2003

Existem áreas em que libertários bem-intencionados e versados discordam entre si: minarquismo *versus* anarquismo; imigração; aborto; inalienabilidade; teoria da pena. Apesar de ter opiniões fortes sobre todos esses assuntos, reconheço os argumentos libertários do outro lado, mas não nessa questão.

Você não precisa esperar que eu dê um murro de verdade no seu nariz para agir violentamente contra mim. Não precisa nem esperar que meu punho esteja chegando perto, a um metro de você. Entretanto, se você tomar distância e *me* acertar em cheio no nariz durante um ataque preventivo, alegando que eu *poderia* lhe atingir no futuro, aí então você é um agressor.

Suponha que você seja um marciano, observando a Terra de cima, tentando entender qual das nações são agressoras e quais não são (por exemplo, são as defensoras). Você tem uma visão particularmente boa, de modo que consegue enxergar uniformes, bandeiras etc. Percebe que um país, vamos chamá-lo de Ruritânia, tem soldados nos territórios de dezenas de outras nações, e marinheiros em todos os oceanos conhecido pelo homem.

Você identifica, então, que outro país, a Moldávia, tem as suas Forças Armadas apenas em alguns poucos países, além de tê-las no próprio território. E é isso. Nenhum outro país tem bases militares no exterior. O que você conclui? Se você for um marciano racional, deduzirá que a Ruritânia, em um grau maior, e a Moldávia, em um menor, são nações agressoras.

Suponha que a sua visão marciana também lhe permita ler livros terráqueos de História. Ali, você aprende que a Ruritânia travou guerras em todo o mundo por duas vezes durante o século passado, e que fisicamente invadiu, ah, mais ou menos, cerca de cem países durante aquele período. Além disso, aprende que a Ruritânia foi a única nação em toda a história do mundo a ter usado uma bomba atômica em pessoas; pior, que usaram esse dispositivo satânico sobre *civis*, não em soldados; aprende que fizeram isso para obter uma rendição incondicional (a Ruritânia se recusou a prometer uma permissão para que o imperador da nação derrotada permanecesse no trono) de um país que eles mesmos, primeiramente, pressionaram e empurraram para uma guerra.

Qual delas você acha que seria a nação vilã? Qual delas você acha que seria um perigo para o mundo inteiro? Qual delas seria a agressora?

Espere um pouco. Tentemos reconciliar a legalização de crimes sem vítimas com a incapacidade de diferenciar o início da violência da defesa contra a agressão. Por que legalizar a heroína ou até mesmo o álcool? Certamente é verdadeiro afirmar que aqueles que usam essas substâncias são mais propensos a cometer crimes do que aqueles que não são usuários.

Se você acredita de verdade em ataques preventivos contra pessoas que não estão envolvidas numa situação de "perigo claro e manifesto", então, como você justifica o seu apoio à legalização? Certamente, para ter uma lógica consistente, você teria de jogar na cadeia todos aqueles que usam drogas viciantes.

Não paremos por aí. Acontece de homens jovens cometerem proporcionalmente muito mais crimes que qualquer outra fatia da população. Pela filosofia do ataque preventivo, seria justificável colocar todos na cadeia, digamos, quando completassem 15 anos, e soltá-los aos 25. Assim, se os agressores preventivos fossem logicamente coerentes, não apenas não poderiam ser libertários em relação à política externa, como não poderiam apoiar essa filosofia mesmo nessa área.

··· Capítulo 3 ···

Décimos Terceiros Andares*

É sabido que o 13 é um número de azar. Se você não acredita em mim, pesquise! É por esse motivo que nos Estados Unidos e em outros poucos países civilizados não há 13ºs andares em prédios altos. Vai-se direto do 12º para o 14º. E é melhor assim. É por isso que nós, como disse, e pouquíssimos outros países civilizados, não fomos contaminados pela má sorte que castigou o resto do mundo.

Até agora, entretanto, os Estados Unidos não fizeram nada, absolutamente nada, para reduzir esse problema em âmbito global. Mas de que vale uma nação como a nossa, que alcançou uma posição proeminente no âmbito espiritual, moral, econômico e, sobretudo, militar, se não compartilhar as influências civilizatórias com os estimados vizinhos?

Portanto, eis o plano:

Primeiro, colocamos nossa casa em ordem; aprovamos uma emenda constitucional, por decreto executivo, banindo todos os décimos terceiros andares da "terra dos livres e lar dos bravos"; sim, os resmungões objetarão dizendo que isso é inconstitucional, mas certamente devemos rejeitar esse "argumento", dado o estado de urgência atual. De qualquer modo, aquele documento antigo e agora irrelevante pedia que o Congresso declarasse guerra; uma série de "ações policiais" tornaram-no letra morta. Se funciona para guerras, então, por que não para décimos terceiros andares?, pergunto.

---

* Publicado em 5 de abril de 2004.

Em seguida, anunciamos para todo o mundo que dali em diante nenhum prédio novo deverá ser erguido com 13º andar em nenhum canto da Terra. Caso ignorem essa pretensão inegociável, bombardearemos tais edificações com nossas sofisticadas e precisas armas de destruição em massa, poupando todo o restante.

Em terceiro lugar, daremos um ano para que todos convertam as moradias atuais para o modelo norte-americano. Somos tão generosos! Nesse viés, deixaremos a critério deles a decisão de meramente renumerar os andares a fim de ficarem compatíveis com a prática norte-americana ou, se assim desejarem, eliminar fisicamente esses andares daninhos, de modo a alcançar o mesmo resultado. Entretanto, se recusarema aceitar essa modesta proposta, não teremos escolha senão invadir tais países, um por um, e fazer, nós mesmos, as alterações.

É hora, já passou da hora de o resto do mundo se alinhar com as práticas arquitetônicas dos Estados Unidos. Devido a elas, temos sido abençoados: dentre as joias de nossa coroa estão o multiculturalismo, o feminismo, a Constituição, a guerra contra as drogas e o estudo da diversidade sexual.

Ultimamente, entretanto, devemos admitir que uma certa onda de má sorte tem vindo em nossa direção. Sob essa rubrica devem ser contados o assassinato de inocentes em Ruby Ridge, o massacre de Waco e a tragédia de 11 de Setembro. Mas esses eventos aconteceram não em decorrência de quaisquer falhas no experimento norte-americano (aplausos aqui, por favor), mas, de preferência, se devem ao fracasso de muitos outros países (eles sabem quem são!) em – lá vai – acabar com os décimos terceiros andares. Isto constitui uma deseconomia externa. Como é bem sabido por todos os economistas neoclássicos, falhas de mercado desse tipo justificam a ação do governo para abrandá-las. Já que os Estados Unidos agora são o governo mundial, defender os direitos de propriedade dessa maneira está em plena sintonia com as nossas obrigações globais.

Sim, sim, existem alguns ignorantes, principalmente economistas austríacos, que rejeitam essa noção de externalidades negativas constituírem uma falha de mercado e justificarem ações governamentais aperfeiçoadoras, tal como a que está sendo proposta. No entanto, são poucos, esparsos e, portanto, incorretos. Há também, e isso não pode ser negado, traidores em nosso meio, que se opõem ao intervencionismo militar norte-americano no exterior. São fracotes covardes. Não percebem o azar que os 13ºs andares trazem, nem que, a menos que nos livremos desse flagelo, o mundo jamais estará seguro para acolher a Democracia.

Por favor, entenda: isso é uma paródia.

··· Capítulo 4 ···

Vamos lá, Comunistinha, digo, Kerry*

Prezado sr. Kerry: pelo amor de Deus, temos de nos livrar daquele socialista/fascista fomentador de guerras e imperialista George Bush! O senhor precisa entrar na onda do Gene McCarthy. Ainda dá tempo. Pode abandonar aquela bobagem de envolver a ONU na carnificina. Não! O único caminho para o senhor se eleger é abandonar agora, e oferecer reparações pelos muitos pecados do governo norte-americano (a administração passada, é claro). Até agora, pelo menos como presidente, o senhor não assassinou sequer uma pessoa inocente. Tentemos manter as coisas assim, ok?

Chega desse jogo de "maria vai com as outras" no Iraque. Os republicanos podem ganhar essa batalha a qualquer momento. Nessa direção estão os destinos do Gore, do Humphrey... O senhor não quer vencer? Por certo, o senhor gostaria de ser presidente, não? Não era esse o objetivo das primárias?

Agora, veja. Honestidade total aqui. Sou um libertário. Não gosto do seu socialismo assim como não gosto nem um pouco da espécie Bush. De certa forma, o senhor é ainda pior, dado que tem dívidas de gratidão com alguns dos piores elementos da política interna: professores, sindicalistas, os grandes do bem-estar e de Hollywood, bem como com os grupos organizados e vitimistas de *gays*, mulheres, negros, judeus, hispânicos etc. Mas estou disposto a esquecer tudo isso. Qualquer coisa para ver que o monstro de Bush receba a justa parte do que lhe é devido quando as eleições chegarem.

* Publicado em 8 de julho de 2004.

Não me importo se o senhor destruir o sistema de saúde impondo aquele ineficiente e perverso sistema canadense. Irrita-me muito pouco saber que você aparelhará a Suprema Corte com juízes que implementarão ações afirmativas em uma escala até então inimaginável. Espero sinceramente que a primeira medida da sua administração seja forçar os ciclistas a usar capacete; diacho, e até mesmo forçar os maratonistas ou pessoas que simplesmente saiam para dar uma volta a usá-lo. O senhor pode até nomear a Barbra Streisand como sua Secretária de Trabalho e Jane Fonda sua Secretária de Comércio. Estou disposto a tolerar isso e muito mais, caso pare com esse assassinato em massa de inocentes no Oriente Médio e, é claro, com o potencial para realizar outras carnificinas em qualquer outro lugar do mundo.

Eis, portanto, o acordo. Vou torcer para o senhor nas eleições que se aproximam, caso aproprie-se de uma página do "Discurso de Despedida" de George Washington ou leia, medite e aja de acordo com a fala de John Quincy Adams nas celebrações do4 de Julho de 1821, ao afirmar que:

> Onde quer que o estandarte da liberdade e da independência seja desfraldado, aí estará o coração [da América], aí estarão suas bênçãos e preces. Entretanto, não sairá a buscar destruir monstros estrangeiros. Simpatiza com a liberdade e a independência de todos. É defensora e protetora somente dos seus (...). Sabe bem que, uma vez servil a outras bandeiras além das suas, mesmo que sejam bandeiras de independência estrangeira, não deverá envolver-se além da força de libertação em todas as guerras de interesse e intrigas, avareza individual, inveja e ambição que assumem suas cores e usurpam o estandarte da liberdade. As máximas fundamentais de sua política mudar-se-iam imperceptivelmente da liberdade à força. O frontal que traz na testa não mais irradiaria o inefável esplendor da liberdade e da independência, mas, em seu lugar, logo seria visto um diadema imperial a emitir, com lustro falso e baço, o esplendor lúgubre do controle e do poder. Pode tornar-se a ditadora do mundo, não mais a governante do próprio espírito.[6]

[6] John Quincy Adams. *Warning Against the Search for "Monsters to Destroy"*, 1821.

Não posso votar no senhor; desculpe. Nunca voto; isso só lhes encoraja. (Certo, quando eu era jovem e tolo, votei no Barry em 1964; mas aquela foi a última vez! Juro!). De qualquer forma, caso votasse, teria de ser no Michael Badnarik, o candidato do Partido Libertário. É uma questão estética, o senhor não entenderia. Mas torcerei pela sua candidatura, ao menos por oposição ao monstro do Bush, se o senhor mudar em 180º em relação à política externa. Pense na Suíça. Os EUA como uma espécie de Suíça gigante, que a ninguém ofende e cuida da própria vida.

Eis o que o senhor deve fazer. Retire todas as tropas em todos os cantos do mundo. Agora! (Certo, certo, pode esperar até ser eleito). Se o senhor ficar sabendo que temos alguns soldados na Lua ou em Marte, isso se aplica a eles também. Sem bases militares no exterior. Ok, ok, o senhor pode ter a mesma quantidade de bases militares que a Suíça tem no exterior. Direi ao senhor o que farei: nem insistirei para que acabe com nossos consulados no estrangeiro. Isso é para mostrar como um libertário pode ser moderado. E ainda tem quem diga que sou extremista! Credo! Espero e confio que o senhor aprecie minha temperança nesse assunto.

Então, o socialismo, o glorioso socialismo. Para o alto e avante! Nacionalize as minas de aço. São apenas um bando de patetas que, há muito tempo têm se escondido por trás de proteções tarifárias. Assuma o controle da indústria automotiva! Com certeza as pessoas que dirigem os departamentos de veículos automotivos e os correios podem criar carros melhores que os da Toyota. Aumente o salário mínimo para, digamos, algo como US$100/hora. Os valores atuais são irresponsáveis para um "progressista" como o senhor. Viva o verde: proíba as pessoas de exalar; isso acaba com o meio-ambiente. O único motivo pelo qual o socialismo pleno não funcionou na U.R.S.S. foi porque não tinham os líderes certos. Mas confio muito no senhor (na Jane e na Barbra). Apenas pare com o assassinato em massa, ok? (Dito no tom de voz do sr. Mackey do South Park).

··· Capítulo 5 ···

Matemos Todos Eles: Vamos Virar Belicistas Libertários*

Tirando alguns progressistas afrescalhados e rudes e alguns esquerdistas cor-de-rosa, ninguém nesse país duvidaria, de verdade, que um massacre global de estrangeiros tornaria os Estados Unidos um lugar mais seguro. Embora os esforços da heroica administração Bush para eliminar todos os árabes seja um bom começo, não devemos esquecer que outros países no mundo são maus e que devemos subjugá-los.

Antes de analisar essa ladainha é importante sublinhar que este artigo revela apenas a ponta do iceberg. Ao compreender a importância vital de uma política externa preventiva, resolvemos formar um instituto para ir rigorosamente ao encontro desta finalidade. Na direção do Instituto Democrático Internacional para Obscuras Transplantações Além-mar (IDIOTA) estará um grupo de notáveis libertários pró-assassinato, dentre eles: Randy Barnett, Deroy Murdock e Ronald Bailey. Outros companheiros IDIOTAs incluiriam: Christopher Hitchens, Rush Limbaugh, Max Boot, Thomas Sowell e Sean Hannity. Uma vez estabelecido, o Instituto sempre terá em mira *todos* os países estrangeiros, não interpretem as omissões como aprovação implícita.

Não buscamos dominar o mundo. Para isso, criticamos o governo Bush. Somos realistas e entendemos que jamais seremos capazes de controlar alguns insubordinados. Portanto, em lugar de uma burocracia dispendiosa, por que não controlar todo o mundo pela eliminação de qual-

* Publicado em 23 de outubro de 2006.

quer outro habitante? Meias-medidas não nos renderão nada. É hora de reconhecer as implicações lógicas da nossa atual política externa, e não de nos assustarmos com elas.

Os Estados Unidos devem se tornar a "terrível espada veloz"[7] do mundo – um destruidor de todo o mal e de toda a vontade maligna. A tal espada, é claro, na forma de ogivas nucleares, será direcionada contra os seguintes malfeitores (entre outros):

CHINA – Essa gente não está apenas tentando se industrializar, mas estão sediando os Jogos Olímpicos. Hitler não sediou um desses jogos? Por dedução lógica, então, os chineses são cripto-nazistas. É a repetição de 1938; não podemos nos sujeitar a Hitler. O pior é que eles estão tentando ser pacíficos. Somente as democracias podem ser pacíficas. Violações maciças dos direitos humanos obviamente autorizam violações maciças dos direitos humanos.

CANADÁ – É presunto; lombo canadense não existe. Durante nossa primeira grande guerra, isto é, a guerra de franceses e índios, eles deram conforto ao inimigo. Além disso, tem se tornado cada vez mais difícil diferenciar canadenses de boçais norte-americanos brancos. Constituem uma quinta coluna natural, que um dia nos devastará. Melhor prevenir do que remediar.

RÚSSIA – Não estão enganando ninguém com essa história de "rendição". A fragmentação da União Soviética foi um grande estratagema político criado para congelar ainda mais a Guerra Fria. Enquanto olhamos para nosso próprio umbigo, os soviéticos vêm assassinando cidadãos estrangeiros. É difícil não deixar de admirar a KGB, mas o companheiro IDIOTA David Frum nos alerta para não ignorarmos "a prova de que o governo russo matou com uma arma radiológica um cidadão britânico na capital inglesa". Entretanto, Frum não vai muito além disso. Diz que: "Se aceitássemos essa terrível realidade, teríamos de fazer algo com relação a

---

[7] Referência a um trecho da letra do *Battle Hymn of the Republic.* (N. do E.)

isso". O que ele não entende é que se fizermos o mesmo tipo de coisa que os neoconservadores advogam que deva ser feito no Irã, e defendermos o Iraque, existirão russos que sobreviverão à invasão e aos bombardeios convencionais.

ALEMANHA – Uma palavra: Hitler. Como inimigos supremos da liberdade, os alemães jamais mudarão. Ainda há uma horda de negadores do Holocausto desfilando por aí declamando em altos brados desabrimentos perniciosos e cantando "Du Hast". Que outra alternativa temos a não ser uma bomba? Seria injusto permitir que esse antissemitismo continue.

VATICANO – Não esqueçamos que o líder desse país é um teocrata, posto no poder por oligarcas elitistas. A Igreja Católica não é uma instituição democrática e os dogmas são decididos a partir de cartas evangélicas, não pela maioria.

ISRAEL – Um país verdadeiramente socialista. Como libertários pró-guerra, ressentimo-nos do socialismo deles. O mais recente capítulo nessa história triste é a adoção do controle de preços para o pão. Teremos que ensinar à força essas pessoas que os mercados livres e a propriedade privada são a última esperança da humanidade.

AMÉRICA DO SUL – Como observou o filósofo político Randy Newman: "eles roubaram nosso nome" e, portanto, um ataque nuclear é a única resposta adequada para esse desonesto furto linguístico. No entanto, se o antipatriótico ainda tiver dúvidas, não nos esqueçamos de que se não fosse por esta horrível terra não teríamos a cocaína, as camisetas do Che e os imigrantes.

ÍNDIA – Agora é a nossa vez de terceirizar. Por que o Sanjay poderia roubar o emprego do Steve? Por ser mais econômico e favorável a uma divisão global do trabalho? Porque isso gera a paz mundial? Essas são coisas claramente antiamericanas. Assim como um novaiorquino só deve comprar produtos manufaturados dentro da ilha ou os moradores de Peoria só devem comprar produtos de Peoria, os norte-americanos, igualmente, só devem comprar produtos norte-americanos. A exportação é maligna e a importação, pérfida.

ÁFRICA – Eles estão continuamente matando uns aos outros em um estado de guerra tribal genocida. Vamos ajudá-los nesse quesito. Quem disse que somos contra ajuda externa? Sem pessoas não há mais genocídio – apenas escolhemos despejar nossa ajuda externa de cinquenta mil pés de altura em forma de ogivas nucleares de uso tático.

SÍRIA – Esse país é presa fácil, mas não para ser capturada, não, isso denotaria algum tipo de desejo de governar este verdadeiro Islamofacistão. Quem esses árabes pensam que são para se posicionarem contras aspirações norte-americanas? Vamos mostrar-lhes do único jeito que esses bárbaros entenderão o que acontece com quem mexe com o bom e velho Estados Unidos.

Temos os meios para matar toda essa gente; simplesmente falta-nos a vontade para tal.

George Bush, imploramos que aceite nossa proposta modesta! Contanto, não nos rotule como traidores; o senhor realizou um valoroso esforço. Mas seus esforços, até agora, deveriam apenas ser considerados como tímidos primeiros passos. Este é o problema fundamental do neoconservadorismo: ser uma doutrina que sente demasiado prazer em ver a morte de perto. É verdade que a nossa política levará a um extermínio rápido e indolor, e certamente conseguimos compreender a indignação da *National Review*[8], mas esse é o único caminho. Bush pode se deleitar pessoalmente com os ataques ao Iraque, Irã e Afeganistão, mas essa é uma estratégia estreita, limitada e provinciana. Somos os únicos e verdadeiros globalistas.

Por favor, entenda: essa é outra paródia.

[8] Revista quinzenal conservadora fundada em 1955 por William Buckley, Jr. (N. do E.)

··· Capítulo 6 ···

Larguemos Mão do Sul: A Guerra de São Abraham e Política Externa Contemporânea

Um século e meio depois da Guerra de Secessão, a política externa do país continua dificultada devido a esse trágico evento. Isto é, se a guerra de agressão federal não tivesse acontecido, se tivessem deixado o Sul se separar em paz, os EUA estariam numa posição bem melhor para tomar uma direção positiva sobre vários eventos que perturbam o mundo na atualidade.

Isso não significa que uma política externa libertária norte-americana incluiria o papel de polícia global; a organização de exércitos permanentes não-constitucionais; a alocação de soldados no exterior, literalmente, em centenas de outros países; o posicionamento de navios de guerra em todos os mares e oceanos conhecidos pelo homem.

Não. Uma política externa adequada deveria ser inspirada no conselho do "Discurso de Despedida" de George Washington: almejar relações comerciais amigáveis com todas as nações, mas sem relações políticas com nenhuma delas; desejar a segurança e a felicidade de todas as nações, mas lutar para proteger somente o próprio país.

Entretanto, isso não é negar que os norte-americanos possam desempenhar um papel mediador e conciliador em assuntos externos. Sim, os políticos, os burocratas e outros mercenários que trabalham para o Estado seriam proibidos de tais atividades. E isso deveria se aplicar aos finais de semana também. Afinal de contas, eles já têm um emprego de tempo integral que deveria impedi-los de sair perambulando pelo mundo, metendo o nariz nos assuntos dos outros. É típico que executivos de empresas privadas estejam impedidos contratualmente de fazer qualquer coisa durante o seu tempo livre que seja incompatível com os compromissos de tempo integral, e o mesmo deveria se aplicar aos "diplomatas" do governo.

No entanto, não há nada nos princípios da libertarianismo que impeça cidadãos privados de agir como árbitros e mediadores no cenário mundial. Certamente, os membros da Associação Americana de Arbitragem, ex-juízes, conselheiros matrimoniais etc. poderiam dar uma contribuição importante no sentido de solucionar alguns dos muitos conflitos que hoje em dia afligem este pobre mundo.

A não ser por uma coisa.

Qualquer americano que se arriscou a fazer isso entrou nessa empreitada com uma mão, para não dizer as duas, amarradas nas costas. Isto é porque a solução (parcial) clara, óbvia e justa para a maioria, senão para todos os problemas da humanidade, é a secessão, e os Estados Unidos têm um histórico de repudiar esse tipo de ocorrência. Nós, como sociedade, sequer nos desculpamos por esse ultraje moral. Em vez disso, Abraham Lincoln ainda é visto pela maioria como uma espécie de santo secular. Com a exceção de Tom DiLorenzo, Jeff Hummel, David Gordon, Clyde Wilson – e apenas outros tantos – nossos historiadores, cientistas políticos, intelectuais e outros ainda defendem as ações do monstro do Lincoln. Consideremos alguns exemplos que indicam como tal postura enfraqueceria quaisquer esforços de honesta intermediação para resolver alguns pontos de conflito na Terra.

CHECHÊNIA – A Rússia está no meio de uma guerra sangrenta contra esse grupo, e tem sido assim por quase uma década. Dezenas de milhares pessoas já foram mortas. Uma delas poderia ter inventado a cura para o câncer.

Existe alguma razão para que os chechenos não possam seguir um caminho apartado da Rússia? Negar isso é particularmente problemático, tendo em vista o fato de que algumas dezenas de outras antigas jurisdições da ex-União Soviética já foram autorizadas a se estabelecerem como países independentes. Existe alguma diferença relevante entre a Chechênia e a Lituânia, ou a Letônia, Estônia, Bielorrúsia, Ucrânia, Geórgia, Cazaquistão, Turcomenistão, Uzbequistão, Quirguizistão e Tajiquistão? Isso para não falar da Alemanha Oriental, Iugoslávia, Hungria, Croácia, Albânia, Polônia, Romênia, Armênia, República Tcheca, Eslováquia e Sérvia. A todos esses foi permitida a separação, mas não para a Chechênia?

É difícil dar qualquer justificativa para este tratamento desigual. E, ainda assim, tão profundamente enraizada está a noção de que todo país está perfeitamente constituído, tal como é, a qualquer momento, que a maníaca oposição à separação dessa pequena faixa de terra causou a morte desnecessária de milhares de valiosos seres humanos.

Mas será que um cidadão norte-americano seriaa favor da independência da Chechênia? Tal posicionamento seria minado, devido à própria história norte-americana, no que diz respeito à reivindicação semelhante feita pela Confederação, que foi esmagada.

CAXEMIRA – A Índia e o Paquistão vêm se digladiando há décadas pelo controle da Caxemira. Já se lançaram em três inconclusivas guerras para tentar resolver o problema. Milhares de vidas preciosas sucumbiram durante os conflitos. Uma dessas pessoas poderia ter escrito uma sinfonia, comparável às de Mozart. Caso uma guerra nuclear entre essas duas potências venha a acontecer, as estimativas são de que mais 12 milhões de pessoas sejam assassinadas.

Quando a Inglaterra deixou esse atribulado subcontinente em 1947, o plano era que as áreas de maioria hindu seriam da Índia e que as regiões de maioria muçulmana seriam agrupadas no Paquistão. Sendo uma receita para a paz baseada em uma vasta migração, e em muitos casos forçada, o que pode ser dito em favor desse plano é que provavelmente havia alternativas piores.

A Caxemira, no entanto, era governada por um príncipe hindu. Ele decidiu "doá-la" para a Índia, apesar de a maioria dos residentes ser de muçulmanos. Desde então, o Paquistão vem tentando incorporar esse território com base na premissa de que, por direito, ele é o dono e a Índia vem lutando, com igual fervor, para defender a teoria de que a separação política jamais pode ocorrer, por nenhum motivo.

Ora, a solução óbvia e justa é permitir que os caxemires se separem da Índia. Então, poderiam ou se anexar ao Paquistão ou permanecer como uma entidade política independente, seguindo o modelo de Bangladesh. Mas será que tal curso de ação seria seriamente recomendado por qualquer norte-americano? Fazer tal pergunta já é respondê-la.

PALESTINA – Judeus e árabes vêm se massacrando ao longo dos anos nessa turbulenta parte do mundo. É possível que um desses mortos pudesse ter inventado uma máquina do tempo que nos permitisse explorar e colonizar não só outros planetas deste sistema solar, mas também de outras galáxias.

Uma resposta simples para essa ação destrutiva seria a separação política e geográfica entre os dois povos. (Isso não resolveria completamente a crise; restaria ainda a questão sobre quais porções do território seriam controladas por quais países, um problema localizado fora do presente escopo. Essa partição, todavia, seria ao menos um passo na direção certa).

Entretanto, nenhum cidadão norte-americano, nem mesmo privado, poderia recomendar um plano desses sem sentir-se culpado, uma vez que os Estados Confederados são detidos pelo Colosso do Norte[9]. Primeiro temos de arrumar a nossa própria casa antes que qualquer um de nós possa recomendar a separação para outras jurisdições, sem temer, acertadamente, a acusação de hipocrisia.

---

[9] O Colosso do Norte é um dos modos de se referir aos Estados Unidos, normalmente utilizado por aqueles que o veem como um país opressivo em relação aos vizinhos do sul. (N. do T.)

Até onde deve ir a secessão para o libertário? Perguntar isso é questionar: qual é o número ideal de países no mundo? A resposta base é um para cada indivíduo, ou seis bilhões de nações diferentes. Na sociedade justa, cada um de nós é um indivíduo soberano.

A ideologia vigente, é claro, não torna possível tal plano de ação nos dias de hoje. Esse princípio, contudo, ainda ilumina a questão, apesar de ser politicamente inviável. Ao menos pressupõe a validadedos assuntos globais: sempre que uma minoria ambiciona se separar de uma maioria, elas devem ser autorizadas a fazê-lo. Dadas as mesmas circunstâncias, quanto mais países, melhor. Mais ainda, as minorias devem ser *encorajadas* a se fragmentarem em entidades políticas menores, somente se isso nos aproximar do número libertário ideal de países. Além disso, a separação voluntária é parte integrante da liberdade de associação. Quanto mais uma pessoa deixa de ter liberdade para se associar aos que escolher, torna-se menos livre, mais se torna escrava.

Este princípio não tem nenhum ponto final lógico, coerente ou ético (restrito, é claro, do objetivo libertário final de uma pessoa por nação). Ou seja, o país secessionista pode, por sua vez, ter de aceitar uma secessão. Se é justo que Estados Confederados se separem dos Estados Unidos, então é igualmente lícito, digamos, que o estado da Louisiana se separe da Confederação. E se isso for legítimo, então também é natural que Shreveport, por exemplo, escape do controle do Estado Cajun.

Aplicado ao Oriente Médio, o resultado poderia muito bem gerar um arquipélago político, nos moldes de um país composto de partes da Cisjordânia e da Faixa de Gaza, ou do que hoje é o Paquistão acrescido de Bangladesh; mas se esta é a vontade do povo, da vizinhança, ou ainda mesmo dos indivíduos, bem, que assim seja, pelo menos se quisermos ser fiéis a qualquer noção de moralidade.

Isso certamente deveria ser aplicado à Irlanda, Quebec, Somália e mesmo aos subúrbios da cidade de Los Angeles.

Secessões não curarão todos os males do mundo, mas nos levarão um passo adiantenesse objetivo. Quando e *se* os EUA pararem de aprisionar a Confederação, estaremos numa posição bem melhor para realizar a paz mundial; ou, pelo menos, para ajudar a resolver muitas das conflagrações locais.

Parte II
Economia

MICROECONOMIA

··· Capítulo 7 ···

Mercado x Estado: A Diferença Primordial em Economia e Política*

Assim como a diferença entre um banheiro e uma cozinha é tão importante para o dia a dia, do mesmo modo, temos a crucial distinção na filosofia político-econômica entre governo e acordos contratuais privados. Nesse momento, contudo, a analogia deixa de ser aplicável. Há outras percepções ainda mais importantes do que esta sobre os dois cômodos que podem ser colhidas no cotidiano (por exemplo, não ingerir veneno, alimentar-se, cuidar dos bebês). Simplesmente não há distinção mais importante na teoria libertária do que aquela entre a coerção (o governo) e cooperação voluntária (o mercado).

No entanto, a natureza de nossa disciplina é tão distante da realidade que há pessoas desfilando por aí, posando de libertários, mas que não têm conhecimento dessa distinção. Pior, há quem escreva artigos em jornais importantes e até mesmo livros, dedicados inteiramente à obliteração da diferença entre o Estado e as interações do mercado privado.

Não deixam de ter razão, por mais vil que seja. A prova "A" em seu arsenal é o acordo de condomínio. Estes "libertários" tornam-se eloquentes a respeito do rigor e a abrangência de tais empreendimentos habitacionais. Tais empreendimentos, por exemplo, normalmente exigem que todas as fachadas sejam pintadas na mesma cor; que as cercas sejam idênticas

* Publicado em 19 de julho de 2002.

(por exemplo, todos os moradores devem ter, digamos, uma cerca de tábuas); que não tenham ar-condicionados à vista. Alguns chegam ao ponto de ditar a cor das cortinas que podem ser vistas do lado externo e ainda obrigam, ou proíbem, coisas como tapetes, venezianas, portinholas de tela, tipos de capachos e se os automóveis podem ou não estacionar nas garagens. Alguns chegam a proibir por completo crianças; outros especificam as idades mínimas para os residentes (por exemplo, 60 anos de idade em comunidades para aposentados). São regras e regulamentos intermináveis em matéria de ruído e horários, festas, ou onde os triciclos podem ser deixados etc. Ainda que comparadas até mesmo com alguns povoados e cidades pequenas, os regimentos dentro dessas comunidades privadas podem ser intrusivos, abrangentes e, muitas vezes, arbitrários.

Existe também o fato de ambos os tipos de organizações serem comumente pautados por princípios plenamente democráticos. E não só isso: em ambos os casos pode-se dizer que, originalmente, as pessoas *concordam* em tomar parte nas eleições.

No caso da habitação cooperativa, isso é fácil de observar. Todos os membros do empreendimento assinam um contrato de compra, indicando a disposição de respeitar o estatuto do condomínio por intermédio de uma fórmula para a alteração dos seus termos (a maioria, a maioria absoluta, o que for).

Nas cidades, ninguém, é claro, assina um estatuto. (Se você não acredita nisso, leia *No Treason*, de Spooner). No entanto, argumentam esses "libertários", ao se mudar para uma cidadezinha, os recém-chegados conhecem muito bem as regras de tal entidade política, ou podem facilmente aprendê-las: não cuspir na rua, respeitar as especificações de zoneamento, limites de velocidade etc. E, em praticamente todos os casos, os regulamentos da cidade são muito menos abrangentes do que os dos condomínios. É verdade, conclui o argumento, o governo da cidade recolhe "impostos", ao passo que o condomínio cobra "taxas" de adesão, mas há pouca diferença entre elas.

A primeira brecha nesse argumento aparentemente hermético pode ser vista quando examinamos a posição dos que não são recém-chegados na cidade, mas, de preferência, a de um dono de terras que ali se estabeleceu antes da cidade ser criada; ou, alternativamente, quando observamos a situação daquele proprietário que vive fora dos limites da cidadezinha, que ao expandir-se, põe sob sua jurisdição pessoas como ele, que moravam em áreas adjacentes, mas anteriormente não agregadas. (Consideramos o segundo desses casos, não o primeiro, uma vez que existem agora muito mais pessoas vivas vivenciaram o último, não o primeiro).

Então, o prefeito chega para proprietário e diz, "Tenho boas notícias para você, Zeke[10]. Agora você faz parte da cidade. Tiraremos seu lixo, forneceremos água e tratamento de esgoto, policiamento, brigada de incêndio, carteirinha de biblioteca; ah, temos até uma piscina pública. Você terá de pagar pela melhoria da vida dos pobres, é claro, mas você sempre ajuda o próximo, então não será um fardo muito grande".

Zeke responde: "Isso parece maravilhoso. Estamos nos modernizando bastante por aqui, não estamos, Clem? Mas deixa eu te falar uma coisa. Vou recusar essa incrível oportunidade. Não vejo motivos para mudar. Obrigado, mas não quero, muito obrigado".

Eis que o prefeito Clem retruca: "Acho que não fui claro o suficiente. Isso não é uma escolha que você possa fazer. Colocamos isso em votação e o seu lado perdeu. Você faz parte da cidade, queira ou não".

A essa altura Zeke afirma: "Hitler chegou ao poder por meio de eleição. Então não venha falar sobre o resultado das urnas. Entretanto, devo te confessar uma coisa, Clem. Pelo menos você não combina agressão explícita com mentiras puras e simples, Clem, tal como fazem os chamados "libertários" que não enxergam diferença alguma entre ser amalgamado a contragosto por uma cidade e aceitar aderir a uma comunidade residencial.

[10] Zeke é o diminutivo de Ezequiel (Hebreu). Também é um nome usado como gíria para se referir a pessoas muito bondosas, caridosas e divertidas. (N. do T.)

Você ter exigido meu dinheiro para pagar impostos foi algo bem honesto, embora um pouco brutal, vindo de uma pessoa que eu costumava pensar ser um bom vizinho".

Isso basta para a primeira fissura na armadura, o caso em que o proprietário do imóvel é forçosamente incorporado à cidade. Existe de fato uma diferença relevante entre ser obrigado a fazer parte da cidade e a adesão voluntária ao condomínio.

Mas, o que dizer sobre o argumento mais forte que respalda o lado "libertário" dessa tese, aquele em que um recém-chegado se muda para a cidade, compra uma casa etc., sabendo muito bem quais são as regras e impostos aos quais ele estará sujeito? Não seria verdade que, pelo menos nesse caso, o governo municipal é idêntico ao conselho que administra o condomínio?

De jeito nenhum. Consideremos o seguinte caso. Compro uma casa numa vizinhança perigosa, digamos, ao sul do Bronx. Sei perfeitamente que o índice de criminalidade lá é alto e que eu, especialmente, serei um alvo, dada a cor da minha pele. Talvez tome esta decisão econômica porque os imóveis dali são mais baratos ou porque desejo ficar mais perto do "povão" para estudar e entender melhor sua situação e ajudar a erradicar a pobreza. De qualquer modo, assim que faço a mudança, sou abordado por um ladrão de rua com uma faca e ele me diz:

— Passa a carteira, seu branquelo filho da p----, ou eu te furo.

No instante em que saco a minha arma e digo para o criminoso:

—Meu bom homem, você está em ampla desvantagem em termos de poder de fogo. Cesse e desista de toda essa vilania, e siga com os seus afazeres honestos se acaso tiver algum.

Esse indivíduo de rua que, para meu espanto, é um aspirante a filósofo, explica em detalhes o seguinte:

— Parece que você não está compreendendo. Sou um daqueles "libertários" que acreditam que, já que você se mudou para o lado sul do Bronx com total ciência de que (bem) provavelmente estaria sujeito a assaltos, como este que estou realizando (ou pelo menos tentando. Nunca na vida conheci uma vítima menos cooperativa que você; a que ponto esse mundo chegou?), e você, com efeito, *concordou* em ser assaltado por bandidos como eu. Portanto, mantenha-se no *script*, cara!

Eis a questão: como podemos facilmente notar, a capacidade de *prever* um evento não é a mesma coisa que *concordar* com ele. Sim, posso muito bem prever que, se me mudar para o sul do Bronx, provavelmente serei vítima de crimes de rua. Mas isso não é *de modo algum* a mesma coisa que concordar com tais atividades nefastas. No entanto, de acordo com o argumento "libertário" que estamos analisando, as duas são indistinguíveis.

Da mesma maneira, pode-se esperar do indivíduo residente de cidades com impostos, zoneamento etc., entendimento de que ele estará sujeito a esses ataques, assim como qualquer outra pessoa. Mas há uma grande distância entre isso e ele ter *concordado* em ser coagido por malfeitores. O recém-chegado na cidade não permite que o cobrador de impostos sugue seu dinheiro da mesma forma que o recém-chegado ao Bronx não autoriza o assaltante a violar os seus direitos.

De um modo bem diferente, o comprador de uma unidade em um condomínio de casas não somente prevê que estará sujeito a uma cobrança mensal e a uma enxurrada de restrições quanto ao que ele pode fazer com sua propriedade, mas, de fato, *consente* em pagar o primeiro e acatar a segunda. A prova disso é que ele *assina* um contrato de compra-e-venda, estipulando todos os termos acima. No caso do cidadão e da cidade não existe tal contrato por escrito.

Não seria exagero dizer que a distinção *mais* importante em toda a teoria libertária é a que existe entre coerção e não-coerção. Elimine essa diferença e não sobrará mais *nada* do libertarianismo. Isso é tão importante que vale a pena repetir: o libertarianismo não é nada mais do que as conclusões dessa única e exclusiva distinção. Sem ela, não há absolutamente teoria alguma.

... Capítulo 8 ...

O que o Boxe e as Faculdades de Administração têm em comum? O Problema do Ranqueamento.*

Uma coisa são os esquerdistas cor-de-rosa, comunistinhas, demopublicanos, rebublicratas, esquerdinhas, neoconservadores etc. denegrirem essa distinção. De fato, isso é completamente apropriado e natural. Se eles *não* fizessem isso, dificilmente poderiam ser categorizados conforme acabei de fazer. Entretanto, outra coisa bem diferente são "libertários" cometendo esse erro. Eles precisam deixar de lado tal perniciosa doutrina, ou ao menos ter a decência de parar de se auto-intitularem libertários. Todo mundo sabe que os critérios de pontuação de pugilistas são, segundo várias autoridades do boxe, digamos, altamente problemáticos.

Existem quatro principais associações de boxe: a Federação Internacional de Boxe (FIB), a Associação Mundial de Boxe (AMB), o Conselho Mundial de Boxe (CMB) e a Organização Mundial de Boxe (OMB). Isto, por si só, já seria suficientemente terrível; o fato de existirem tantas outras agências institucionais de ranqueamento – a Associação Internacional de Boxe, o Conselho Internacional de Boxe, a Organização Internacional de Boxe, a União Internacional de Boxe, a Federação Mundial de Boxe, a União Mundial de Boxe, e o FightNews – torna o assunto completamente caótico.

Mas não há a necessidade de mencionar essas outras instituições para demonstrar a profundidade da depravação a que chegam os critérios de

* Publicado em 27 de setembro de 2001.

ranqueamento. Os "quatro medalhões" darão conta do recado, muito obrigado.

Consideremos o seguinte (a partir de 5 de setembro de 2001):

- Mike Tyson é classificado como melhor desafiante pelo CMB, 5º pela FIB, 6º pela AMB, e sequer figura no *ranking* da OMB.
- Hasim Rahman sagra-se campeão pelo CMB e pela FIB, mas não aparece no *top ten* da AMB e da OMB.
- Os únicos pesos-pesados listados como pertencendo à elite em todos os quatro *rankings* são: Vitali Klitschko, Lennox Lewis e David Tua.
- Segundo o CMB, a AMB e a FIB, Roy Jones é o melhor meio--pesado; ele sequer aparece no *top ten* da OMB.
- Bernard Hopkins (CMB, FIB) e Felix Trinidad (AMB) são campeões peso-médio; mas também não estão listados sequer como tais pela OMB.
- Apenas Hector Camacho e Oktay Urkal chegaram ao *top ten* das quatro associações na categoria meio-médio-ligeiro.
- Floyd Mayweather (CMB), Joel Casamayor (AMB), Steve Forbes (FIB) e Acelino "Popó" Freitas (OMB) detém cinturões de campeões super-pena; mas nenhum é sequer mencionado por qualquer uma das outras três associações.
- Somente Naseem Hamed figura no *top ten* dos pesos-penas das quatro organizações de boxe; Julio Chacon (OMB), Frankie Toledo (FIB), Derick Gainer (AMB) e Erik Morales (CMB) são campeões, mas nenhum está incluído na lista de desafiantes de qualquer uma das outras quatro grandes organizações.

Ok. Lutas sempre foram injustas e um pouco revoltantes. Mas o que dizer de circunstâncias similares que acontecem nas faculdades de administração de empresas?

Existem três periódicos de respeito que avaliam as faculdades de administração em termos de qualidade. São eles: o *Wall Street Journal,* a revista *Business Week* e o jornal *U.S. News & World Report.* Apesar do indiscutível prestígio dos três, críticas ferrenhas vêm sendo lançadas a respeito de como avaliam as melhores faculdades de ADM.

Por exemplo, apesar de o Dartmouth College ser classificado pelo *Wall Street Journal* como a melhor instituição, ele fisgou apenas a décima primeira posição na opinião do *U.S. News & World Report,* e escorregou para o décimo sexto lugar na compilação da *Business Week.*

Se esses ranqueamentos demasiado díspares de uma única instituição de ensino superior não forem suficientes para lançar dúvidas sobre a veracidade das pontuações, consideremos o seguinte: apenas as faculdades de administração de Harvard, Chicago, Northwestern e Michigan chegaram ao topodas dez melhores na lista das três revistas. Nenhuma das outras célebres instituições de ensino, nem Stanford, nem Yale, nem a Wharton School da Universidade da Pensilvânia foram citadas nessa categoria pelos times de jornalistas dos três veículos.

Pior ainda, nenhum desses jornais supostamente objetivos listou a minha faculdade, a Joseph A. Butt, S.J., College of Business da Loyola University de Nova Orleans em nenhuma das listas das dez melhores.

No entanto, algo mais profundo do que mera desonestidade parece explicar esses erros óbvios. A disparidade dos *rankings*, como podemos ver, definitivamente não se limita à "doce ciência". Além disso, a *Consumers Reports* nem sempre concorda com a *Good Housekeeping*, e as duas ainda muitas vezes saem de sintonia com outras agências de ranqueamento.

A razão para toda essa diversidade, em última análise, decorre do fato de que serviços de ranqueamento são uma indústria privada com fins lucrativos. Há concorrência entre as empresas e as diferenças de opinião, quase necessariamente, surgem em tais contextos.

Algumas pessoas demandam que o governo intervenha em tais circunstâncias, a fim de equacionar as questões, para estabelecer uma ordem nesse caos.

Mas esse seria um passo precisamente na direção errada.

A concorrência sempre traz um produto melhor do que aquele do socialismo do setor público. Sim, as coisas podem ficar indigestas por lá, mas isso é o mercado vigoroso continuamente produzindo a seu favor. Os governos também cometem erros (lembremos da talidomida!). Recebemos mais e melhores informações vindas de uma miríade de fontes, do que de uma só empresa estatal monopolista.

Se você acha que deveríamos ter apenas uma organização de boxe controlada pelo Estado, você também acredita que deveria haver apenas uma revista governamental para a classificação de programas de MBA? Tais periódicos discordam entre si não apenas em relação ao prestígio da faculdade de administração de empresas, mas também no que diz respeito a muitas outras coisas. Se a mera divergência de opinião garantisse o controle público do setor, o caminho para o socialismo seria pavimentado ainda mais rapidamente.

··· Capítulo 9 ···

Enfrentando o Departamento de Trânsito*

Recém-chegado em New Orleans, vindo do Arkansas, uma das primeiras coisas que fiz depois de me estabelecer foi tentar registrar meu automóvel e tirar uma placa da Louisiana (não dá para se passar por um nativo com um carro de fora do estado).

Digo "tentar" de propósito, pois essa tarefa se tornou uma verdadeira batalha.

Na primeira tentativa, fui até o Departamento de Trânsito da Louisiana na cidade de Kenner, a vinte e cinco minutos de carro da minha universidade. Vi uma fila de aproximadamente 35 pessoas e entrei no final. Isso acarretou uma espera de 330 minutos, ou cinco horas e meia. Como não tinha levado nenhum trabalho comigo para ser feito, arrastei-me de volta para o escritório com o rabo entre as pernas.

No dia seguinte, cheguei lá com sanduíches e um livro para ler. Havia apenas 20 pessoas na minha frente. "Supimpa!", pensei, agora levaria "apenas" 200 minutos, ou um pouco mais de 3 horas, tendo por base a toada de ontem.

Felizmente, estávamos em fila única, ao contrário do sistema mais comum – popular em "serviços" do setor público – de um grupo de pessoas à espera, separadamente, para cada funcionário. Pelo menos não precisei me preocupar se estava ou não na fila mais lenta.

* Publicado em 12 de setembro de 2001.

Mas você já tentou esperar de pé e tentar ler um livro ombro a ombro com duas dúzias de pessoas confinadas, feito em uma lata de sardinhas, em um espaço de $6m^2$? Não foi nada fácil para mim, e sou praticamente jovem, um rapazola de apenas seis décadas de idade. Havia também algumas pessoas idosas de verdade naquela fila. Foi um cruel e insólito martírio para elas.

Por que eles não distribuíram senhas por ordem de chegada e nos deixaram sentar enquanto esperávamos? Na verdade, por que o atendimento a cada "cliente" demora tanto? E, se de fato demora, por que não contratar mais e melhores atendentes? Além disso, por que não simplificam o processo? Estariam os custos de oportunidade do tempo em Nova Orleans assim tão perto do zero? Somos gado, por acaso? Se tratassem prisioneiros tão mal assim, eles se rebelariam.

Mas o verdadeiro problema não jaz em nenhuma dessas considerações. É, melhor dizendo, simplesmente não existir concorrência na prestação de serviços de licenciamento e registro. Se houvesse uma alternativa (ou duas) disponíveis, eu, e pelo menos vários dos meus companheiros de fila, teríamos optado, com entusiasmo, pelo concorrente.

O problema é que adotamos o antigo sistema soviético de economia no nosso chamado setor "público". Na malévola ex-URSS havia longas filas de espera para quase tudo. Na "terra dos livres e lar dos bravos", sovietizamos coisas como o departamento de trânsito, os correios e uma vasta gama de outras burocracias governamentais.

É hora, já passou da hora de privatizar esses últimos vestígios do socialismo e permitir que os ventos da livre iniciativa afastem as teias de aranha da ineficiência. O motivo pelo qual temos uma pizza relativamente boa, papel higiênico, sapatos etc., – e não precisamos esperar horas por eles – é porque há concorrência nessas indústrias. Os empresários que não conseguem ter um desempenho eficaz são forçados a mudar o erro dos métodos por intermédio do maravilhoso sistema de perdas e ganhos. Caso não consigam, são forçados a declarar falência, e outros, mais capazes, estarão ansiosos para assumir seus postos. A "mão invisível" de Adam Smith garante um serviço de qualidade onde quer que a concorrência impere.

No caso da fila, a minha segunda espera levou apenas uma hora e 45 minutos. A fila andou mais rápido do que eu esperava. Foi "sorte." (Furioso, eu escrevi este artigo enquanto esperava na fila). Sou agora um orgulhoso proprietário de uma placa de carro da Louisiana novinha em folha.

··· Capítulo 10 ···

Quer Ajudar os Pobres e Oprimidos? Incentive o Capitalismo *Laissez-Faire*, seu *Bleeding Heart Liberal*!*

CARTA ABERTA À MISSÃO INTERNACIONAL DE JUSTIÇA

Caro Sr. Haugen:

Fui à sua palestra no Regent College em Vancouver, Canadá; quis comentar na ocasião, mas o momento para perguntas e respostas era muito limitado. Então, resolvi compartilhar com o senhor meus pensamentos em forma de carta.

Se tivesse de resumir sua fala, diria que crueldades estão acontecendo em ampla escala no mundo todo e que é dever dos cristãos tentar colocar um fim a tais atrocidades. Para tal, as pessoas religiosas deveriam renunciar aos seus egocentrismos e ampliar a quantidade de doações (tanto em termos de dinheiro quanto de tempo) em favor dessas finalidades.

Segundo Adam Smith:

> Não é da benevolência do açougueiro, do cervejeiro ou do padeiro que esperamos nosso jantar, mas da consideração que eles têm pelo seu próprios interesses. Dirigimo-nos não à sua humanidade, mas à sua autoestima, e nunca lhes falamos das nossas próprias necessidades, mas das vantagens que advirão para eles.[11]

[*] Publicado em 21 de julho de 2004.

[11] Adam Smith. *A Riqueza das Nações*. Trad. Luiz João Baraúna. São Paulo: Abril Cultural, 1983. v. l, cap. II, p. 50.

Como vejo, não é que a benevolência não exista dentro do coração do homem, mas sim que ela está em falta. Isso significa que homens racionais desejarão economizar essa flor rara e preciosa em vez de defender que ela deva ser usada de forma promíscua; perceberão que ela sempre estará em falta, em vez de achar que pode ser radicalmente ampliada.

E há boas e suficientes razões sóciobiológicas para que seja assim. Porque nós, como espécie, somos "geneticamente determinados" nessa direção. Se houvesse existido uma tribo de homens da caverna que não estivesse interessada na autoestima, em detrimento de praticamente todo o resto, eles teriam morrido há muito tempo. Melhor ainda, se essa tribo fictícia ampliasse a benevolência limitada a todos, em vez de meticulosamente destiná-la aos familiares, amigos e vizinhos, eles também teriam sido extintos. Somos descendentes de gente como eles; e, na maioria das vezes, é por isso que somos o que somos. Sim, existem algumas poucas exceções, mas elas apenas confirmam a regra geral. Concentramo-nos em nossas vidinhas limitadas, porque isso foi exigido de nossos antepassados como uma questão de sobrevivência.

Concordo inteiramente com os seus objetivos: reduzir, ou melhor ainda, eliminar as enormes crueldades que nos assolam hoje em dia, tais como os assassinatos em massa, a escravidão etc., conforme o senhor citou de forma tão eloquente. Porém, os seus meios para esses fins, aumentando o nível de benevolência na sociedade e ampliando o seu enfoque, com base nestas considerações, penso que estão condenadas ao fracasso.

O senhor pode não ter reparado, mas todos os países que mencionou como exemplos de brutalidade eram países subdesenvolvidos ou em retrocesso (chamou-os de "países em desenvolvimento", mas convenhamos que isso é apenas um toque de um enganoso politicamente-correto que o senhor deveria pensar em corrigir). Isso nos leva a um meio alternativo para a erradicação da crueldade: o desenvolvimento econômico. Felizmente, Adam Smith vem em nosso socorro. O título completo do seu livro mais famoso é *Uma Investigação sobre a Natureza e as Causas da Riqueza das Nações*. Sua receita para o desenvolvimento econômico era, em poucas palavras e com algumas ligeiras reservas, o capitalismo *laissez-faire*. Murray N. Rothbard, meu mentor, vai muito além e critica o próprio Adam Smith por se desviar demaisdo objetivo de plena liberdade econômica no livro *The Logic of Action: Applications and Criticism from the Austrian School [A Lógica da Ação: Aplicações e Crítica sob a Perspectiva da Escola Austríaca]*.

A ideia ali era que o melhor governo é aquele que menos governa. Algumas de minhas pesquisas sustentam empiricamente a defesa de que a liberdade econômica leva à prosperidade; as pesquisas figuram no relatório do *Economic Freedom of the World, 1975 - 1995* (junto com James Gwartney e Robert Lawson). Dado que uma maior riqueza reduz a desumanidade do homem para como homem, esse é um curso de ação que não deve ser negligenciado pelo senhor e pela sua organização.

Presumo que, se a sua alegação for verdade, de que para ser um bom cristão precisamos nos esforçar para erradicar os males citados pelo senhor, então é igualmente verdade nossa obrigação de entender o porquê algumas nações são ricas ao passo que outras são extremamente pobres. Eis um aforismo que pode vir a calhar aqui: "Não lute contra os crocodilos, drene o pântano". O senhor está lutando contra crocodilos; tentando resgatar os pequenos Davis, Marias ou Josés. Isso é lindo. Eu lhe parabenizo. Alguém tem de arregaçar as mangas, uma vez que essas injustiças clamam aos céus por reparações. E existem coisas como a especialização e a divisão do trabalho. Entretanto, acho que o senhor deve reconhecer que há outro meio sim, melhor e mais abrangente para tal finalidade: o desenvolvimento econômico baseado na livre iniciativa.

Sublinho isso não tanto pelo que o senhor disse em sua palestra, em que ignorou os pontos que estou levantando, mas com base na sua resposta para a última pergunta que lhe fizeram. Ela foi feita por um jovem rapaz que, acredito eu, era um seminarista do Regent College, já que observações dele se baseavam no habitual pensamento marxista pretensioso e vazio ensinado nesses estabelecimentos de ensino superior. Ele perguntou se você não estava preocupado com problemas sistêmicos, tais como a "violência econômica" baseada na distribuição desigual de renda. (Não me lembro textualmente, mas essa era a essência da posição do aluno). Ele sugeria que os países ocidentais deveriam aumentar o nível de ajuda externa às nações subdesenvolvidas. Isso, todavia, é analfabetismo econômico de marca maior, conforme a obra de Peter Bauer ressaltou repetidas vezes. Em vez de estapear verbalmente o jovem como ele merecia, o senhor aceitou suas premissas básicas, mas absteve-se de deliberar sobre os princípios, acertadamente na minha opinião, em razão da necessidade de especialização e divisão do trabalho. No entanto, as premissas socialistas dele estavam erradas, e caso fossem implementadas, *aumentariam* e não diminuiriam o nível da brutalidade nos países pobres.

Ora, admito que também existem boas e suficientes razões sóciobiológicas pelas quais os livres mercados não estejam agora na ordem do dia. Se livres mercados fossem mais comuns, estaríamos todos vivendo em um paraíso *laissez-faire*. (Minha opinião é que, na época das cavernas, tornamo-nos muito predispostos a seguir ordens de um chefe tribal. E mais, já que vivíamos em comunidades muito pequenas em comparação com as atuais, somente a cooperação direta que se infiltrouem nosso *pool* genético. A cooperação indireta, por meio de gigantescos mercados, chegou muito tarde na história de nossa espécie para ser incorporadas aos genes). Mas isso não é motivo para que intelectuais como o senhor aceitem o canto de sereia do socialismo.

Os países ocidentais ricos realmente não precisam tanto do capitalismo; esse sistema criou o capital e o sistema legal no passado que asseguram uma riqueza relativa, e, portanto, neles existem poucos assassinatos em massa. São as nações pobres da África e de outros lugares que têm maior necessidade de livre iniciativa. Graças a ter desfrutado de relativa liberdade econômica durante muitos anos, o Ocidente capitalista pode agora tolerar um pouco do pernicioso socialismo. Em contraste, como a livre iniciativa é praticamente uma desconhecida no terceiro mundo, o igualitarismo socialista é a sentença de morte para as suas economias.

Para terminar, uma última crítica sobre a sua apresentação: deixe de usar aquele vídeo que mostra um comprador de crianças sendo algemado pela polícia. O senhor pode não ter reparado, mas um televisor também apareceao fundo. Isso sugere presença de eletricidade e algum nível mínimo de prosperidade – algo totalmente incompatível com a sua história sobre pessoas que vendem os filhos motivadas pela extrema pobreza.

Espero que o senhor acate estas observações com o mesmo espírito com que eu as ofereci: como uma tentativa de ajudá-lo nas boas obras.

O sr. Gary Haugen não achou muito apropriado responder a esta carta aberta.

··· Capítulo 11 ···

Quer Erradicar a Pobreza? Tire o Governo do Mercado*

Kathleen Blanco, governadora da Louisiana, agora está realizando audiências públicas acerca do problema da pobreza. Por ser uma política tradicional é provável que chegue às respostas erradas para as causas e adote soluções fascistas para remediá-la. Pior ainda, essa iniciativa custará centenas de milhares de dólares ou mais e, assim, agravará a própria pobreza que supostamente tenta combater.

Em 1776, Adam Smith escreveu *Uma Investigação sobre a Natureza e as Causas da Riqueza das Nações*. A governadora deveria mesmo era cancelar suas reuniões e ler esse livro. Smith disse que os países que se apoiam principalmente no sistema de livre mercado dos direitos de propriedade privada e no Estado de Direito prosperam, ao passo que aqueles que não o fazem ficam limitados a uma vida de extrema pobreza.

Smith, que não era tão adepto da livre iniciativa quanto sua reputação sugere, limitava-se a essa visão básica com demasiadas exceções e concessões ao governo, mas a regra geral que articulou foi verdade no século XVIII e assim permanece hoje; aplica-se tanto aos países quanto aos estados e municípios.

Por que os mercados acabam ajudando a aliviar a pobreza e as falhas governamentais? A principal razão é o sistema de perdas e ganhos, o mecanismo automático de *feedback* da livre iniciativa. Se um empresário faz um trabalho ruim, as pessoas evitam a sua empresa. Se ele não consertar o erro nos métodos, a falência é o resultado inevitável e, geralmente, rápido.

---

* Publicado em 23 de fevereiro de 2005.

Em claro contraste, se um político comete erros e não satisfaz os eleitores, ele ainda pode ficar no cargo por até quatro anos; e,se for um burocrata, fica no cargo praticamente para sempre.

A realidade em matéria de pizza, canetas e picles é bastante satisfatória; aqueles que não conseguem fornecer esses produtos com qualidade e preços competitivos faliram. Mas o que dizer dospostos de correios e do departamento de trânsito? Serviço de má-qualidade por décadas e os consumidores nada podem fazer com relação a isso.

Por que os livres mercados tendem à igualdade de renda? A única forma legítima de se acumular grandes somas de dinheiro numa sociedade de livre iniciativa é enriquecendo os outros. Sim, Bill Gates, Sam Walton, Henry Ford e Ray Kroc geram bilhões para si, mas assim o fazem porque elevam economicamente todos aqueles que realizam negócios com eles. Se as pessoas não se beneficiassem ao negociar com a Microsoft, com o Wal-Mart, com a Ford e com o McDonald's, elas não continuariam negociando.

Em contraste, na política, vastas fortunas são geradas não por atrair clientes, mas sim por aumentar impostos e desviara parte do leão. A riqueza do político aumenta e a de todo o resto diminui.

Mas os governos não dão dinheiro aos pobres na forma de assistencialismo? Isso não ajuda os pobres? Em primeiro lugar, apenas as migalhas chegam aos mais carentes. Os ricos, afinal de contas, controlam o governo. Precisariam de um pouco mais de benevolência do que realmente têm para que orquestrassem coisas contra os próprios interesses.

Em segundo lugar, o pouco dinheiro que vai para os necessitados os empobrecem ainda mais; ele não os tira da miséria. A chave para entender, nessa situação paradoxal, o sentido da causalidade, é a família: qualquer coisa que apoie essa instituição vital reduz a pobreza; qualquer coisa que a enfraqueça aumenta a pobreza.

A ruptura familiar está causalmente relacionada a todos os tipos de índices de pobreza, além da falta de dinheiro: prisão, a falta de escolaridade, desemprego, baixa poupança, filhos ilegítimos etc.

E qual é o efeito do assistencialismo na família? Fazer essa pergunta já é respondê-la. Como Charles Murray mostrou em seu livro *Losing Ground: American Social Policy 1950-1980 [Perdendo Terreno: A Política Social Norte-Americana 1950-1980]*, o assistente social faz uma oferta financeira para uma garota grávida que o pai do bebê não consegue sequer chegar perto de cobrir. Mas fazem isso na condição de que o jovem rapaz fique fora da cena. Uma receita para o desastre familiar, se é que podemos falar em família nesse caso.

A escravidão não foi capaz de arruinar a família negra (a pobreza é um problema desproporcionalmente negro), mas o assistencialismo ardiloso gerou esse efeito. A família negra era quase tão forte quanto a branca nos anos seguintes à "Guerra de Agressão do Norte"[12], mas se desmoronou depois da guerra de Johnson contra a pobreza[13].

Da mesma forma, a previdência social enfraquece os laços familiares intergeracionais. Os programas habitacionais públicos, com limites de renda, expulsam famílias que ainda permanecem inteiras. As chefes de família mulheres remanescentes não são páreo para gangues de adolescentes sem um modelo masculino a ser seguido.

O governo também é uma fonte direta de pobreza. Sua legislação para o salário mínimo e as legislações para sindicatos tornam difícil, quiçá impossível, para os jovens pobres conseguirem um emprego. O controle sobre o aluguel torna a moradia barata algo escasso. As tarifas governamentais tornam todas as necessidades básicas mais caras, e os subsídios às empresas produzem o mesmo efeito.

[12] Termo utilizado pelos partidários da causa sulista que acreditam na União como a parte beligerante na Guerra Civil Norte-Americana. (N. do E.)

[13] Referência aos programas assistencialistas do presidente Lyndon Johnson chamados "Guerra contra a Pobreza" e "Great Society" nos anos 1960. (N. do E.)

Quer erradicar a pobreza, governadora Blanco? Reduza a interferência do governo no sistema de livre iniciativa.

··· Capítulo 12 ···

Insegurança nos Aeroportos*

Semana passada, peguei um avião de Vancouver até Atlanta para dar algumas palestras no Instituto Mises. Peguei um táxi até o aeroporto, já que ficaria longe da minha casa de veraneio por mais de duas semanas e isso seria mais barato do que deixar meu carro estacionado no aeroporto durante esse tempo todo. Levava comigo uma carta, com um selo canadense, que eu realmente queria despachar pelo nosso sistema de correios socialista. A vontade era de tê-la enviado no dia anterior, mas na pressa de viajar, eu havia esquecido completamente e só lembrei quando cheguei ao aeroporto.

Para a minha felicidade, havia uma caixa coletora dos correios bem ali no aeroporto e coloquei a carta dentro dela. Foi quando um pensamento me ocorreu: a caixa de coleta era uma daquelas engenhocas em que você abre uma portinhola, insere a carta, abaixa a tal portinhola para ter certeza de que a carta foi de fato postada e, então, a fecha pela última vez. Apesar de ter postado apenas uma fina carta, a abertura era larga o suficiente para um embrulho que acomodaria facilmente de três a quatro livros de capa dura, ou talvez meia dúzia de brochuras. Foi quando tive uma ideia das mais inquietantes: a abertura era grande o suficiente, mais do que suficiente, para um terrorista colocar uma bomba razoavelmente grande dentro daquele recipiente. Não teria sequer de cometer suicídio. Uma carga pequena de explosivos suficiente para passar por aquela abertura poderia ter causado danos consideráveis, assassinando dezenas de pessoas em um aeroporto lotado. Programando-a para detonar dez minutos depois, o terrorista poderia ter se safado incólume.

* Publicado em 1 de abril de 2005.

Foi quando notei outra coisa. Embora eu tivesse precisado pedir ajuda para a localização da caixa de correio, o mesmo não ocorreu com as latas de lixo. Elas estavam literalmente em todos os lugares, à vista de todos, dezenas delas posicionadas a cada 18 metros ou algo assim, a perder de vista. Cada uma delas, neste aeroporto em particular, tinha um buraco circular na parte de cima com mais de um palmo de diâmetro. Eram, com efeito, um convite à disposição de nossos amigos da comunidade terrorista.

Pensei em compartilhar essas informações com qualquer um da vasta gama de guardas, intrometidos, apalpadores uniformizados, policiais, fiscais e operadores de raio-x que infestam um aeroporto moderno. Não fiz nada disso por várias razões. Primeira, embora eu tivesse muito tempo até o embarque programado (uma das "conveniências" do transporte aéreo moderno é você perder uma enorme quantidade de tempo por ter de chegar cedo), antecipei a reação de qualquer um desses ilustres encarregados para quais deveria compartilhar minha inquietação com relação às caixas de correio e de lixo; todos diriam: "Acompanhe-nos, por favor". Ou acarretaria, na melhor das hipóteses, minha detenção por horas e, na pior, por dias numa cela, em interrogatório intensivo.

— Qual é a sua área de atuação? O senhor já publicou ou disse qualquer crítica ao governo? (Sob tais circunstâncias, uma resposta "Eu? Claro que não" poderia não ter sido capaz de suportar nem o mais superficial escrutínio), por que o senhor está tão preocupado com um atentado a bomba? O senhor é um terrorista? O senhor conhece alguém no Iraque? O senhor professa a fé muçulmana?

Como disse, comunicar essas observações de maneira altruísta teria feito eu perder o avião ou coisa pior. Em vez disso, comecei a escrever esteartigo no aeroporto, enquanto aguardava o embarque. Paranoico, observo agora de olhos bem abertos essas personagens caminhando ao acaso e depositando objetos nas latas de lixo (não havendo caixas de correio por perto, não me preocupo com elas). Também estou preocupado com os asseclas do Estado. Também mantenho "um olho nas costas" enquanto escrevo, certificando-me de que ninguém esteja olhando o conteúdo e tentando decifrar minha caligrafia (escrevo à mão em aeroportos e depois digito o que escrevi).

Entretanto, aqui estou relativamente seguro. Mal consigo ler a minha própria caligrafia. Mas, também, há algo desagradável em ajudar e encorajar esses ineptos guardiões de aeroportos. Eles são agentes de uma instituição que Spooner chamou de "um bando de assassinos e ladrões".

Muito embora não tenha dúvidas, caso visse um deles se afogando, de que jogaria um bote salva-vidas (oras, sou um excelente nadador com treinamento de salva-vidas, então provavelmente saltaria na água para acudi-lo, ainda que pusesse minha própria vida em risco), faria isso apenas por apreço à nossa humanidade comum. Faria isso apesar do seu cargo de agente do aparato estatal. Nesse caso, tivesse feito eu qualquer inferência à polícia acerca das caixas de correio e latas de lixo serem um convite para terroristas, eu os estaria ajudando precisamente nesse papel. Como disse, inquietante.

Por que esses idiotas são tão estúpidos? Por que os nossos "protetores" nos apalpam em busca, entre todas as coisas possíveis, de cortadores de unha? Por que adotam procedimentos idênticos em todos os aeroportos? Não entendem que isso torna as coisas mais fáceis para os vilões da história? Por que agem como se fosse algo prudente chegarmos ao aeroporto duas horas antes do voo, desperdiçando assim zilhões de horas do cidadão? Por que não focam as atenções num jovem com aparência árabe, tipo que tem sido responsável por uma altíssima proporção de incidentes?

Isso ocorre, certamente, devido a uma combinação da febre do politicamente correto com a operação monopolista. Quanto à primeira, eu, certa vez, muito ingenuamente, pensei que sumiria sob a pressão das situações de vida e morte. Não é bem assim, não mesmo. A nefasta Cruz Vermelha aceitou doações de sangue de homossexuais sem testá-los, com medo de ofendê-los e, assim, infectaram centenas de infelizes e esperançosos hemofílicos com o vírus da AIDS. Agora, as forças do politicamente correto prefeririam ver inocentes reduzidos a pó, em vez de estabelecer um perfil racial (sexual e etário) eminentemente justificado.

O que acontece, no entanto, é que não existe essa coisa de olhar de soslaio para jovens árabes do sexo masculinoem aeroportos e outros lugares suscetíveis. É, ao contrário, criminalizar um perfil. Seria apenas discriminação racial se os inspetores submetessem, digamos, idosas árabes, que jamais tivera ligação com atos de terrorismoa medidas reforçadas de segurança. Por que os guardas de segurança dos aeroportos têm como alvo mulheres jovens e atraentes? (Ok, ok, todos nós sabemos a resposta para essa pergunta).

O outro elemento é a falta de concorrência. Por que isso é tão importante? Bem, há imbecis, também, no setor privado da economia. Donos de mercadinhos que não lavam os pisos das lojas. Postos de gasolina localizados em ruas sem saída. Restaurantes cujos *chefs* não têm um pingo de competência. Mas o que acontece com tanta inépcia? A diferença entre esses dois setores da economia é o sistema de perdas e ganhos do mercado, que elimina as empresas que não prestam serviços satisfatórios, isso é muito, muito diferente.

Existe estupidez no setor privado, mas ela está sempre sendo removida. Nenhum mecanismo à prova de falhas existe ou dá apoio aos empreendimentos do governo. Imagine um cenário em que a segurança nos aeroportos fosse gerida pelo livre mercado e que uma empresa, a agência ACME, prestasse muita atenção nos cortadores de unha e nas mulheres negras idosas, mas ignorasse latas de lixo e homens árabes de uma determinada faixa etária. Existe um nome para tais companhias e esse nome é "falência". Elas seriam eliminadas imediatamente por processos competitivos.

De nada importa que a equipe da segurança nacional use uniformes. Ou que precisem passar por provas de serviço público, nas quais respondem teoricamente perguntas hipotéticas. Ou que sejam obrigados a frequentar sessões de treinamento em que assistem filmes de acontecimentos antigos. Simplesmente não há mecanismo automático que continuamente melhore a qualidade, tal como acontece diariamente no livre mercado. Não devemos a pizza, os sapatos e as bicicletas aceitáveis a gênios, mas sim ao sistema de eliminação competitiva.

As pessoas que supostamente nos protegem contra terroristas nos aeroportos pertencem à mesma laia daqueles que controlam o departamento do trânsito, os correios e as agências regulatórias de sopas de letrinhas. Tente argumentar com as pessoas dessas organizações.

Não digo que nada deva ser feito sobre os perigos potenciais que representam esses receptáculos nos aeroportos. Mesmo sem o sistema de mercado, o bom senso ainda deve prevalecer. Mas espere sentado por ele.

Talvez eu devesse ficar calado a respeito desse assunto de uma maneira geral. Talvez não devesse trazer à tona a questão da segurança, em particular, evitando que os terroristas somassem essa nova técnica aos seus repertórios. Afinal, sou um viajante aéreo e muitos entes queridos também o são. Pensei nisso. Mas acredito que os terroristas são mais espertos que os burocratas da segurança aérea. Se eu tornar público esse perigo em potencial da maneira como estou fazendo agora, talvez essa ameaça se torne reconhecida oficialmente, antecipada e reduzida: acabem com esses tipos de recipientes nos aeroportos. Ou, talvez, que sejam completamente transparentes.

Em contrapartida, se eu me calar em relação a isso, os assassinos de inocentes sem dúvidas adotarão esse método. Mas ao tornar o assunto público, será que não estaria violando meus princípios ou, pelo menos, minha repulsa de apoiar o governo? Não, não estou. Há uma enorme diferença entre, por um lado, expressar-me publicamente ou escrever em formato de um livro como este, tendo plena ciência de que os agentes do Estado podem ter acesso a tal informação e análise e, por outro lado, ajudá-los diretamente, por exemplo, ao mencionar essa preocupação a um deles no aeroporto, ou consultá-los diretamente acerca de tal questão, pagando por isso ou não.

Eis uma analogia. No ano que vem, será lançado o meu livro sobre a privatização das rodovias. Nele, afirmo que um sistema competitivo para estradas provavelmente geraria preços de carga no pico máximo, que gradualmente diminuiria o congestionamento e instituiria uma série de dispositivos de segurança, reduzindo bastante as fatalidades nas estradas. Será que as autoridades lerão esse livro e implementarão algumas das sugestões? Possivelmente. Isso não me impedirá de publicá-lo. No entanto, se tivesse consultado a Administração Nacional de Segurança e Tráfego de Estradas, como o faz a discrepantemente "libertária" Reason Foundation, então, estaria agindo de modo inconsistente em relação a essa filosofia.

Retiro o que disse. Caso minha "consulta" com eles tivesse se resumido a nada além de dizer que desmantelassem e privatizassem todas as estradas, ruas, estradas etc., isso sim seria totalmente compatível com a filosofia libertária.

Outro dia recebi um telefonema do Departamento de Estado dos Estados Unidos. Queriam consultar-me sobre qual a melhor maneira para aprimorar a economia iraquiana. Mencionei uma taxa de consultoria de US$400 por hora e eles sequer se abalaram. Então, disse que daria a consultoria somente sobre a questão da retirada imediata de todo o contingente norte-americano daquele país, uma vez que me oponho à incursão. A resposta do porta-voz foi desligar educadamente o telefone na minha cara. Mas suponhamos que ele tivesse continuado a conversa. Teria, então, agido de forma inadequada, sendo um consultor para o Estado? Acho que não, contanto que não defendesse nada incompatível com o libertarianismo.

MACROECONOMIA

... Capítulo 13 ...

Guarde a Moedinha e Jogue para o Alto o Banco Central: Sobre os Criminosos que Exterminaram uma Moeda Outrora Útil

Para algumas pessoas de alma ignorante, o uso diário das moedas acobreadas de um centavo já está ultrapassado. "Que Deus a leve, porcaria inútil!", dizem. Afinal, esse pedaço de metal não compra quase nada hoje em dia. As jarras cheias de moedas de um centavo para ajudar no troco estão sempre presentes nos balcões das lojas por todo o país. No entanto, uma moeda que nada vale, argumentam as pessoas, dificilmente pode ser um fator na condução dos negócios da nação. Em grande medida, as moedas de um centavo apenas pesam nos bolsos e bolsas e quanto mais cedo elas sumirem, menores serão as contas da alfaiataria para consertar os bolsos.

Não há dúvidas de que essas pessoas estão certas. Usar moedas de centavo para orientar os negócios hoje é como ter um carro com assento de burburinho (não sabe o que é isso, jovem? Pesquise) ou andar por aí em uma charrete. Interesses estritamente antiquários.

E mesmo assim...

Não faz muito tempo que a moeda de centavo valia o seu peso financeiro. Quando era jovenzinho, nos anos 1940, ninguém ousava tran-

* Publicado em 29 de agosto de 2001.

sigir com essas moedas. Com um punhadinho delas, dava para comprar uma casquinha de sorvete, uma revista em quadrinhos, um doce ou mesmo um ingresso para a matinê no cinema. Alguns restaurantes apresentavam menus dos primeiros anos da virada do século passado (para as belas-adormecidas que cochilaram nos últimos anos, refiro-me ao ano de 1899) quando a moedinha de um centavo era, de fato, uma moeda robusta. Um punhado delas daria a alguém uma refeição completa.

O que aconteceu? Por que o um centavo – para não falar nas moedas de cinco, dez, de vinte e cinco e cinquenta centavos, e mesmo, verdade seja dita, a de um dólar (que, em breve, cairá no limbo) – não parece agregar valor em termos de poder de compra? Numa palavra: graças à inflação. E quem, por sua vez, é responsável por esse repreensível estado de coisas? O governo, mais especificamente, o Departamento do Tesouro e o Sistema de Reserva Federal (desde 1913), que têm, em parceria, conspirado contra o interesse público. Fazem isso, em essência, ao imprimir mais dinheiro numa taxa mais rápida de crescimento do que a dos produtos e serviços que criamos. Muito dinheiro buscando comprar poucos produtos gerauma elevação nos preços, o reverso da moeda da inflação (desculpem-me pelo trocadilho).

Havia uma série de TV que exibia os homens "T". Toda semana eles desciam lance de escada se tentavam trazer perante a justiça falsificadores responsáveis por inflacionar a moeda.[14]Se o show tivesse roteiristas melhores (mais precisos, talvez), eles dariam meia volta e prenderiam os patrões.

Antes do advento do dinheiro estatal, quando as pessoas eram livres para intermediar suas questões financeiras, elas tipicamente recorriam ao

[14] Na verdade, a série de TV a que o autor se refere parece ser *The Four Just Men* (1959) que num episódio trata do tema de falsificação de moeda (episódio 21: "*Money to Burn*"). O filme *T-Men* (Em português *Moeda Falsa*) é um *noir*/policial de 1947 no estilo de documentário, dirigido por Anthony Mann e estrelado por Denis O'Keefe, Alfred Ryder e June Lockhart. Retrata dois agentes do Tesouro (daí a letra T) designados para se infiltrar num círculo de falsificadores que os leva de Chicago a Los Angeles. Em 1969, houve um *remake* (*The File of the Golden Goose*), dessa vez ambientado em Londres, com Yul Brynner e Edward Woodward nos papéis principais. (N. do E.)

ouro (por vezes à prata). Não houve inflação nenhuma em termos de ouro. Séculos atrás comprava-se uma indumentária caríssima por uma onça ou duas desse metal, e o mesmo se aplica hoje em dia.

A única razão pela qual o governo meteu o bedelho nessa atividade de mercado essencialmente livre foi para disfarçar suas demandas insaciáveis, gananciosas e excessivas por dinheiro. O governo possui apenas três modos de levantar fundos: impostos, empréstimos e a inflação da moeda. Mas é ampla e adequadamente ultrajado quando recorre excessivamente aos dois primeiros. Abraça a terceira alternativa porque as causas da inflação são tão bem escondidas do público que a culpa pode ser facilmente colocada em empresários e trabalhadores.

Sim, a moeda de um centavo agora está obsoleta. Em vez de nos livrarmos delas, deveríamos mesmo é jogar fora esses patifes de Washington que tanto a desvalorizaram. Em seguida, deveríamos voltar para o padrão-ouro (há três décadas o nefasto Nixon cortou nossos últimos laços com esse sistema), e permitir que a moeda de um centavo retome o seu lugar de direito como aquela que conduz as negociações de pequena, mas importante escala. Não jogue fora essa moeda! Em vez disso, jogue fora o Alan Greenspan e o Sistema de Reserva Federal.

··· Capítulo 14 ···

Empresa Privada e Banco Central: Qual Deve Ser a Relação?*

Há muitos anos, participei de um encontro da Associação dos Educadores das Empresas Privadas (em inglês, APEE)[15]. Esta associação foi inicialmente formada por um grupo de professores titulares na área de livre iniciativa de várias universidades (suponho que hoje eu também me qualifique como tal), mas há muito a adesão era extensiva a todos os acadêmicos e outros estudiosos que defendem e trabalharam em prol da promoção da livre iniciativa e da liberdade econômica. (Essa é a minha descrição daquele grupo, mas duvido que algum membro iria se opor).

Para minha surpresa, e mesmo perplexidade, o ponto alto do programa, o plenário após a palestra do jantar, foi ministrada por um membro do FED de Dallas que descrevia a sua organização como o FED da "livre-iniciativa". Soube também que essa organização era uma das maiores financiadoras da APEE, ou pelo menos daquele encontro em específico.

Isso me fez, no mínimo, parar por um instante para pensar. Na conclusão de sua fala, no melhor estilo gambá na festa, durante as perguntas e respostas, levantei-me apoiando-me nas patas traseiras e enunciei que aquilo era curioso, mais do que curioso. Como é possível conciliar a participação do FED, qualquer um deles, com um grupo ostensivamente consagrado ao capitalismo *laissez-faire*? Será que a oferta de dinheiro em um país economicamente livre

* Publicado em 10 de janeiro de 2003.

[15] As críticas à APEE mencionadas abaixo se referem apenas a como ela funcionava em 1996-1998, período da minha experiência com eles. Essas críticas são totalmente irrelevantes em relação a como ela é constituída hoje em dia.

não consistiria em algo escolhido pelos participantes daquele mercado, por exemplo, o ouro, ao invésde uma moeda fiduciária imposta de cima para baixo, pelo governo em todas as suas instituições, das quais o FED era parte?

Também acrescentei às minhas observações ataques gratuitos, ou talvez não tão gratuitos assim, a Alan Greenspan, por ter conhecido essas verdades nos seus dias de seguidor da Ayn Rand, por ainda dizer ser defensor da livre iniciativa e, ainda assim, continuar presidindo o FED. Como resposta, o orador disse que Greenspan não poderia se defender dos ataques – uma proposição razoável o suficiente, acredito – seguido de uma ladainha sobre todas grandes medidas em prol da livre iniciativa que o FED de Dallas havia feito – o que achei que absolutamente não vinha ao caso.

Meus questionamentos geraram um silêncio acachapante na plateia. Não houve subsequentes perguntas abertas. Apenas uma pessoa se aproximou ao final em apoio a minha posição.

Nos anos seguintes, tive tempo para refletir sobre esta situação curiosa e, por isso, surgiram alguns pensamentos.

1. A "livre iniciativa" da APEE conforme constituída na década de 1990 não se estendia a ponto de incluir o dinheiro, a macroeconomia, os ciclos de negócios etc. A APEE defendia uma concepção bastante estreita de liberdade econômica. Caso houvesse muitos membros do grupo incluindo essas questões em suas visões do livre mercado, provavelmente teriam de cortar relacionamentos com o FED ou, pelo menos, ter oradores defendendo a livre iniciativa nessa esfera. Seria extremamente improvável que trouxessem um orador do FED para falar sobre esse assunto sem que surgissem oposições ao programa.
2. Será que é compatível com o libertarianismo a APEE aceitar dinheiro de uma agência estatal infecta como o FED? Apesar disso soar controverso dentro dos círculos libertários, defendo que sim, é.

Consideremos essas questões sob duas categorias: por um lado, a deontologia, ou teoria libertária estrita, e do outro, o que podemos chamar de utilitarismo libertário (um ato em si poderia promover a liberdade?).

Nesta última categoria é melhor ver as verbas indo para a APEE, que é uma organização boa, em geral (a não ser por essa presente falha), do que vê-las destinadas para conduzir os negócios costumeiros do FED, isto é, para corromper ainda mais a moeda. Por outro lado, aceitar publicamente dinheiro vindo dessa fonte envia uma mensagem confusa aos cidadãos. Isso sugere, erroneamente, que não há nada de incompatível entre o capitalismo *laissez-faire* e o envolvimento do governo na criação de dinheiro.

E o que dizer do puro princípio libertário? É sempre ilegítimo aceitar, ou mesmo confiscar bens, dinheiro ou riqueza do governo? Sim, sem dúvida, é. Ragnar Danneskjöld, uma personagem fictícia de Ayn Rand no livro *A Revolta de Atlas*, fez justamente isso. Claro, esse foi apenas o primeiro em um ato de duas partes; o segundo foi a devolução do dinheiro, não roubado, mas sim liberado, ao legítimo proprietário, neste caso, Hank Reardon, que representa, para os atuais propósitos, os contribuintes vitimizados.

E a questão de estar adquirindo propriedade do governo e não estar devolvendo-a ao seu legítimo dono, seja ficando com ela ou a destruindo? Sim, certamente, é verdade também. Consideremos, primeiro, mantê-la para si e não devolver. Seria essa pessoa um ladrão e, portanto, estaria agindo de maneira conflitante com os princípios libertários em si? Não. Um ladrão é, por definição, alguém que toma para si bens que pertencem a um dono legítimo.

Nesse cenário, o governo não poderia de modo algum ser enquadrado na categoria. Melhor, a posição da APEE nesse cenário (ou a posição de qualquer pessoa que aceite um cheque ou dinheiro vindos de uma entidade estatal, tal como uma universidade pública, ou mesmo de uma universidade privada que, por sua vez, aceite tal generosidade, ou qualquer pessoa que anda por uma rua pública ou utiliza os correios) não é a de um ladrão, pois ele é, por definição, quem toma dinheiro ou propriedade de um proprietário ilegítimo.

ECONOMIA AMBIENTAL

··· Capítulo 15 ···

Heroicos Clubes de Caça*

Responda rápido: por que ambientalistas de esquerda são melancias? Porque mesmo sendo verdes por fora, ainda permanecem vermelhos por dentro.

Não há imagem melhor dessa mentalidade política para ilustrar a controvérsia envolvendo as fazendas de caça no Canadá. Nesses "jogos" rancheiros – agora legais apenas em Alberta, Saskatchewan e Quebec; e recentemente banido em Montana – os clientes que abatem veados, alces e, por vezes, outros troféus animais pagam uma taxa.

No entanto, os "melancias" ficam lívidos diante dessa perspectiva. Um porta-voz do Fundo Internacional para o Bem Estar dos Animais tem como alvo banir essas iniciativas em Alberta e Saskatchewan. O grupo Pessoas em Prol do (pseudo) Trato Ético aos Animais considera essas práticas de jogos de caça em fazenda como algo cruel e imoral. Outros ambientalistas de esquerda os acusam de não promover desafio algum, e os comparam a atirar em peixes dentro de um barril.

Mas, por que justamente ressaltar a esportividade da coisa? Às vacas, galinhas, ovelhas e aos porcos não é dada nenhuma "oportunidade" de escapar da "caça" nas fazendas da nação. Se os caçadores querem ter a certeza de que conseguirão um abate, por que isso seria da conta de quem alegue ser um advogado do meio-ambiente?

---

* Publicado em 3 de agosto de 2001.

Seriam esses "melancias" a favor de competir segundo as regras ou a favor das espécies ameaçadas de extinção? Se for o primeiro caso, então deveriam cessar e desistir de futuras atividades de angariação de fundos, pois essas práticas são intrinsecamente fraudulentas.

De qualquer maneira, *todo* tipo de caça, seja em fazendas ou na natureza, é necessariamente injusta, pelo menos quando realizada com armas de fogo. Para transformar essa prática num verdadeiro evento esportivo, até mesmo o arco e flecha já dá aos humanos uma vantagem demasiado grande. No atletismo, o objetivo é gerar competição entre pelo menos dois indivíduos minimamente iguais, de modo que ninguém sabe de antemão quem vencerá. Com a finalidade de alcançar esse nível de competitividade, ao *Homo sapiens* deveria ser permitido apenas o uso de facas contra lobos, ursos e animais correlatos, e nada mais poderoso do que, digamos, um taco de *baseball* ou uma lança contra veados e alces. Aí sim, seria como se voltássemos aos tempos das cavernas, e esses animais teriam uma competitividade "esportiva".

Se for o segundo caso, se forem a favor das espécies ameaçadas de extinção, então, muito na contramão do que os "melancias" praticam, o interesse daqueles presumidamente preocupados com o meio-ambiente deveria ser o de *proteger os animais*. Portanto, a questão a ser proposta *não* é sobre quão espaçosas devem ser as áreas reservadas para a caça particular de modo que propiciem um esconderijo e proteções naturais adequadas aos animais, mas sim se essas fazendas de caça reduzirão, ou aumentarão, as chances de sobrevivência das espécies em risco de extinção.

Quando apresentado nesses termos, restam poucas dúvidas sobre o efeito que essas empresas têm na sobrevivência, no longo prazo, de veados e alces. Serão muito positivas, muito, pois o preço que esses fazendeiros cobram dos caçadores lhes dará todo incentivo do mundo para se assegurarem de que esses vales-alimentação nunca desapareçam. A taxa vigente por um alce de médio porte é de US$7.500; um grande pode chegar a

US$15.000; e um excepcional touro, não sai por menos de US$35.000. Se existisse um fazendeiro tolo o suficiente para permitir que os "grãos destinados à semeadura" desaparecessem numa orgia gananciosa visando lucro imediato, ele entraria rapidamente em falência. A sobrevivência nessa indústria significa, sobretudo, não permitir que jovens fêmeas, em especial as prenhas, sejam feridas. Como no caso de animais domésticos, os que correm o maior risco são as jovens fêmeas depois do desmame e quase todos os machos. Isso, em nítido contraste com a caça aos animais em habitat selvagem, onde vale tudo.

O argumento do ambientalismo de livre mercado (que não é um oxímoro) é que se você quiser preservar as espécies, a benevolência, mesmo que juntamente com regulamentos governamentais inteligentes (quando foi a última vez que você viu um desses?), não são suficientes. Se você quiser resultados, como Adam Smith analisou há mais de duzentos anos, precisa transformar a coisa em algo que seja do interesse financeiro dos próprios empresários.

Também não devemos limitar essa visão sobre a sobrevivência da espécie apenas aos veados e aos alces, ou mesmo aos ursos, lobos e leões. Outros animais exóticos também podem ser amparados pela magia do mercado, incluindo rinocerontes e elefantes. Sim, o curral, nesses casos, pode ser que precise ser um pouco maior e as cercas muito mais fortes, e provavelmente eletrificadas, mas também para eles, as fazendas de caça são a única garantia de que continuaremos a tê-los disponíveis.

Baleias e outros peixes apresentam um desafio intelectual um pouco maior. Mas qualquer espécie que consegue até colocar um dos seus na lua certamente conseguirá criar cercas elétricas e outros similares aquíferos de arame farpado para conter um monte de peixes em um mesmo lugar. Só então os proprietários privados desses habitantes das profundezas receberão o incentivo financeiro para protegê-los – lucrando.

Com essa breve amostra de análise econômica no currículo, o que podemos apreender dos esforços dos chamados "ambientalistas" de se opor às fazendas de caça, num programa tão claramente interessado na sobrevivência das espécies ameaçadas? Em uma palavra, hipócrita. Parece que o ódio contra o capitalismo é mais forte do que o desejo de proteger veados e alces. Ostensivamente tentam erguer bem alto uma bandeira verde, mas suas ações os desmentem e, em vez disso, acabam evidenciando as verdadeiras cores interiores. Vermelhas.

··· Capítulo 16 ···

Eu e o Furacão Ivan: Muito Obrigado, Governo*

Tomei conhecimento do Furacão Ivan pela primeira vez numa segunda-feira, dia 13 de setembro de 2004. Havia notícias relatando os estragos que causara e as vidas que ceifara no Caribe alguns dias antes, mas ele apenas tornou-se aparente para mim quando atingiu Nova Orleans, meu lar há três anos.

A história do que poderia acontecer se o Ivan impactasse diretamente a *Crescent City*[16] era particularmente perturbadora: já que estamos situados no fundo de uma bacia geográfica, seríamos inundados. As águas do Lago Ponchartrain, nosso vizinho ao norte, do Rio Mississippi ao sul, e também do Golfo do México, mais ainda ao sul, subiriam pelas nossas pernas. No pior dos casos, o nível da água subiria quase 6 metros, mais alto que muitas edificações na cidade. Os diques e as bombas não seriam capazes de lidar com tamanha invasão d'água. Resido no sétimo andar do meu prédio, mas minha casa seria invadida por aqueles que vivem abaixo. A eletricidade, é claro, não estaria disponível e Nova Orleans é muito quente e úmida em setembro. Pior, a água estaria contaminada por resíduos tóxicos advindos das inúmeras refinarias nas proximidades, por óleo e repleta de crocodilos, formigas lava-pés e cobras d'água. Sem brincadeira.

---

* Publicado em 20 de setembro de 2004.

[16] New Orleans possui vários cognomes, que descrevem diversas características da cidade. Entre elas, as mais conhecidas são *The Crescent City* (descrevendo seu formato ao longo do rio Mississippi), *The Big Easy* (uma referência feita por músicos, graças à relativa facilidade de encontrar um emprego na cidade) e *The City that Care Forgot* (associada com a natureza amistosa dos habitantes da cidade). (N. do T.)

Diversos moradores antigos da cidade me disseram que isso seria uma ocorrência improvável. Muito mais plausível que a tempestade passasse a quilômetros de distância, mas a perda de eletricidade seria iminente, e fui aconselhado a estocar água, enlatados e pilhas para a lanterna. Um cenário não muito agradável, ainda que a pior parte desse desastre passasse longe de nós.

Hora prevista para a chegada deste furacão: na manhã de quinta-feira, 16 de setembro. Naturalmente, pensei em me afastar dali rumo a um lugar mais alto, juntamente com a maioria dos outros habitantes da cidade. No dia seguinte, terça-feira, tentei comprar uma passagem no aeroporto local, mas nada estava disponível. Mais tarde, para aquela noite, havia alguns voos disponíveis com lista de espera, mas literalmente não conseguiria chegar a uma distância de 3km do aeroporto, tamanha a intensidade do trânsito. (Para complicar ainda mais a situação do aeroporto, havia um estacionamento elevado, completamente tomado não só por passageiros, mas também por moradores temendo seus automóveis ficarem submersos).

Foi anunciado que a partir da manhã de quarta-feira, 15 de setembro, o aeroporto de Nova Orleans seria fechado. Fiz planos de viajar para Houston, no Texas (normalmente a cerca de seis horas de viagem de carro) e para Lafayette, na Louisiana (cerca de 2,5 horas de viagem) no fim da tarde de quarta-feira, 15 de setembro, e saí de carro para chegar a qualquer uma das cidades mais ou menos às 4 da manhã daquele dia. Entretanto, logo passei a encarar um tráfego literalmente de para-choques colados uns aos outros, e as rádios informaram que assim permaneceria ao longo de todo o oeste da fronteira com o Texas. Levei cerca de sete horas para chegar a Baton Rouge, onde não tinha reservado voo algum (normalmente, uma viagem de 90 minutos) devido à minha habilidade, típica em motoristas de Nova York, de dirigir constantemente mudando de pista. Felizmente, às 11 da manhã fui capaz de comprar uma passagem na boca do caixa para aquela tarde e passei os dias seguintes em Seattle.

É bem provável que furacões habitem os pensamentos de muitas pessoas em Nova Orleans, devido ao Ivan ter passado bem perto e o Jeanne estar se aproximando. Os moradores da Flórida também vivenciaram um pouco desse mau tempo. No entanto, os furacões são apenas a ponta do iceberg, por assim dizer: há também tufões, terremotos, quedas de raios, furacões, maremotos, tempestades, ciclones, monções, e a "má" e velha tempestade. Todos são uma verdadeira chateação e para completar, perigosos. Essas catástrofes são todas culpa – vejam só – do governo. Tivesse o voraz Estado deixado de abocanhar cerca de 40% do PIB anual durante o último meio século (na Europa Ocidental, a conta chega a mais de 50%), é provável que a humanidade tivesse feito pelo menos algum progresso não apenas no sentido de antecipar esses cataclismos e projetar as futuras rotas, mas também, antes de mais nada, de impedi-los de ocorrer.

É desnecessário dizer que esta previsão não pode ser categórica. É extremamente difícil de analisar condicionais contrárias-ao-fato tais como essas. Tudo o que podemos dizer com certeza é que, primeiro, quanto mais rico, mais seguro: quanto mais riqueza houver em uma sociedade, mais capazes serão as pessoas que a compõem de descobrir uma maneira de prevenir os desastres naturais (e os não naturais também). Em segundo lugar, os governos, ao invés disso, desperdiçaram grandes quantidades de verbas na matança dos próprios cidadãos (R.J. Rummel atribuia isso um número de quase 200 milhões só no último século), entraram em guerra contra outros de sua mesma laia (ocasionando a perda de outras centenas de milhões de vidas), e promoveram vários e plurais sistemas de bem-estar (por exemplo, "previdência" social, medicina socializada e regulação econômica) que reduziram o crescimento econômico e o desenvolvimento, provocaram estragos nos incentivos econômicos e vilipendiaram os direitos à propriedade privada e liberdade econômica, as últimas das maiores esperanças para a humanidade.

Portanto, caro leitor, da próxima vez que você estiver preso no trânsito tentando escapar de uma dessas calamidades, lembre-se de quem realmente é o culpado. É o seu amigável governo local, juntamente com aqueles na capital do estado, e com eles os estrangeiros naturalizados das *federales*[17].

Agora, há aquelas almas ignorantes que apresentam resistência a esta mui plausível análise econômica. Podem apelar para um argumento *reductio ad absurdum*[18], tal como: "Acho que Hong Kong, uma das mais ardentes defensoras do livre mercado, foi capaz de impedir furacões e outras catástrofes naturais".

Deixe-me dizer o seguinte em resposta a tais objeções. Sim, não podemos negar que a prevenção de furacões (não um mero rastreamento dele) é um bem normal, perdoe o jargão econômico. Isto é, quanto mais rica for a sociedade, mais provável que queira receber esse serviço. Portanto, resulta-se, logicamente, que quanto mais ricos formos, maior a propensão, ou mais rápido surgirá esse serviço de prevenção contra desastres naturais.

Suponhamos que o governo gaste algo em torno de 40%-50% do Produto Interno Bruto. Se isso não acontecesse, seríamos bem mais ricos, *ceteris paribus*[19]. Pode ser que numa sociedade de livre mercado criássemos uma total prevenção contra furacões etc., "somente" daqui a cem anos, ao passo que, no sistema semi-socialista fascista que vivemos hoje, teríamos que esperar duzentos anos por essa tecnologia. Quem sabe? Controlar essas coisas assim, completamente, é algo difícil, admito. Mas é uma questão

[17] *Federales* é uma palavra em "spanglish" (mistura dos idiomas, o espanhol e o inglês) utilizada para designar determinadas organizações de países latinos. (N. do T.)

[18] *Reductio ad absurdum* (latim para "redução ao absurdo") significaria algo próximo de uma "redução ao impossível", expressão frequentemente usada por Aristóteles, também conhecida como um argumento apagógico, *reductio ad impossibile* ou ainda prova por contradição, é um tipo de argumento lógico no qual alguém assume uma ou mais hipóteses e, a partir destas, deriva uma consequência absurda ou ridícula, e então conclui que a suposição original deve estar errada. (N. do T.)

[19] *Ceteris paribus* é uma expressão do latim que pode ser traduzida como "todo o mais é constante" ou "mantidas inalteradas todas as outras coisas". A condição *ceteris paribus* é usada na economia para fazer uma análise de mercado sobre as influências de um fator sobre outro, sem que as demais variáveis sofram alterações. (N. do T.)

de pura lógica econômica afirmar que esse auspicioso dia chegará com mais brevidade, *ceteris paribus,* quanto mais ricos formos e que o governo é um peso morto na economia. C.Q.D.[20].

Isso não sugerede maneira alguma que Hong Kong, um país tão pequeno, mesmo quando era (relativamente) livre, já teria de ter descoberto agora a solução para esses desastres naturais (ou para o câncer, AIDS ou seja lá o que for); apenas digo que uma Hong Kong livre estaria *mais* propensa a isso, em qualquer momento da história, do que uma Hong Kong menos livre.

Segunda objeção: um indivíduo não pode acreditar que lucrará com uma previsão certeira sobre um furacão, muito menos impedir que originalmente aconteça. Há aqui um clássico problema do carona (*free rider*). Os benefícios são tão amplos que, quem quer que consiga impedir tais desastres naturais, não conseguiria evitar que os não-pagantes não se beneficiassem deles.

Eis minha resposta: já possuímos serviços de previsão para furacões, nem todos fornecidos pelo governo. Isso demonstra que o mercado já superou o suposto problema de "falha do mercado". O sistema de livre mercado também não achou adequado "excluir" os não pagantes. Ao contrário, empresários já dão essas previsões de graça, às vezes com uma estratégia de serviço-chamariz; às vezes tendo a função de anúncio publicitário.

Se soubesse como parar o Ivan (a custo baixo) eu seria o homem mais popular do planeta. Sim, certamente poderia descobrir um modo de tirar uma vantagem financeira sem ter de ameaçar desistir, caso não fosse pago. Sem dúvidas ganharia o Nobel em física ou algo assim. É indiscutível que fundações privadas me dariam milhões para receber minhas futuras descobertas em primeira mão.

---

[20] Sigla da expressão em latim: *Quod erat demonstrandum* que significa "como se queria demonstrar". É usual aparecer no final de uma demonstração matemática com a abreviatura Q.E.D. ou na versão em português C.Q.D. (N.do T.)

Existe toda uma literatura austro-libertária sobre as dificuldades no argumento do carona. Incentivo o leitor interessado a buscá-la.

··· Capítulo 17 ···

Eu e o Katrina: Socialismo Meteorológico*

Cá estava eu, sentado no meu escritório na Loyola University em Nova Orleans, onde ensino Economia, muito ocupado fazendo o que acredito ser a obra do Senhor quando algo tão improvável como um vento com esteróides dividiu meu trabalho e minha vida ao meio. Presenteou os habitantes de Nova Orleans com uma escolha difícil: Evacuar a cidade, com grande inconveniente e com o risco de que o mau tempo que se aproxima os acompanhe até o outro local, tornando tal fuga desnecessária, ou ficar parados e aguentar firme, tendo de lidar com inundações, falta de energia elétrica, falta de ar-condicionado a uma temperatura de mais de 32 graus, para não falar do risco de perder a vida e/ou um membro, seja em decorrência da tempestade propriamente dita ou das consequências, entre elas saques, alagamentos e a ausência da lei e da ordem.

Meu *modus operandi*, bem afinado depois de passar quase meia década em Nova Orleans, tem sido esperar até o último instante e em seguida zarpar daqui, rabo entre as pernas, e ficar em um congestionamento intenso. Durante o Ivan, rastejei-me até Baton Rouge, uma viagem de pouco mais de uma hora em circunstâncias normais, mas que levou nove horas. Para o Katrina, saí de casa no começo da tarde de domingo (28 de agosto) e avancei lentamente até Vicksburg em oito horas, viagem que normalmente levaria um pouco mais de duas horas. Então, segui até Little Rock, meu antigo local "preferido" (na verdade era Conway, uma cidade com cerca de 50.000 habitantes, 48km a noroeste da capital do Arkansas), e de lá de avião até Vancouver.

Agora aqui estou, bem abrigado no oeste do Canadá, passando a limpo as anotações que fiz no caminho. Por sorte, escapei facilmente, sem muitos inconvenientes. Mas o meu coração fica com aqueles que não tiveram a mesma sorte.

Qual a relação disso com economia política, o tema habitual de meus escritos? Muito, isso sim.

Empresa Privada

Antes de mais nada, as barragens que o furacão fez ceder foram construídas, pertenciam e eram operadas pelo governo. Mais especificamente, pelo Corpo de Engenheiros do Exército. Os diques poderiam ter sido erguidos até uma altura maior. Poderiam ter sido mais resistentes do que eram. O sistema de drenagem poderia ter operado de forma mais eficaz. Aqui, o Conselho de Saneamento e Água de Nova Orleans foi o culpado. É composto por três sistemas operacionais principais: esgoto, água e drenagem. Se tivessem sido eficazes, muito da inconveniência, medo, e até mesmo da perda de vidas que esta cidade sofreu poderiam ter sido evitadas.

Então, também, essas instalações podem ter enganado muitas pessoas a pensar que estavam mais seguras do que realmente estavam. Sei que isso se aplica a mim. Assim, as pessoas foram, na realidade, subsidiadas e incentivadas a se estabelecer na *Big Easy* (Nova Orleans). Sem essa pequena amostra de má gestão do governo, Nova Orleans provavelmente teria sido ocupada com menos intensidade. (Por outro lado, houve tempode esta ser a maior cidade do Sul; a negligência estatal de tipo diferente – politicagem, corrupção e o excesso de regulamentação – é responsável por ela ter uma população menor do que poderia).

Não fico admirado com essas falhas. Afinal de contas, errar é humano. Fossem estas construções de barragem colocadas sob o controle da iniciativa privada, não haveria garantia de que não haveria sofrimento humano algum nos dias seguintes ao Katrina. Não, o que me irrita não é qualquer erro isolado, ou até mesmo uma série interminável de erros, mas sim o fato de que não há nenhum mecanismo automático de *feedback* que penalize o fracasso e que premie o sucesso, a essência do sistema de mercado da iniciativa privada.

Será que o Conselho de Saneamento e Água de Nova Orleans sofrerá algum revés financeiro como resultado da falha de suas barragens em evitar as condições hediondas pelas quais os cidadãos de Nova Orleans vêm passando? Fazer tal pergunta já é respondê-la.

Um fundamental passo adiante, portanto, seria a privatização dessa empresa como parte do processo de reconstrução (se isso de fato acontecer; para saber mais sobre isso, veja mais à frente). Talvez uma empresa de capital aberto pudesse ser formada; suspeito que os donos dos maiores hotéis, restaurantes, universidades, hospitais e outros empreendimentos teriam um incentivo para se tornarem donos de tal companhia.

No momento, as barragens são controladas pelo mesmo tipo de gente responsável pelos correios e pelo departamento de veículos automotivos. Não entro no mérito se barragens são coisas boas ou ruins; apenas digo que, se for para construí-las, isso deveria ser feito por uma entidade econômica que esteja sujeita à perda de financiamento e, portanto, caso erre, coloque a própria existência em risco. Isso só pode acontecer no mercado, nunca no Estado.

Este não é nem o momento nem o lugar para examinar em detalhes a questão da privatização de grandes corpos d'água como o rio Mississippi, o lago Ponchartrain e, de fato, todos os oceanos, rios, mares e lagos. Mas aplicam-se aqui os mesmos princípios que regem a terra. Basta dizer que esta é uma questão que deveria ser debatida, pois não é por acidente que onde exista a propriedade privada exista segurança e responsabilidade, e onde ela inexiste, não há culpabilidade alguma.

Em segundo lugar, várias ruas, autoestradas e pontes foram levadas pela enxurrada, caíram e desapareceram. Isso torna muito mais difícil para que o resgate chegue até a cidade sitiada e para que os refugiados a deixem. Será que você adivinhará quem construiu, operava e mantinha tais estruturas? Sim, era o governo!

Não podemos, é claro, negar que várias plataformas de perfuração petrolíferas também sofreram avarias e que todas pertenciam a empresas privadas. Uma delas até colidiu com uma ponte, danificando-a bastante. Entretanto, há uma diferença significativa entre esses dois tipos de acontecimento. O teste de mercado de perdas e ganhos aplica-se apenas ao último, não ao primeiro. Aquelas empresas petrolíferas que construíram melhor suas plataformas estarão propensas a conquistar a participação de mercado das que não o fizeram. Tal regime não se dá no setor governamental. Imagine que as plataformas de perfuração de petróleo fossem todas construídas pelo Estado. Teriam, sem dúvida, provocado muito mais danos.

A Mão Morta do Passado

Sem dúvida, está bem claro que não deveria nem mesmo *existir* uma cidade no território agora ocupado por Nova Orleans.

Idealmente, sob um regime de liberdade econômica, o que determina se uma região geográfica deva ser povoada, e caso a resposta seja afirmativa, em qual intensidade? Isso depende de se os custos subjetivos superam ou não os benefícios, aos olhos dos agentes econômicos humanos envolvidos. O motivo pelo qual ninguém vive no Polo Sul ou no Polo Norte eda densidade populacional na Sibéria, no norte do Canadá e nas regiões desérticas em Nevada ser muito baixa é porque nesses lugares as desvantagens são muito maiores do que as vantagens.

No entanto, se o governo subsidia a construção civil em regiões que as pessoas por si mesmo não escolheriam habitar, então essa população já não pode se distribuir geograficamente de forma racional. Da mesma forma, o governo declara como área de emergência algumas terras secas e improdutivas e subsidia fortemente a agricultura em tais locais; há também má alocação de pessoas neste contexto.

A Agência Federal de Gestão de Emergências (FEMA), criada em 1979, tornou-se parte do Departamento de Segurança Interna dos Estados Unidos somente em 1º de março de 2003. Há anos o governo federal vem distribuindo rios de dinheiro para os habitantes das zonas atingidas por tornados, tempestades, nevascas e outras intempéries. Tais declarações chegaram às dezenas somente no ano de 2005. O sul da Louisiana, Mississippi e o Alabama já foram declaradas áreas federais de desastre. Toneladas de dinheiro serão despejadas nessas jurisdições políticas. Assim, as decisões locacionais são e continuarão sendo tomadas da maneira menos racional, o que seria diverso, caso as pessoas tivessemde pagar os custos totais de suas decisões geográficas de povoação.

Pode ser que, olhando em retrospectiva, a *Big Easy* seja, tal como vários desses outros lugares: não muito fria ou afetada pela seca, todavia, está localizada a uma altitude muito baixa, abaixo do nível do mar e, portanto, corre muito risco de sofrer inundações. Mises, no livro *Epistemological Problems of Economics [Os Problemas Epistemológicos da Economia]* afirma a este respeito:

> Suponhamos que, fazendo uso de todo o estoque de habilidades tecnológicas e do conhecimento atual da geografia, tivéssemos de repovoar a superfície da terra, de modo que, depois, pudéssemos estar em uma posição de tirar máximo proveito da distribuição natural das matérias-primas. E suponhamos ainda que, para esse fim, toda a riqueza de capital do presente estivesse à nossa disposição de modo que nos permitisse investir em qualquer meio que considerássemos como o mais adequado o objetivo que temos em vista.
>
> Em tal caso, o mundo teria uma aparência consideravelmente diferente do que hoje apresenta. Muitas áreas seriam menos densamente povoadas. (...) As grandes rotas comerciais seguiriam outros cursos.[21]

[21] Ludwig von Mises. *The Epistemological Problems of Economics.* 3ª edição. Auburn: Ludwig von Mises Institute, 2003. p. 231.

À primeira vista, isso não ajuda uma Nova Orleans com população de quase um milhão de pessoas na atual localização. Sim, a cidade está situada na foz de um grande rio, e oferece um porto de excelência para transportes internacionais. Por outro lado, como os acontecimentos recentes têm demonstrado de maneira bastante trágica que esses benefícios podem ser descompensados pelo fato de se localizar abaixo do nível do mar.

Isso quer dizer que Nova Orleans estaria condenada, sob a ótica de um sistema de livre empresa? É bem possível que sim. Se pudéssemos começar tudo do zero e *start all over again*, nos dias de hoje, sim, bem poderia ser o caso. Mas não necessariamente, uma vez que grandes investimentos já foram feitos em ruas, edifícios, tubulações etc. Mesmo que soubéssemos o que sabemos agora e cidade alguma tivesse sido formada ao sul do lago Ponchartrain, isso não quer dizer que elas não devam ser reconstruídas nos tempos atuais sob premissas realistas.

Já que Nova Orleans está onde agora está, é inteiramente possível que seja economicamente bom para a região que ela continue a ser um grande assentamento humano na área. O que não pode ser negado é que, quando o governo entra em cena, cálculos econômicos desse tipo tornam-se impossíveis. Mises continua sua análise:

> Com relação à escolha da localidade (...) novas fábricas parecem ser mais eficientesà luz da situação atual. No entanto, (...) considerar os bens de capital produzidos no passado sob certas circunstâncias fazem com que as melhores (localizações) em termos de tecnologia (...) pareçam economicamente inviáveis. A história e o passado têm um peso. Um cálculo econômico que não os toma como fatores seria deficiente. Não pertencemos apenas ao hoje; somos também herdeiros do passado. Nossa riqueza capital advém do passado, e esse fato tem consequências. (...) A racionalidade estrita (...) leva o empresário a continuar com a produção em uma localização desvantajosa (...).[22]

[22] Idem. *Ibidem*. p. 234.

Ou seja, Nova Orleans pode muito bem ser um "local desvantajoso" com base no pressuposto de que possamos reorganizar retrospectivamente todas as decisões anteriores sobre a localização. Mas não podemos fazer tal coisa. Ao contrário, o capital (edifícios, estradas, dutos etc.) nos são legados *em um determinado local*. Ocorre que muitos capitais valiosos estão localizados em Nova Orleans. Esse fato nos deixaria propensos a reinvestir naquele lugar, e que se danem as tempestades. Entretanto, só a iniciativa privada pode tomar uma decisão assim racionalmente. Quando o governo confunde e complica, isso não pode ocorrer.

A melhor forma, então, para determinar racionalmente se a *Big Easy* deve ou não ser salva é deixar essa decisão inteiramente para a livre iniciativa – para os empresários capitalistas que, sozinhos, podem tomar racionalmente tais deliberações. Como demonstrou o lado austríaco do debate sobre o cálculo socialista, isso só pode ser feito com preços de mercado. Além disso, os proprietários privados tomam tais decisões com o próprio dinheiro ou com os fundos que lhes são confiados; se cometem erro, sofrem sozinhos. Não nos arrastam ladeira abaixo.

Socialismo Meteorológico

Mas há um terceiro elemento que não podemos ignorar: o socialismo meteorológico.

Segundo um velho ditado, os críticos do governo podem perfeitamente culpar esta instituição por muitas coisas, mas o mau tempo não figura entre elas. Errado, errado. Correndo o risco de soar meio fora de sintonia com o *mainstream* (uma experiência nova para mim) o Estado é responsável não só por furacões, mas por tornados, tempestades, tufões, maremotos, calor excessivo, frio excessivo, muita chuva, muito pouca chuva, enchentes, secas, desertificação, dilúvios, rajadas de vento, temporais, tempestades tropicais, tempestades de neve, tempestades de raios, nevascas, ciclones, vendavais, tornados, monções, chuvas torrenciais etc. Liste qualquer tipo de intempérie meteorológica e o governo serão culpado por ela.

Por quê? Explico-me. Porque o Estado, em todos os níveis, abocanha quase 50% do PIB em impostos e seus regulamentos e regulamentações representam um significativo montante adicional de riqueza não criada. Se o governo voraz deixasse todas ou mesmo a maioria das propriedades criadas por seus legítimos donos – aqueles que as criaram, em primeiro lugar, com as próprias mãos – o problema do tempo, sem dúvida, poderia ser mais bem conduzido pela iniciativa privada.

E em quais magníficos afazeres o Estado desperdiça trilhões vindos do nosso ganho? Deixe-me enumerar algumas das maneiras. Subsidia agricultores que deveriam ser permitidos ir à falência no instante quando não conseguem ganhar honestamentede seu trabalho. Enquanto o número de agricultores tem diminuído ao longo dos anos, o de burocratas do Departamento de Agricultura aumentou. Bem-estar Social para os agricultores e para os burocratas agrícolas.

Falando em bem-estar, esta é apenas a ponta do iceberg. Os sábios mestres em Washington distribuem nosso suado dinheiro para pessoas que têm filhos que não conseguem alimentar e para vagabundos corporativos que recebem seguridade social. Depois, há o Departamento de Educação (os republicanos não iam se livrar desta ferida no corpo político?) que engendra um sistema de escola pública que armazena e deseduca nossos filhos.

Isso sem mencionar o nosso sistema de socialismo médico que desperdiça outros preciosos recursos. Ainda não temos um HillaryCare, mas estamos bem nesse caminho. Mas, também, devemos levar em conta o governo jogando o nosso dinheiro nas agências de correio, no programa espacial, no etanol, na "ajuda" externa, no seguro-desemprego e a lista continua.

A guerra às drogas leva milhares de pessoas ao cárcere – pessoas que poderiam estar lá fora gerando adicionais riquezas – a um preço que ultrapassa o da matrícula, alojamento e alimentação em algumas das mais prestigiosas universidades. Por último, mas não menos importante, por falar em guerra, os Estados Unidos impõe um verdadeiro assédio moral pelo mundo há décadas, e criam um verdadeiro caos. O Katrina é uma brisa de verão comparado às nossas Forças Armadas no quesito matar inocentes. Não há maior verdade que esta "A guerra é a sanidade do Estado".

Suponhamos que o "setor público" não estivesse desperdiçando riquezas inimagináveis. Qual a relação disso com a melhora das condições meteorológicas? Bem, grande parte do dinheiro devolvido aos sofridos contribuintes (e muito da riqueza incremental gerada pelo fim das regulações econômicas) seria alocado nos lugares comuns: barcos a vela, pianos, aulas de violino, em comida melhor e mais entretenimento etc. Mas parte dele provavelmente seria investido em mais pesquisa e desenvolvimento, tais como as causas e as soluções de condições climáticas indesejadas.

Será que ainda há dúvidas de que em cem, mil ou dez mil anos – supondo que o governo não nos exploda antes disso – não mais seremos atormentados por nuvens que não colaboram. Não digo que, caso o Estado desaparecesse amanhã o dia seguinte seria de tempo aberto (e com chuvas encomendadas de 2 as 4 da manhã), mas o fim do Estado faria com que a segunda opção acontecesse muito mais rapidamente.

Como isso funcionaria? O problema dos "bens públicos" por acaso não causaria uma "falha" de mercado, conforme pensam nossos amigos da escola econômica de Chicago, pretensamente chamada de "livre mercado"? O argumento deles é o de que se eu aparecer com um método de controle instantâneo de tempestades ou, melhor ainda, se orquestrar algo que as impeça de sequer se formarem, todo mundo pegará "carona" na minha inovação. Os outros beneficiários simplesmente recusar-se-ão a me pagar por essa benesse que os concedo, portanto, não investiria um centavo se quer nessa empreitada. E nem você. Assim, o sistema de livre empresa não consegue lidar com tal desafio.

....

Asneira e parvoíce.

Em primeiro lugar, a tarefa não precisa necessariamente ser cumprida num sistema pró-lucro. Organizações sem fins lucrativos também fazem parte do setor privado da economia. Basta olhar para a chuva de atos de caridade para com os habitantes de Nova Orleans vinda de todos os cantos do país, para observarmos que não há falta de benevolência e boa vontade para com as vítimas do Katrina. Devo destacar como menção especial a esse respeito as grandes empresas que maximizam seus "malvados" lucros, esmagamos fornecedores, tornam miseráveis os próprios trabalhadores devido às políticas antissindicais, levam pequenos comércios à falência e basicamente exploram tudo o que tocam. Essa odiada corporação contribuiu com um milhão de dólares para o Exército da Salvação em auxílio às vítimas do furacão. Recentemente, o Wal-Mart destinou um adicional de US$ 15 milhões para essa finalidade. Como parte desse compromisso, o Wal-Mart vai "abrir alguns mini-Wal-Mart em áreas impactadas pelo furacão. Itens como roupas, fraldas, lenços umedecidos, comida, papinhas de bebê, escovas de dentes, roupa de cama e água serão entregues gratuitamente àqueles provadamente necessitados".

Em comparação, não recomendo a Cruz Vermelha Norte-Americana. Ainda não os perdoei por fazer vista grossa ao risco de espalhar AIDS e infectar centenas de pessoas, muitas delas hemofílicas. Infelizmente, do meu ponto de vista, o Wal-Mart enviou outros um milhão de dólares para a Cruz Vermelha. Mas se desejar mesmo auxiliar a longo prazo os habitantes da Costa do Golfo, ajude as organizações que denunciam erros do governo e apoie os partidos estaduais libertários da Louisiana, do Mississippi ou do Alabama. Mas não o partido nacional, até que eles resolvam esse problema.

O ponto é, se nós, o povo, tivéssemos uma maior quantidade de dinheiro à nossa disposição do que temos agora (graças à irresponsabilidade do nosso governo no gasto do nosso dinheiro), seríamos capazes de doar parte dele para que organizações sem fins lucrativos se engajassem na pesquisa e desenvolvimento de tecnologia para controle meteorológico.

Em segundo lugar, o mercado tem uma maneira de internalizar as chamadas externalidades que supostamente impede que as empresas proporcionem serviços de controle meteorológicos. Dentro de certos limites e dependendo da tecnologia, os fornecedores de seguros contra intempéries seriam capazes de ligar e desligar a chuva e o vento como uma torneira, dependendo das densidades populacionais da localização de sua clientela.

Por exemplo, se na área "A", 90% dos proprietários de terras são membros do Caçadores de Furacão Inc. e na área "B" eles são apenas 10%, não há dúvida sobre quem será mais bem atendido por essa determinada empresa. Então, também, não só haverá a pressão social, mas altambéma econômica, para que grandes empresas em qualquer área geográfica assinem tal serviço. Os que não o fizerem (particularmente em estados que se estendem do Texas à Flórida e certamente em Nova Orleans) tenderão a ver o desaparecimento de sua base de clientes.

Como um pequeno exemplo desse fenômeno, recentemente, empresas com grandes áreas de estacionamento destinaram espaços reservados para mulheres grávidas e com filhos pequenos. Nenhuma agência governamental os forçou a fazer isso. (Previsão: o Estado em breve fará exatamente isso, de modo que obtenha todo o crédito por esta política muito humana e lucrativa). Quando esse movimento se tornar regra, poucos serão capazes de resistir. É provável que surja uma situação similar no que se refere à proteção contra furacões. No mínimo, se o governo saísse do caminho, isso abriria uma frente para que a iniciativa privada nos conduzisse mais rapidamente até o dia em que os Katrinas do futuro serão evitados.

Para concluir, eis o que vejo comoa posição libertária sobre tempestades e suas consequências. Nenhuma Guarda Nacional ou outros representantes do Estado deveriam ser envolvidos. São basicamente "assassinos e ladrões". Em vez disso, as agências privadas de policiamento, designadas pelos proprietários, deveriam lidar com os saqueadores.

Além disso, nenhum dinheiro de impostos deveria ser derramado sobre Nova Orleans. São fundos roubados e deveriam ser devolvidos aos legítimos donos, os contribuintes da nação. Claro que isso se aplica, sem dúvida, às vítimas do Katrina. Mas as restituições precisariam ser em dinheiro, e não como gastos pagos para a reconstrução, dos quais nem todos os proprietários se beneficiariam.

Somente a iniciativa privada deveria determinar se a *Big Easy* seria digna de ser salva ou não. Seria muito mais fácil superar os problemas de "custos de transação" do que os desafios apresentados por um governo inepto e economicamente irracional. Possivelmente, um Donald Trump da vida pode tentar comprar todos os edifícios por uma fração dos valores anteriores e salvar seu novo investimento com a construção de diques e bombas de água. Não precisaria comprar 100%. Uma quantidade menor, digamos, 90%, já bastaria, teria apenas de deixar as compras iniciais condicionadas a atingir esse nível. Ou seja, poderia primeiro adquirir opções de compra.

··· Capítulo 18 ···

Água Privada Fresquinha e Limpa: Água do Governo é Encrenca

Duas tragédias recentes aconteceram no Canadá, uma delas recebeu bastante publicidade e a outra nem tanto. Com as devidas lições aprendidas de ambas, será bom reconsiderar cada caso e ponderar mais cuidadosamente o que pressagiam.

Uma desgraça ocorreu em Walkerton, Ontário, onde um surto de bactérias E. coli resultou na morte de sete moradores e no adoecimento de milhares. O governo conservador do primeiro-ministro Mike Harris foi muito culpabilizado por esse episódio, visto que anteriormente tinha confiado a empresas privadas a responsabilidade pela água potável na província.

A segunda desgraça aconteceu em um lago artificial em Birds Hill Provincial Park, em Winnipeg, Manitoba. O afogamento da jovem de dezoito anos Katarzyna Zarzecki, que morreu enquanto nadava e não pôde ser resgatada pelos salva-vidas. Isso aconteceu logo depois das mortes por afogamento de dois outros garotos pequenos no mesmo lugar durante o verão de 2000.

Tal como nos casos da água de Walkerton, a culpa por essas mortes também foi amplamente atribuída, pela mídia esquerdista, à privatização, porque as responsabilidades de salva-vidas naquele lago também eram de uma empresa privada com fins lucrativos contratada pelas autoridades provinciais.

Digo que essas tragédias em Ontário e Manitoba aconteceram não devido à privatização, mas sim apesar delas; que a lição a ser tirada de ambos os episódios não é que, paradoxalmente, precisemos de menos envolvimento com o sistema de livre empresa, mas ao contrário, precisamos de mais. Falo "paradoxalmente" porque na cabeça da maioria das pessoas, em especial na dos jornalistas que vêm escrevendo sobre as duas histórias, o caso parece bem claro e direto: houve uma época em que esses empreendimentos estiveram nas mãos do governo e tudo corria bem. Então, chegou o momento em que cada um foi privatizado, e eis quando os problemas eclodiram. A lição parece óbvia: reintegre-os à província e aproveitem o ensejo para nacionalizar todo o resto, porque, se o governo é mais eficiente do que o setor privado, por que temos de ter iniciativa privada?

Alguém mais vê uma dificuldade aqui? O que aparenta ser "bom senso" entre as classes canadenses de palavreado oco já foi tentado noutro lugar, e foi desejado pelas pessoas. Muito desejado. Agora, vejamos, onde aconteceu isso? Ah, sim, agora me lembrei: na União Soviética e nos seus países-satélites, que faliram todos, economicamente, no final do século passado. E agora estamos mesmo considerando uma "política *Made in Canada*" de nacionalizações que são fotocópias de um comunismo falido? Que vergonha!

Entretanto, não é o suficiente apenas saber que uma grande confiança no setor público criará desapontamentos. Se quisermos erradicar esse tipo de pensamento, também devemos saber o porquê. Do contrário, as pessoas continuarão a achar que o que aconteceu na URSS foi um acidente e que aquilo "não aconteceria aqui".

Então, porque normalmente os mercados superam os governos na prestação de serviços tais como clipes de papel, relógios de pulso, milho, leite e também na qualidade da água e dos salva-vidas guardando as praias? Isso ocorre devido ao lucro e à concorrência. Se a pizza no meu restaurante for ruim, você comerá em outro lugar. Caso isso aconteça, soará para mim um forte sinal de mercado para que eu conserte o erro nos métodos e, se não conseguir fazê-lo, que entre para um segmento de mercado onde possa contribuir com a sociedade. Comparemos isso com a "Pizza

Canadá", baseada nos mesmos princípios econômicos que há muito nos fizeram admirar o serviço de correio do Canadá. Aqui, se não gostar da comida, você pode ir a outro lugar, mas a "Pizza Canadá" continua sempre funcionando, assim como o coelhinho da Duracell, uma cortesia dos pagamentos de impostos roubados dos consumidores relutantes em dar a essa operação "votos em dólar".

Por algum motivo, existe no Canadá uma fixação pela água. Sim, outras coisas podem tranquilamente ser deixadas a cargo do mercado, mas não este fluido. A água é especial. Que devaneio sem sentido! H2O é apenas um outro tipo de líquido. O livre mercado nos fornece leite de alta qualidade, refrigerantes, cerveja, vinho, licores, sucos de fruta e todo e qualquer outro líquido na face da Terra. Por que com a água deveria ser diferente?

Pode-se objetar dizendo que a qualidade dessas outras substâncias é controlada pelo aparato estatal; mas o mesmo poderia ser aplicado à água. Em qualquer um dos casos, em quem confiamos mais: numa agência burocrática de certificação com monopólio estatal ou numa indústria competitiva dedicada às mesmas finalidades? Perceba que o mesmo processo de exclusão do mercado que acontece com as pizzas ruins também abarca a garantia de qualidade. A talidomida para enjoos matinais, afinal, foi aprovada por uma agência do governo, que pela própria natureza, jamais entra em falência. Deveríamos apreciar com mais entusiasmo o sistema de perdas e ganhos que automaticamente incentiva o sucesso e penaliza o fracasso. Os soviéticos, sem esse mecanismo de *feedback*, foram vítimas de uma arteriosclerose econômica. Não obtemos bons hambúrgueres do McDonalds, pizzas de alta qualidade, uma autêntica Coca-Cola e carros maravilhosos da Rolls Royce por causa da supervisão do governo, sujeita a suborno. Não, essas coisas nos chegam, assim como alimentos *Kosher*, outra instituição privada de controle de qualidade, do setor de mercado.

Sim, a iniciativa privada não é perfeita. Haverá danos e até mesmo mortes em áreas sob seu controle. Algumas pessoas se afogam e outras bebem água suja. Mais pessoas estariam fadadas a esses destinos numa gestão burocrática. Consideremos uns 3.000 motoristas e pedestres que perdem a vida a cada ano em acidentes de trânsito em estradas pertencentes e gerenciadas por várias jurisdições governamentais canadenses (o número é aproximadamente dez vezes maior nos EUA). Por que não há clamor público para privatizar essas propriedades? Seria porque, sob o verniz da apreciação pelo capitalismo, ainda existe um forte anseio interior de viver no modo de vida comunista?

ECONOMIA DO TRABALHO

··· Capítulo 19 ···

O Mal dos Sindicatos no Setor Público e no Setor Privado*

De acordo com os nossos amigos na esquerda, o motivo pelo qual precisamos de sindicatos é porque, sem eles, os empregadores reduziriam os empregados a pó. Se o movimento sindical desaparecesse, os salários despencariam; os trabalhadores teriam de trabalhar aos domingos ("Se você não vier domingo, não se preocupe em vir na segunda-feira"); mostrem concordar com os chefes e sofram todo tipo de injustiças, dentre elas a perda de praticamente todas as melhorias nas condições de trabalho conseguidas ao longo do século passado.

Claro, tudo isso está errado. Salários e condições de trabalho não são definidas pelas empresas. Ao contrário, dependem da produtividade do trabalho, mais tecnicamente do produto de receita marginal do trabalhador. Esse número pode ser definido como a quantidade extra de receita gerada com a adição de mais uma pessoa à folha de pagamento. Por exemplo, se havia 1.000 trabalhadores criando um item que era vendido a x dólares e, em seguida, o empregado de número 1.001 entra no time e as vendas da empresa sobem para x + 7 dólares, então a produtividade de receita marginal da última pessoa contratada seria de 7 dólares por hora.

Os salários não podem ser mais altos do que esse valor ou a empresa perderá dinheiro a cada trabalhador que contrata. Por exemplo, se a

*Publicado em14 de setembro de 2005.

remuneração for de 10 dólares e a receita gerada vinda dos esforços do trabalhador for de 7 dólares, então a firma perde 3 dólares a cada hora de trabalho.

Por outro lado, uma situação em que os salários são mais baixos do que esse montante também não vingará. Por exemplo, suponhamos que o pagamento fosse de 2 dólares por hora, ao passo que a produtividade permanecesse no patamar dos 7 dólares que estamos considerando. Assim, o empregador teria um lucro puro de 5 dólares a cada hora. Isso não duraria muito por duas razões. Primeiro, outras empresas teriam o incentivo de contratar tal trabalhador e tirá-lo de seu empregador. Ao pressupor que a produtividade dele seria os mesmos 7 dólares no lugar de qualquer outro membro da indústria, um competidor poderia oferecer, digamos, 2,25 dólares. Isso seria um aumento substancial, muito além do atual salário de 2 dólares, e ainda permitiria ao empregador recém-chegado receber um lucro de 7- 2,25 = 4,75. Mas se isso funciona, então a mesma coisa se aplicaria a uma oferta de 2,50, 2,75, 3,00 etc. Onde esse processo terminaria? Quando o valor estivesse tão perto dos 7 dólares quanto fosse permitido pelos custos de se encontrar tais trabalhadores "mal pagos" e convencê-los a mudar de emprego em busca de melhores salários. Em segundo lugar, trabalhadores conversam entre si. Um empregado que vale 7 dólares, mas que recebe menos do que isso, ficaria tentado a se demitir caso descobrisse que seus pares em outras lojas ou fábricas estivessem ganhando mais. Assim, os salários dos trabalhadores com esse nível de habilidade tenderão a ser de 7 dólares. Isso não significa que, na livre iniciativa, não haverá desvios a partir deste montante. Haverá. O mercado está em constante mudança. Mas há uma tendência inexorável de que os salários continuamente se movam rumo a esse equilíbrio.

Se os salários realmente fossem determinados pelos empregadores, por que então Shaquille O'Neal, Brad Pitt, Britney Spears e Bill Gates, todos empregados, ganham fortunas? Generosidade? Não, a razão é que suas produtividades (habilidade de lotar os assentos nos estádios, arenas, cinemas, salas de concerto – no caso dos três primeiros – e gerenciar uma grande empresa, no caso do último) são muito, muito boas. Se os atuais empregadores dessas pessoas não os pagassem de forma satisfatória (isto é, de acordo com a produtividade de cada um) outros entrariam no páreo e o fariam com muito prazer.

Quando os sindicatos forçam um aumento de salário acima dessa produtividade estipulada de 7 dólares, ficam bem no curto prazo, mas no longo prazo geram falências nos negócios e no *Rust Belt*[23]. Da mesma maneira como você não consegue empurrar a água de volta pelos orifícios do chuveiro sem derramar um bocado pelo chão, também é impossível manter os salários acima dos níveis de produtividade por um período substancial de tempo. (Na verdade, a primeira é uma mera impossibilidade física; a última, além disso, viola as leis econômicas da lógica, ou da praxiologia).

O que determina os níveis de produtividade e, assim, os salários que dependem deles? Têm por base o empenho das pessoas que trabalham, a inteligência e a quantidade, sofisticação e o preço dos instrumentos que são dados pelos empregadores aos trabalhadores para executar os ofícios. Isso, por sua vez, depende da quantidade de poupança feita em períodos anteriores e, mesmo antes disso, do quanto a população é economicamente livre e cumpridora das leis. Nesse quesito, quanto mais confiança nos direitos à propriedade privada e na livre iniciativa, *ceteris paribus*, melhor.

Se os movimentos sindicais são de fato a única instituição que se interpõe entre o trabalhador e a miséria total, como então os salários reais vêm aumentando, ao passo que a quantidade de sindicalizações vêm diminuindo ao longo dos últimos cinquenta anos? (ver tabela 1) Como é que indústrias que jamais estiveram perto de sindicatos (computação, bancos,

[23] O *Rust Belt* (cinturão da ferrugem em português), também conhecido como cinturão da manufatura (*manufacturing belt* em inglês), é uma área no nordeste dos Estados Unidos, situada aproximadamente entre as cidades de Chicago e Nova York, cuja economia é baseada principalmente na indústria pesada e de manufatura. (N. do T.)

finanças) pagam salários tão altos, por muitas vezes excedendo a média dos membros de um determinado sindicato? Dado que estão à mercê de porcos capitalistas, já não era para terem sido pulverizados? Como o sul dos Estados Unidos, a parte menos sindicalizada do país, é a que mais cresce? O que falar de países onde o sindicalismo ocidental não tem vez (Hong Kong, Singapura, Japão) e ainda assim são poderosas forças econômicas, com padrões de vida de causar inveja ao resto do mundo?

Seja como for, tudo isso é refutado por professores, especialistas e políticos de esquerda. Que fique claro que o presente escritor não nutre antipatia alguma por esse tipo de pessoas. Para demonstrar isso, assumirei agora, *arguendo*[24], que tudo o que os opositores da livre iniciativa dizem sobre a relação empregador/empregado seja verdade. O primeiro é um sugador de sangue, sempre pronto para atacar o infeliz trabalhador. Os patrões têm caixas registadoras no lugar dos corações e cifrões nos olhos; nunca são acometidos de piedade para com as massas oprimidas. Se conseguissem o que realmente querem, a situação do trabalhador seria desesperadora.

Como parte da presente análise sentimental, devo reconhecer o papel benevolente que o Estado desempenha nas relações de trabalho. Se não fosse pelas magníficas legislações pró-sindicalismo, tais como o *Clayton Act*, o *Railway Labor Act*, o *Davis-Bacon Act*, o *Norris-LaGuardia Act*, o *National Industry Recovery Act*, o *Wagner Act*, o *National Labor Relations Board Act*, o *Byrnes Anti-Strikebreaker Law*, o *Walsh-Healy Act* e o *Fair Labor Standards Act*, as empresas não teriam sido colocadas em seus devidos lugares e a situação dos trabalhadores teria continuado terrível.

Certo, certo, chega dessa ignorância econômica. Em vez disso, deixe-me perguntar aos proponentes dessas opiniões apenas uma única coisa: se o governo é uma instituição tão maravilhosa que evita que se lucre com o sangue, o suor e a labuta do trabalhador, como se justifica a existência

[24] Para fins de argumentação. (N. do T.)

de, rufem os tambores, sindicatos no setor público? Meu ponto aqui é que esses tipos de organizações trabalhistas são simplesmente incompatíveis com o argumento esquerdista (articulado acima) no sentido de que o capitalista é um explorador e de que o governo tem resgatado o trabalhador da influência nefasta da corporação. Se o Estado é assim tão admirável, por que a necessidade de um sindicato do setor público, cujos membros têm como chefe o benevolente governo?

TABELA 1

Quantidade de membros de sindicatos nos EUA, 1948-2004 (em milhares)

Ano	% da Força de Trabalho	Total de Membros	Ano	% da Força de Trabalho	Total de Membros
1948	31.8	14,271	1977	26.2	21,632
1949	31.9	13,935	1978	25.1	21,756
1950	31.6	14,294	1979	24.5	22,025
1951	31.7	15,139	1980	23.2	20,968
1952	32.0	15,632	1981	22.6	20,646
1953	32.5	16,310	1982	21.9	19,571
1954	32.3	15,808	1983	20.7	18,633
1955	31.8	16,126	1984	18.8	17,340
1956	31.4	16,446	1985	18.0	16,996
1957	30.2	16,497	1986	17.5	16,975
1958	30.3	15,570	1987	17.0	16,913
1959	29.0	15,438	1988	16.8	17,002
1960	28.6	15,516	1989	16.4	16,960
1961	28.5	15,400	1990	16.1	16,740
1962	30.4	16,893	1991	16.1	16,568
1963	30.2	17,133	1992	15.8	16,390
1964	30.2	17,597	1993	15.8	16,598
1965	30.1	18,268	1994	15.5	16,748
1966	29.6	18,922	1995	14.9	16,326
1967	29.9	19,667	1996	14.5	16,269

Ano	% da Força de Trabalho	Total de Membros	Ano	% da Força de Trabalho	Total de Membros
1968	29.5	20,017	**1997**	14.1	16,110
1969	28.7	20,185	**1998**	13.9	16,211
1970	29.6	20,990	**1999**	13.9	16,477
1971	29.1	20,711	**2000**	13.5	16,258
1972	28.8	21,205	**2001**	13.5	16,275
1973	28.5	21,881	**2002**	13.3	16,146
1974	28.3	22,165	**2003**	12.9	15,776
1975	28.9	22,207	**2004**	12.5	15,472
1976	27.9	22,153			

Fonte: www.laborresearch.org

Observem a Tabela 2. Como pode ser visto de forma clara, se a tendência atual continuar, os sindicatos do setor privado desaparecerão em breve. A única coisa que sustenta as porcentagens de sindicalização são as organizadas contra o governo. Organizadas contra o governo? Aquela instituição estupenda que protege o trabalhador do capitalismo malvado? Aquela responsável pela superabundância de leis pró-sindicatos mencionadas acima? Isso só pode fazer sentido para pessoas totalmente simplórias não só em relação ao pensamento econômico elementar, mas à lógica básica também. Já passou da hora, há muito tempo, de todos os sindicatos do setor público serem dissolvidos.

TABELA 2

Porcentagem da Força de Trabalho que é Sindicalizada

Ano	Pública	Privada	Total
2004	36.4	7.9	12.5
2003	37.2	8.2	12.9
2002	37.5	8.5	13.3
2001	37.4	9.0	13.5
2000	37.5	9.0	13.5

Ano	Pública	Privada	Total
1999	37.3	9.4	13.9
1998	37.5	9.5	13.9
1997	37.2	9.8	14.1
1996	27.7	10.2	14.5
1995	37.5	10.4	14.9
1994	38.7	10.9	15.5
1993	37.7	11.2	15.8
1992	36.7	-	15.8

Fontes:

http://www.bls.gov/opub/ted/2002/jan/wk3/art03.htm, acesso em 23/jan/2016.

http://www.bls.gov/news.release/union2.nr0.htm, acesso em 23/jan/2016.

http://www.bls.gov/cps/wlf-table38-2005.pdf, acesso em 23/jan/2016.

http://www.bls.gov/schedule/archives/all_nr.htm#UNION2, acesso em 23/jan/2016.

Ou será que já mesmo?

Foquemo-nos em um último ponto à guisa de conclusão. Quando um sindicato do setor público entra em greve (bombeiros, lixeiros, funcionários dos correios, bibliotecários, professores, motoristas de ônibus, servidores públicos etc.), quem os libertários apoiam? Ambos são, com efeito, gangues criminosas, só que geralmente uma é muito mais forte do que a outra. Uma posição é: sempre torça pelo mais fraco. Que quase sempre é o sindicato do setor público. Naturalmente, caso essa torcida gere frutos, o resultado será o aumento dos salários e, por fim, surgirão impostos. Isso pode ser evitado quando o governo pressiona e não acata as demandas dessas organizações trabalhistas, mas a desvantagem é que o Estado, a fonte do poder sindical em primeiro lugar, fica ainda mais forte. Talvez a melhor reação seja: "a peste caia em vossas casas"[25]. O que, no caso, deixa claro que nós, libertários, devemos defender o fim dos sindicatos do setor público.

Entretanto, o que é muitíssimo claro, é que a existência dos movimentos sindicais não consegue ser conciliada com a costumeira retórica dos es-

[25] William Shakespeare. *Romeu e Julieta*. Ato III, cena I. (N. do E.)

querdistas sobre capitalistas de espírito malévolo e políticos benevolentes. Fosse esse o caso, os socialistas defenderiam apenas os sindicatos do setor privado. No entanto, é claro que não o fazem. Essa é mais uma amostra que atesta a irracionalidade.

··· Capítulo 20 ···

Existe um Direito à Sindicalização? Depende.

Resisto a acreditar que exista um "direito à sindicalização" ou que ele seja similar ou, pior, uma consequência do direito à livre associação. Sim, teoricamente, uma organização trabalhista *poderia* limitar-se a orquestrar uma demissão em massa, caso não consiga o que quer. Isso seria uma consequência da lei de livre associação.

Todo sindicato que conheço, todavia, se reserva ao direito de aplicar a violência (isto é, de iniciar a violência) contra trabalhadores antagonistas como, por exemplo, os fura-greves, seja de um modo mais "colarinho-azul"[26] ao enchê-los de bordoadas, ou de um jeito mais "colarinho-branco" ao forçarem a aprovação de leis obrigando os patrões a lidar com eles e não com os fura-greves. (Por acaso alguém conhece um exemplo contrário a isso? Se souberem, seria um prazer ouvir. Certa vez achei que havia descoberto um: a Associação Trabalhista Cristã do Canadá, mas, com base numa entrevista deles, posso dizer que ainda que rechacem a agressão "colarinho-azul", apoiam a do "colarinho-branco".

Mas, o que dizer do fato de existirem muitos exemplos contrários: sindicatos que na verdade não se envolveram em iniciar a violência? Além disso, existem membros que estão associados ao movimento sindical há muitos anos e que nunca testemunharam uma explosão real de violência.

Deixem-me esclarecer a minha posição. Oponho-me não só à violência, mas sim à "violência *ou* à ameaça de violência". Entendo que, amiúde,

* Publicado em 1 de janeiro de 2004.

[26] Um trabalhador de colarinho azul é um membro da classe trabalhadora que realiza trabalho manual. Diferem dos trabalhadores do setor de serviços e dos trabalhadores de colarinhos brancos, funcionários de escritórios, em geral. (N. do T.)

não é necessária violência alguma, caso a ameaça seja séria o suficiente, que digo, sempre ocorre no sindicalismo, pelo menos do modo como é praticado nos Estados Unidos e no Canadá.

Provavelmente, a Receita Federal (IRS), ao longo de sua história, nunca se envolveu com uso real de violência física. (É composta em sua grande maioriade *nerds*, e eles não são um tipo agressivo). Isso porque confia nas *courts-police*[27] do governo dos Estados Unidos, que têm um poder enorme. Seria superficial, contudo, afirmar que a Receita Federal não se envolve com "violência ou com a ameaça de violência". Isso vale também para a polícia estadual que nos para e aplica multa. Eles são, e são treinados para ser, extremamente educados. No entanto, "a violência, ou a ameaça de violência" permeia toda a relação que estabelecem conosco.

Ademais, não nego que, por vezes, a administração de empresas também apela para a "violência ou a ameaça de violência". O único argumento é ser possível atestar numerosos casos em que isso não acontece, ao passo que isso é impossível no que se refere aos movimentos sindicais, pelo menos nos países que discuto.

No meu modo de ver, a ameaça que emana a partir dos sindicatos é objetiva, não subjetiva. É a ameaça, vinda dos velhos tempos do "colarinho-azul", de que qualquer trabalhador antagonista, um fura-greve, devesse ser espancado caso tentasse furar uma linha de piquete e, nos tempos modernos do colarinho-branco, de que qualquer empregador que demita um empregado grevista membro de um sindicato e o substitua por um trabalhador permanente, estará agindo em violação a várias leis trabalhistas. (Por que, aliás, que não é "discriminatório" e "crime de ódio" chamar de "fura-greve" os trabalhadores que aceitam receber um salário menor e competir contra os movimentos sindicais? Isso não deveria ser tratado como equivalente ao uso de ofensas raciais contra negros, judeus etc.?)

---

[27] São cortes para delitos menores, algumas ações de menor complexidade no âmbito civil e realizam audiências. (N. do E.)

Imagine que um bandido franzino confronte um encorpado jogador de futebol americano e exija que ele entregue o dinheiro, ameaçando que, caso o grandalhão não o faça, o nanico o encherá de socos. Chamo isso de ameaça objetiva e não me importa se o gigante começar a rir em reação. Segundo cenário. Igual ao primeiro, mas dessa vez o nanico saca uma pistola e ameaça atirar no rapagão, caso ele não passe o dinheiro.

Agora há dois tipos de grandalhão. Um que se sentirá ameaçado e entregará o dinheiro. O segundo, que atacará o baixinho (em autodefesa, sustento). Talvez ele se sinta todo-poderoso. Talvez esteja usando um colete à prova de balas. Isso não importa. Ameaça é ameaça, independentemente da reação do sujeito grandão, independentemente de sua resposta psicológica interior.

Agora voltemos às relações entre administradores e trabalhadores. O sindicato ameaça objetivamente os fura-greves e os empregadores que os contratam. Isso é, hoje em dia, puramente uma questão legal, sem nenhuma relação com os sentimentos das partes. Em contraste, uma vez que não podemos negar que às vezes os empregadores iniciam a violência contra os trabalhadores, como patrões, não precisam *necessariamente* fazê-lo, (Amiúde, entretanto, tal violência é em autodefesa).

Isso é análogo ao argumento que apresentei sobre o cafetão no meu livro *Defendendo o Indefensável*[28]: Para esse propósito, não me importa se cada cafetão, de fato, iniciou a violência. Também não importa se fazem isso regularmente. Esta não é uma característica *necessária* do cafetão. Mesmo que não existam cafetões não-violentos, ainda podemos *concebê-lo* como tal. Mesmo que todos os empregadores sempre iniciem a violência contra os trabalhadores, ainda assim podemos imaginar que haja empregadores que não o façam. Em nítido contraste, por causa da legislação trabalhista, todos a apoiam, e não podemos sequer imaginar um movimento sindical que não ameace iniciar violências.

---

[28] Walter Block. *Defendendo o Indefensável.* Trad. Rosélis Maria Pereira. 2ª ed. São Paulo: Instituto Ludwig von Mises Brasil, 2010. P. 41. (N. do E.)

Murray N. Rothbard opunha-se ferozmente aos sindicatos. Isso provinha de duas fontes. A primeira porque, como teórico libertário, acreditava que os movimentos sindicais sempre prenunciaram violência (leiam *Homem, Economia e Estado*). A segunda, tinha por base os danos pessoais sofridos por sua família nas mãos desses mesmos sindicatos. (leiam *An Enemy of the State: The Life of Murray N. Rothbard* de Justin Raimondo).

Deveremos jamais nos sucumbir ao canto da sereia do banditismo sindical.

··· Capítulo 21 ···

Em Defesa dos Fura-Greves: A Justificativa Restrita para os Sindicatos

Escrevi um artigo intitulado "Existe um Direito à Sindicalização?" (ver capítulo 20) e recebi dezenas de respostas. Muitas delas levantaram pontos interessantes que não abordei no texto ou, pelo menos, não o suficiente. Em vez de responder a todas estas cartas de forma consistente e detalhada, pensei em replicar alguns destes pontos num novo ensaio.

Sindicalismo é Legítimo

Muitos insistiram que os sindicatos, em teoria, são compatíveis com uma sociedade livre. Concordo, concordo. Nada do que disse antes deveria ser entendido como incompatível com essa visão. Tudo o que um sindicato deveria fazer para assim proceder seria afastar-se tanto dos crimes de colarinho branco como dos de colarinho azul. Apenas argumento que isso jamais aconteceude fato, não que fosse impossível de acontecer.

Entretanto, sou meio chato com relação à linguagem. Seguramente, uma associação trabalhista que rejeite totalmente a iniciação de violência, ou mesmo a ameaça disso, merece uma nomenclatura diferente das organizações com as quais guarda semelhanças superficiais: por exemplo, os sindicatos. Minha sugestão é para que não caracterizemos como sendo sindicato nenhuma organização de trabalhadores que se limite estritamente à ameaça de demissão em massa.

* Publicado em 5 de janeiro de 2004.

Do que, portanto, deveríamos chamar um grupo de trabalhadores que evite tanto agredir os "fura-greves" quando as leis que obrigam os empregadores a negociarem com eles? Eis algumas possibilidades: associação dos trabalhadores, grupo dos empregados, organizações de funcionários etc.

Portanto: as organizações de trabalhadores, conforme acima definidas, são compatíveis com o livre mercado? Esteja certo que sim. Os sindicatos ou as organizações trabalhistas se qualificam como tal? Não, mil vezes não.

Sindicatos do Setor Público

Um leitor, mui distinto colega colunista, argumenta que os sindicatos do setor público estão os piores de todos (essa não foi exatamente a expressão que ele usou, demasiado forte a ponto de não poder registrá-la aqui).

No meu ponto de vista, os sindicatos do setor público apresentam um desafio complexo ao libertarianismo teórico (se bem que de modo um pouco diferente dos sindicatos do setor privado: neste caso, não são necessariamente incompatíveis com a sociedade livre, mas, como acontece, não existem casos reais em que tais organizações de trabalhadores *sejam* consistentes com a liberdade econômica).

A complexidade apresentada pelos sindicatos do setor público é, a partir de uma perspectiva libertária, de um lado, ser vistos como um contrapeso a governos ilegítimos, enquanto de outro, constituem um ataque aos cidadãos inocentes. Cada um desses diferentes papeis demandam uma resposta libertária diferente.

Tomemos o primeiro caso. Para o libertário que defende um governo limitado, ou minarquista, o Estado é ilegítimo quando extrapola os devidos limites. Esses incluem, caracteristicamente, exércitos (para *a defesa* contra forças estrangeiras, não para uma *ofensiva*), polícia para manter os criminosos locais em cheque (isto é, estupradores, assassinos etc., não criminosos que não deixam vítimas, tais como traficantes, prostitutas etc.)

e tribunais para deliberar sobre culpa e inocência dos acusados. Alguns defensores mais moderados do *laissez-faire* somam a essa lista as estradas, inoculações contra doenças transmissíveis, bombeiros e controle de mosquitos. Para o anarco-libertário, é claro, não existe governo que seja lícito.

O que, portanto, um libertário diria sobre um sindicato de professores do setor público em greve contra uma escola estadual? (Uma análise idêntica funciona com relação aos sindicatos do setor público de lixeiros, funcionários do correio, motoristas de ônibus ou em qualquer outro filão em que o envolvimento do governo já é, para começar, indevido). Entendo que a análise correta da situação é que "a peste caia em vossas casas", pois não apenas uma, mas *ambas* as organizações são ilegítimas. Não há libertário algum que apoie escolas públicas, seja ele anarquista ou minarquista (Milton Friedman, que enaltece as escolas públicas contanto que operem sob um sistema de *voucher* escolar, portanto fica de fora da esfera do libertarianismo aqui). Portanto, de um lado dessa disputa está a ilegitimidade. Mas, o mesmo se aplica ao outro lado, o lado dos sindicatos, tal como demonstramos anteriormente. Assim, temos aqui outras duas forças em conflito, ambas erradas. De um ponto de vista *estratégico*, podemos até mesmo apoiar os sindicatos contra o governo, já que eles são o mais fraco dos dois oponentes. Mas, do ponto de vista dos princípios ideológicos, o meu principal interesse aqui é dever olhar para os dois, tal como homens de boa vontade assistiriam a uma batalha entre os *Bloods* e os *Crips*[29] ou entre a Alemanha nazista e a URSS comunista. Torça para ambos!

Agora, consideremos o segundo caso. Aqui, notamos que o sindicato nos setores públicos faz muito mais do que atacar governos ilegítimos. Eles também causam muitos inconvenientes a, praticamente, toda a população. Quando escolas são fechadas, o lixo não é retirado das ruas, quando ônibus não circulam – porque sindicatos do setor

[29] Referência a duas gangues rivais de Los Angeles na década de 1970. (N. do T.)

público utilizam violência e a ameaça de usá-la para tais fins – então a resposta libertária será clara: oposição, clara e manifesta.

Vejamos o último golpe dos sindicatos do setor público, o que trará consigo uma complicação adicional. Um dos meus correspondentes menciona que "O último noticiário de 2003, o programa da rede de televisão ABC chamado 20/20 trazia uma matéria sobre como os sindicatos de funcionários públicos estão lutando contra pessoas que se voluntariam apenas para servir ao bem público", referindo-se ao quadro "*Dá um Tempo*" do programa de John Stossel" (veja também na *ABCNEWS.com: No Good Deed Goes Unpunished: Are Volunteers Taking Worker's Jobs?* [Nenhuma Boa Ação será Perdoada: Será que os Voluntários Estão Tirando os Empregos dos Trabalhadores?][30]).

O problema geral é que cidadãos vêm se voluntariando para fazer coisas como ajudar os sindicalistas do setor público a coletar o lixo nos parques, auxiliá-los no plantio de flores, ajudá-los a organizar os livros nas bibliotecas públicas etc. e os sindicatos têm reagido de forma feroz, como de costume.

Antes de lançarmos uma luz libertária nessa problemática, perguntemo-nos: qual é análise libertária a respeito de pessoas comuns fazendo trabalho voluntário para ajudar o governo a realizar tarefas que ele sequer deveria estar fazendo? Elaborar a pergunta assim foi quase como já respondê-la.

Em princípio, não há diferença entre ser voluntário e ajudar o Estado a realizar atos ilegítimos, tais como os referentes às bibliotecas, escolas, parques etc. e enviar-lhe doações monetárias para tais propósitos (claro que não são ilícitos *per se*, tal como um campo de concentração; mas é impróprio, na teoria libertária, que *governos* assumam tais responsabilidades). Em ambos os casos, estamos ajudando e fomentando o mal, e arriscando

[30] http://abcnews.go.com/2020/GiveMeABreak/story?id=124337&page=1, acesso em 23/jan/2016.

ser condenados por crimes contra a humanidade por uma futura corte libertária de Nuremberg.

Repitam comigo: livre mercado, bom. Governo (em excesso), ruim. De novo, do começo: *livre mercado, bom. Governo (em excesso), ruim!* A denominação "libertário" é um título honroso. É precioso demais para ser concedido a todos aqueles que o reivindicam. É minha opinião que as pessoas que defendem um governo (excessivo) simplesmente não têm o direito de utilizá-lo. (Pelo menos no contexto específico em que violam o axioma da não-agressão. John Stossel é de fato um libertário em muitas outras questões, mas certamente não o é aqui).

Eis aqui uma lição para os libertários. Se você quiser ser digno desse título e realmente desejar contribuir com dinheiro para uma boa causa, não o dê para um governo que extrapola a própria autoridade ilegítima. Há muitas causas dignas que *se opõem* às depredações estatais, *não* que as apoiam. Se quiser ser digno deste honrado título, e quiser doar seu tempo para uma boa causa como, por exemplo, a coleta de lixo, o plantio de flores, ou a catalogação de livros etc., faça-os para relevantes grupos *privados*, seja por caridade ou visando lucro, não importa.

Um libertário pode se afiliar a um sindicato?

Muitos perguntaram se é correto ou mesmo logicamente possível para um libertário se afiliar a um sindicato coercivo. Mesmo odiando ser polêmico (certo, certo, até gosto), minha resposta é sim. Existem muitas questões das quais discordo de William F. Buckley, mas sua decisão de entrar para a ACTRA (A Aliança do Cinema Canadense) não é uma delas. (Isso foi uma exigência imposta para permitir veicular seu programa *Firing Line* na TV).

Afinal, por que estou assumindo essa postura aparentemente deturpada? Deixe-me responder indiretamente. Já que é ilegítimo o governo gerir escolas e universidades, seria ilegítimo um libertário frequentá-las, seja como estudante ou professor? Já que é ilegítimo o governo organizar os correios, seria ilegítimo um libertário enviar uma carta? Já que é ilegítimo o governo construir e gerir estradas, ruas e calçadas, seria ilegítimo um libertário fazer uso dessas comodidades?

Momento "confessionário". Fui aluno de escolas públicas; escola primária, segundo grau e faculdade. Fui até mesmo professor em diversas faculdades e universidades públicas. Regularmente, compro selos dos malvados correios estatais e mando cartas. Ando sobre calçadas públicas, utilizo as ruas e estradas. *Mea culpa*? Nem um pouco.

Se o heroico personagem de Ayn Rand, Ragnar Danneskjöld, nos ensinou alguma coisa foi que o governo não é o dono legítimo do que alega ser. Por que então deveríamos respeitar o seu "direito à propriedade privada" quando não existem motivos práticos para isso? Se isso significar que os libertários possam usufruir de serviços que querem ver privatizados, então que assim seja.

Da mesma maneira com os sindicatos coercivos. Se um homem armado exige o seu dinheiro, entregar-lhe o dinheiro *não* é algo incompatível com o libertarianismo, mesmo que isso equivalha a consentir com o roubo. Se as organizações trabalhistas te ameaçarem fisicamente caso você não se afilie e pague as taxas, não consigo acreditar que concordar em fazê-lo remova a vítima dos ranques do libertarianismo. Buckley, para dar-lhe crédito, nunca deixou de protestar veementemente contra a injustiça que ele próprio sofreu por isso. Se tivesse trocado de camisa e começando a *defender* os sindicatos, então o pouco de propriedade para afirmar ser libertário que trazia consigo teria desaparecido. A esse respeito, há uma enorme diferença entre um professor marxista de uma universidade pública que promove o intervencionismo e um libertário que a isso se opõe.

Não Tomar Ciência da Violência

Muitos objetaram, com base no argumento de que não estavam cientes de violência alguma nos próprios sindicatos. No entanto, muitos empregados da Receita Federal provavelmente não sabem que o que fazem significa um perigo de iniciar a violência. Não vejo razão para que todos os membros de sindicato precisem, necessariamente, estar cientes disso para que a minha tese esteja correta (isso não é algo muito novo para mim). Entendo que, depois que os ingleses deixaram a Índia, o governo indiano começou fazer referendos com moradores de aldeias distantes sobre o assunto; tiveram de parar quando descobriram que as pessoas não tinham ciência de que os ingleses sequer tinham chegado à Índia. Diachos, deve ter gente por aí que ainda acha que a Terra é plana, ou que o socialismo é um sistema ético e eficaz! Mas essa ignorância não torna as proposições verdadeiras.

Autodefesa

Alguns leitores objetaram com base no argumento de que violências cometidas pelos sindicatos de fato existiam, mas que se justificavam porque só ocorriam em autodefesa contra os empregadores, fura-greves e estrangeiros. Consideremos um motivo de cada vez.

Sim, patrões são violentos também. Imediatamente me veio em mente Agência Nacional de Detetives Pinkerton[31]. Alguns dos casos podiam ser justificados como autodefesa contra agressões prévias dos sindicatos, outros não. No primeiro caso, por certo, não há justificativa alguma para um comportamento invasivo por parte das organizações de trabalho. Mesmo

[31] A Agência Nacional de Detetives Pinkerton foi uma agência de investigação e segurança particular fundada nos Estados Unidos da América em 1850 por Allan Pinkerton, detetive que ficou famoso ao frustrar uma conspiração para o assassinato do presidente Abraham Lincoln. A maior parte dos contratos da Pinkerton girava em torno de evitar que grevistas (principalmente líderes sindicais) ocupassem ou se aproximassem das fábricas em que trabalhavam. (N. do T.)

os outros casos não podem servir, contudo, como justificação para a violência sindical generalizada, ainda que contra empregadores não-agressores. (Só um marxista diria que os empregadores são todos necessariamente ofensivos. Para uma exposição dessa falácia, ler Eugen Böhm-Bawerk, *Capital e Juros*, particularmente *A Teoria da Exploração do Socialismo-Comunismo*[32]). Na melhor das hipóteses, isso pode validar a autodefesa por parte dos funcionários comuns nos casos de agressão vinda exclusivamente do empregador.

E os "fura-greves"? A alegação aqui é a de que estão roubando, ou melhor, tentando roubar o emprego dos sindicalistas. Mas um fura-greve só pode "roubar" um emprego se o mesmo for *posse* de alguém, tal como um casaco ou um carro. Entretanto, um emprego é bem diferente disso. *Não* é algo que consigamos possuir. Ao contrário, um emprego é um *acordo* entre partes, o empregado e o empregador. Mas quando um empregador tenta contratar um fura-greve e demitir o sindicalista, isso mostra que *não concorda* mais com os termos desse último. Não se deixe enganar pela expressão "meu emprego". Isso não denota propriedade, da mesma maneira que "minha mulher", "meu marido", "meu amigo", "meu cliente" ou "meu costureiro" não indica posse em qualquer desses contextos. De preferência, todas essas frases são indicativos de uma interação voluntária que termina quando cessa o acordo (afora leis matrimoniais que proibam o término).

Também existe essa suposta "ameaça" oferecida pelos trabalhadores mexicanos (ou indianos, japoneses, seja lá quem for o Hitler econômico do dia). Lembra daquele "som de sucção ensurdecedor"? O melhor remédio para esse tipo de ignorância econômica é ler sobre o livre comércio. O livro de Henry Hazlitt, *Economics in One Lesson* seria um belo ponto de partida.

[32] Eugen Böhm-Bawerk. *A Teoria da Exploração do Socialismo-Comunismo.* Trad. Lya Luft. São Paulo: Instituto Ludwig von Mises Brasil. 2010. (N. do E.)

Mas Eles Assinaram um Contrato

Muitos correspondentes argumentaram que uma vez que o empregador tenha assinado um contrato de trabalho, deveria ser forçado a cumprir o que previsto. Mas por que esse empregador deveria honrar um contrato assinado sob coação? Suponhamos que eu aponte uma arma para você e ameace atirar a menos que você assine um "contrato" comigo, prometendo me dar US$ 100 por semana. Mais tarde, quando estiver "a salvo", você renega este "contrato". Certamente estará em seu pleno direito.

Maximizar a Receita

Um leitor perguntou: "De que outra forma um homem que vende o único produto que a maioria possui, ou seja, o próprio trabalho e o tempo, maximizará o retorno do investimento a não ser entrando para um sindicato?

Antes de mais nada, mesmo se isso fosse verdade, qualquer criminoso diria a mesma coisa. Um homem armado também quer "maximizar o retorno de seu investimento" e assim o faz agredindo os não-agressores. Como o sindicalista é diferente do homem armado nesse aspecto?

Em segundo lugar, não está absolutamente claro que o os sindicatos são a derradeira e melhor esperança para o bem-estar econômico do trabalhador. Alguém aqui já ouviu falar do *Rust Belt*? Sindicatos desde Illinois até Massachusetts exigiram salários e benefícios acima dos níveis de produtividade e os empregadores foram incapazes de resistir. O resultado foi a evasão dos empregadores: declararam falência, ou se mudaram para lugares como o Alabama, Mississippi e Louisiana onde o sindicalismo era visto como o flagelo econômico e moral que é, diferente do que acontecia em "Taxachusetts". Se trabalhadores organizados em sindicatos são o princípio e o fim de toda a prosperidade, como é que os salários e as condições de trabalho são excelentes nos setores de computação, seguros, bancos e numa infinidade de outras indústrias não sindicalizadas?

Hierarquia é o Verdadeiro Problema

Essa alegação deve ter sido feita por um libertário de esquerda. Ele reconhece que os sindicatos são legítimos, mas acha que o verdadeiro problema reside no fato de serem hierárquicos e me censura por eu não fazer oposição a *todas* as organizações hierárquicas, o que certamente também incluiria os empregadores.

Mas isso é bem idiota. Os libertários se opõem ao início da coerção ou da ameaça de coerção, não à hierarquia. Sim, todos os grupos que violam o axioma da não-agressão dos libertários são hierárquicos. Governos, gangues e estupradores impõem sua vontade por intermédio da força impetrada às vítimas. Dão ordens. E, sim, em todas as hierarquias as pessoas no topo da cadeia alimentar dão ordens aos que estão abaixo deles. Mas a diferença – e isso é crucial –, é que, nesse último caso, os que receberam ordens *concordaram* em aceitá-las, contudo, isso não se aplica a de modo algum ao primeiro caso.

Quando o estuprador ordena que a vítima faça o que ele manda, temos uma hierarquia *ilegítima*. Quando o maestro diz para o violoncelista fazer seguir seus comandos, eis um aspecto da hierarquia legítima. Sou contra os sindicatos não porque são hierárquicos, mas porque os "fura-greves" jamais concordaram em fazer o que mandam.

··· Capítulo 22 ···

Os Contratos de Não-Sindicalização: Tragam de Volta essa Instituição Heroica

O contrato de Não-Sindicalização[33] é honrável. Afirma que uma das condições para o emprego é que o trabalhador concorde em não entrar para um sindicato. Não é diferente, em princípio, da exigência em usar um chapéu divertido quando convidado para uma festa na casa de alguém ou de não estreitar relações, digamos, com um desafeto do dono da festa. Em cada um dos casos, na empresa ou no ambiente doméstico, a pessoa que cria essa "exigência" está exercendo seu direito de livre associação. Está dizendo, com efeito, "se você quer se associar a mim, deve fazer isso e aquilo". Você é perfeitamente livre para recusar fazer o que o outro diz, mas então ele não se associará a você. Ele não permitirá que você entre na casa dele e nem concordará em lhe dar um emprego.

Mas suponhamos que você precise de um emprego. Seria, por acaso, "injusto" que o empregador não te contratasse a não ser que você abra mão dos seus direitos de se associar a outros trabalhadores por melhores salários e condições de trabalho? Não; essa situação é tão ilícita quanto você querer ir a uma festa e detestar usar chapéus engraçados, mas o anfitrião insistir nisso. Além do mais, a casa é *dele*.

Todos firmamos nossos direitos à livre associação por meio de "ameaças" implícitas desse tipo. A esposa diz ao marido, "se jogar nosso dinhei-

[33] Em inglês, *Yellow Dog Contracts* (literalmente, contratos de "cão amarelo"). A imagem do cão era utilizada figurativamente para indicar algo desprezível, uma vez que neles constava o compromisso, por parte do trabalhador, de não ingressar em nenhum sindicato. Visavam não permitir a formação de sindicatos, concedendo poder ao empregador de agir contra os líderes sindicais. Esses contratos de trabalho foram muito utilizados nos Estados Unidos até a década de 1930 e acabaram por ser abolidos em 1932 pela lei Norris-LaGuardia. (N. do E.)

ro na roleta, vou te abandonar". O marido, por sua vez, pode responder para a esposa, "se fugir com outro homem, entrarei com o divórcio". O cliente fala para o atendente da loja, "se você me der um produto de baixa qualidade, jamais me verá comprando aqui novamente". O dono do restaurante informa ao cliente, "se você não se comportar, terei de pedir para que saia".

A livre associação é um elemento crucial para a liberdade. Sem o direito de nos associar com aqueles que (mutuamente) escolhemos, somos nessa mesma medida e, com efeito, escravos. A única coisa errada na escravidão era o escravo não poder desistir. Era forçado a se "associar" com o senhor de escravos contra a vontade.

No entanto, o princípio é o mesmo em relação ao contrato de Não-Sindicalização. Quando proibido, o empregador é obrigado a se associar a um potencial membro de sindicato. Forçá-lo a fazer isso é coagir um homem inocente; é a violar o seu direito de livre associação voluntária.

O argumento para tal banimento é que, sem os sindicatos, os salários despencariam até os níveis permitidos pela "generosidade" dos empregadores. Mas nada poderia estar mais longe da verdade. Os salários são, na verdade, determinados com base na (receita marginal) produtividade que, por sua vez, deriva da maior ou menor quantidade de trabalho duro e eficiente e do tipo e qualidade do equipamento com que trabalhamos. Os salários estavam subindo muito antes do advento dos sindicatos no início do século XX, em indústrias (computação, bancos, seguros, babás, jardinagem) e em países (Hong Kong, Singapura, Taiwan) sem quaisquer organizações trabalhistas. Os sindicatos chegaram ao auge há décadas atrás e agora representam, porcentualmente, um único dígito no setor privado. Ao longo do acentuado decréscimo na proporção de trabalhadores "protegidos" pelos movimentos sindicais, os salários decolaram.

Não, organizações trabalhistas são, na verdade, um parasita econômico, infestando empresas e corroendo a solidez. Não é por acaso que a região que hoje abriga o *Rust Belt* no quadrante nordeste do país é a área mais profundamente sindicalizada da nação e que tenha sofrido o maior número de fechamento de fábricas enquanto os sindicatos tentavam sugar o sangue dos empresários. Também não é difícil de entender porque o sul, a parte menos sindicalizada do país, tornou-se uma das áreas de crescimentomais rápido. Organizações trabalhistas parasitárias nas carvoarias também foram responsáveis pela ruína econômica da Virgínia Ocidental.

Seriam os sindicatos, *per se*, ilegítimos? Não. Se tudo o que fazem é ameaçar com demissões em massa caso as exigências não sejam atendidas, não devem ser proibidos por lei. Mas, na verdade, nenhum deles se limita a isso. Ao contrário, ameaçam a pessoa e a propriedade não só do dono, mas também de quaisquer trabalhadores que tentam aceitar os salários e as condições de trabalho rejeitadas pelo sindicato (chamados de fura-greves ou pelegos). Também defendem uma legislação trabalhista que obriga o empregador a negociar com o sindicato, quando o que deseja é ignorar esses trabalhadores e contratar os fura-greves. O contrato de Não-Sindicalização além de salvaguardar os direitos de livre associação dos empregadores e dos trabalhadores, também serve como um remédio contra a desordem econômica e a violência que infligem os sindicatos contra pessoas inocentes e suas propriedades. Viva longa ao "Cão Amarelo". Volte já!

··· Capítulo 23 ···

Parem de Reclamar sobre Postos de Trabalho; O que Conta é a Produção*

Um Manual Básico Sobre Empregos e os Desempregados

Com a economia do emprego e do desemprego constantemente discutida nas páginas de negócios e em campanhas políticas, voltemos nossa atenção para os fundamentos e acabemos com algumas falácias.

Se a mídia nos diz que "a abertura do moinho XYZ criou 1.000 novos postos de trabalho", vibramos de alegria. Quando a empresa ABC fecha e 500 empregos são perdidos, ficamos tristes. O político que conseguir dar um subsídio para salvar ABC quase que certamente receberá um amplo apoio público por ter preservado empregos.

Mas os empregos por si sós, não garantem o bem-estar. Suponhamos que o emprego em questão seja o de cavar enormes buracos e tapá-los novamente. E se os trabalhadores produzem bens e serviços que ninguém quer comprar? Na União Soviética, que se gabava de dar um emprego para cada trabalhador, muitos ofícios eram improdutivos assim. Produção é tudo, e empregos não são nada além de um meio para esse fim.

"Não devemos permitir que o governo gere empregos ou perderemos os bens e serviços que poderiam vir a existir, caso ele não o fizesse".

Imagine se a Família Robinson Suíça[34] fosse deixada numa ilha deserta na Polinésia. Eles precisariam trabalhar? Não, eles necessitariam de comi-

* Publicado em 7 de setembro de 2011 em *The Free Market*.

[34] Romance do pastor Johann David Wyss publicado originalmente em alemão em 1812, cuja primeira versão em inglês apareceu em 1879. Conta a história de uma família suíça que

da, vestuário, abrigo e proteção contra animais selvagens. Cada posto de trabalho criado é uma subtração do trabalho disponível, limitado e precioso. O trabalho tem que ser racionado, não criado, para que o mercado possa criar o máximo de produtos possível a partir da limitada oferta de trabalho, bens de capital e recursos naturais.

O mesmo se aplica à nossa sociedade. A oferta de trabalho é limitada. Não devemos permitir que o governo gere empregos ou perderemos os bens e serviços que existiriam caso ele não o fizesse. Precisamos reservar o precioso trabalho para tarefas importantes que ainda precisam ser realizadas.

Como alternativa, imagine um mundo onde rádios, pizzas, tênis de corrida e tudo o mais que quiséssemos chovesse como maná[35]. Será que precisaríamos de empregos em tal realidade utópica? Não, poderíamos nos dedicar a outras tarefas – estudar, tomar sol etc. – que realizaríamos por prazer pessoal.

Em vez de enaltecer os postos de trabalho por seus próprios méritos, devemos perguntar por que o emprego é tão importante. A resposta é: porque vivemos em meio à escassez econômica e devemos trabalhar para viver e prosperar. É por isso que devemos manter o ânimo *unicamente* quando sabemos que esse trabalho produzirá coisas que as pessoas realmente valorizam, ou seja, que estejam dispostas a comprar com seu dinheirinho suado. E isso é uma coisa que só podeser feita no livre mercado e não por burocratas e políticos.

---

se tornara náufraga nas Índias Orientais, quando estava a caminho da Austrália e destaca a importância de valores como frugalidade, administração prudente dos recursos, aceitação e outros princípios cristãos. A história tornou-se uma referência cultural e teve várias adaptações para cinema e televisão, dentre elas o filme *The Swiss Robinson Family* de Walt Disney em 1960, assim como serviu de inspiração para a série espacial *Perdidos no Espaço* (1965-1968). (N. do E.)

[35] Maná é o alimento que, segundo a Bíblia, Deus mandou dos céus aos israelitas para alimentá-los no deserto. (N. do T.)

Mas e o desemprego? E se as pessoas quiserem trabalhar, mas não conseguirem um emprego? Em quase todos os casos, os programas governamentais são a causa do desemprego.

Desempregados: 16 anos + (Milhares)

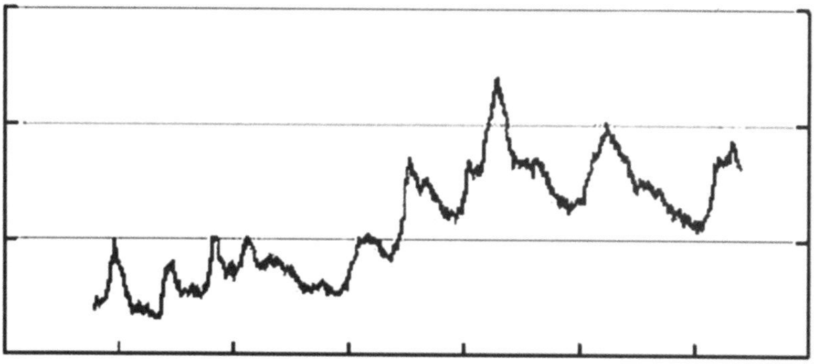

Salário Mínimo

O salário mínimo obriga que o valor dos salários seja afixado a um montante determinado pelo governo. A fim de explicar o porquê disso ser nocivo, podemos usar uma analogia da biologia: existem certos animais que são mais fracos em comparação a outros. Por exemplo, um porco-espinho é indefeso, a não ser pelos espinhos, e o veado é vulnerável, salvo pela agilidade e velocidade.

Na economia também há pessoas relativamente fracas. Os deficientes, jovens, minorias, os incapacitados profissionalmente – são todos atores fracos na economia. Mas tal como os animais fracos na biologia, eles possuem uma vantagem compensatória: a habilidade de trabalhar recebendo salários mais baixos. Quando o governo retira deles essa habilidade ao forçar a subida das tabelas salariais, é como se o porco-espinho tivesse os espinhos retirados. O resultado é o desemprego, que cria uma solidão desesperadora, isolamento e dependência.

Imagine um jovem, ignorante e sem habilidades específicas, cuja produtividade é de US$ 2,50 por hora no mercado. O que acontece quando o poder legislativo aprova uma lei obrigando que seja pago a ele US$ 5,00 por hora? O empregador perderia US$ 2,50 por hora.

Imaginem um homem e uma mulher, cada um com uma produtividade de US$ 10 por hora e suponhamos que, devido à discriminação ou algo do gênero, o homem ganhe seus US$ 10 por hora e a mulher US$ 8. É como se a mulher carregasse um letreiro na testa dizendo, "Contrate-me e assim poupe US$ 2 por hora".

Isso a torna uma trabalhadora desejável, mesmo para um chefe sexista. No entanto, quando uma lei de igualdade entre salários estipula que ela deve receber a mesma quantia que um homem, o empregador pode injetar suas tendências discriminatórias e sequer contratá-la – sem ter nenhum custo pessoal.

Valor Comparável

E se o governo tiver a brilhante ideia de pagar o mesmo que os caminhoneiros ganham para as enfermeiras, porque ambas as ocupações possuem o mesmo valor "intrínseco"? Determina que os salários das enfermeiras sejam aumentados até o mesmo valor, o que gera desemprego para as mulheres.

Condições de Trabalho

As leis que obrigam os empregadores a promover determinados tipos de condições de trabalho também geram desemprego. Por exemplo, migrantes apanhadores de frutas e legumes devem ter água quente e fria nos banheiros modernos das moradias temporárias que lhes forem cedidas. Economicamente isso equivale a leis de trabalho porque, do ponto de vista do empregador, condições de trabalho são indistinguíveis de salários nominais. E se o governo força o empregador a pagar mais, ele terá de contratar menos pessoas.

Sindicatos

Quando o governo força as empresas a contratar apenas trabalhadores do sindicato, isso discrimina os não sindicalizados, fazendo com que permaneçam numa posição de desvantagem ou permanentemente desempregados. Os sindicatos existem primariamente para manter a competição longe. São cartéis protegidos pelo Estado como todos os outros.

Leis de Proteção ao Emprego

As leis contra a demissão, que determinam ninguém poder ser demitido sem o devido processo legal, supostamente, protegem os empregados. Entretanto, se o governo diz ao empregador que ele deve manter o trabalhador custe o que custar, o empregador tenderá a nem sequer contratar. Essa lei, que aparenta ajudar o trabalhador, ao contrário, os mantém longe da contratação. E o mesmo acontece com os impostos trabalhistas e impostos sobre salários, o que aumenta os custos para as empresas e as desencoraja a contratar mais trabalhadores.

Imposto Sobre o Salário

Impostos sobre o salário, tal como a Seguridade Social, impõem pesados custos monetários e administrativos sobre as empresas, aumentando drasticamente o custo marginal da contratação de novos empregados.

Seguro-Desemprego

O seguro-desemprego governamental e o a previdência social geram desemprego ao subsidiar a ociosidade. Quando um determinado comportamento é subsidiado – nesse caso o não trabalhar – tende a aumentar em popularidade.

Licenças de Trabalho

Regulações e licenciamento também geram desemprego. A maioria das pessoas sabe que médicos e advogados têm de ser licenciados. Poucos sabem, porém, que criadores de furões, falcoeiros e plantadores de morango também precisam de licença. Na verdade, o governo controla mais de mil ocupações em todos os cinquenta estados. Uma mulher na Florida, que cozinhava em casa uma sopa para os pobres teve de encerrar suas atividades, sob acusação de restaurante não licenciado e muitos moradores de rua agora, como resultado, passam fome.

Quando o governo aprova uma lei dizendo que certos empregos não podem ser conduzidos sem licença, isso ergue uma barreira legal. Por que deveria ser ilegal para qualquer um simplesmente tentar ser um cabeleireiro? O mercado suprirá o consumidor com toda informação que precisar.

Quando o governo concede uma distinção legal para uma profissão e aprova lei contra os concorrentes, ele gera desemprego. Por exemplo, quem faz *lobby* para as leis que impeçam qualquer pessoa de cortar cabelos? A indústria de corte cabelo – não para proteger o consumidor de cortes de cabelo ruins, mas para se protegerem da concorrência.

Ambulantes

Leis contra vendedores de rua que impedem pessoas de vender comida e outros produtos para quem quiser consumi-los. Em cidades como Nova

York e Washington, D.C., os mais furiosos defensores das leis contra o mercado ambulante são os restaurantes e lojas de departamento.

Trabalho Infantil

Há muitos trabalhos que requerem pouca instrução – tal como cortar grama – que são perfeitos para jovens que queiram ganhar algum dinheiro. Além dos ganhos financeiros, trabalhar também ensina aos jovens o que é ter um emprego, como lidar com o dinheiro, como poupar e talvez, até mesmo, como investir. Na maioria dos lugares, entretanto, o governo discrimina os adolescentes e os impede de participar do sistema de livre iniciativa. Nem uma banca de limonada na esquina de casa as crianças podem ter.

O Sistema de Banco Central

Ao gerar ciclos econômicos, a impressão de dinheiro realizada pelo Banco Central provoca o desemprego. A inflação não apenas aumenta os preços; ela também gera uma má alocação do trabalho. Durante a fase de expansão do ciclo dos negócios, as empresas contratam novos trabalhadores, muitos dos quais são tirados de outras linhas de trabalho em busca de salários mais elevados. O subsídio do FED para essas indústrias de capital dura apenas até a crise. Os trabalhadores são então demitidos e desalojados.

O Livre Mercado

Livre mercado, é lógico, não significa utopia. Vivemos em um mundo de diferentes inteligências e aptidões, de preferências de mercado mutáveis e de informações imperfeitas, que podem levar a um desemprego temporário gerado pelo mercado, que Mises chama de "catalático". E algumas pessoas escolhem o desemprego, na espera de um trabalho que pague melhor.

Entretanto, como sociedade, podemos garantir que todos aqueles que desejam trabalhar tenham a oportunidade de fazê-lo ao revogar leis como a do salário mínimo, as regras de equivalência, as leis sobre condições de trabalho, a filiação sindical obrigatória, a proteção contra o desemprego, os impostos trabalhistas, os impostos sobre os salários, o seguro-desemprego governamental, o Bem-Estar Social, as regulações, a emissão de licenças, as leis contra os ambulantes, a legislação sobre o trabalho infantil e a criação de moeda por parte do governo. O caminho para chegarmos aos empregos é o livre mercado.

Parte III
LIBERDADES *Individuais*

FEMINISMO

··· Capítulo 24 ···

Quatro Bombeiros Morrem em Incêndio Socialista; E Pior, Dois eram Mulheres

A manchete nos jornais era horrenda: "Incêndio intenso mata quatro bombeiros em North Cascades". Em uma das fotos aparecia Pete Soderquist, o bombeiro responsável na região de Cascade Mountains, que fica na parte central do estado de Washington; explicava que as mortes ocorreram devido a um "incêndio de 2 km^2 que transformou-se rapidamente numa parede de fogo, prendendo a equipe de bombeiros". Também em destaque nas fotos do artigo estavam as imagens dos quatro integrantes da brigada contra incêndio que faleceram: Tom Craven, 30 anos, Karen Fitzpatrick, de 18 anos, Devin Weaver, 21 anos e Jessica Johnson, de 19 anos, todos residentes de Ellensburg ou de Yakima em Washington.

Sempre que acontece a morte de qualquer ser humano é uma tragédia (não obstante ser a reação contrária aos que acreditam no superpovoamento do planeta). Quando ocorre por qualquer razão que não seja a velhice, é pior. Quando a morte não é instantânea e indolor, é ainda pior. Quando ela ceifa a vida de quatro pessoas no auge de suas vidas – elas tinham, respectivamente, 30, 18, 21 e 19 anos de idade – o grau da catástrofe aumenta ainda mais, tendo em vista todo o potencial que esses jovens poderiam ter desenvolvido caso tivessem vivido mais.

---

[*] Publicado em 27 de julho de 2001.

Até agora, meus comentários têm sido bem convencionais. Muito poucos se oporiam a eles. Mas há dois pontos controversos a serem suscitados acerca desse episódio, e ambos podem vir a ensinar importantes lições.

Primeiro, essa calamidade aconteceu em uma propriedade pública, não privada. As chamas que consumiram essas quatro pessoas surgiram nas Florestas Nacionais de Okanogan e Wenatchee, e acredita-se que o ponto de ignição foi próximo a uma área para acampamentos em Thirty Mile, outro exemplo de propriedade de terra socializada. Ora, não estou afirmando que nas propriedades privadas não ocorrem mortes. Não afirmo que essas mortes em particular teriam sido evitadas caso a região estivesse sob controle privado.

Entretanto, ambas as afirmações também não são nenhum absurdo. Quando um incêndio florestal consome madeira privada, há indivíduos que sentem o baque nas contas bancárias; não é o caso das propriedades de terra socializadas. Isso significa que os incentivos são maiores, porquanto seja uma questão empírica, para os indivíduos que visam lucro tomarem maiores precauções em relação à sua propriedade do que as contrapartes públicas o fazem. Se aprendemos alguma coisa observando a queda do sistema econômico soviético – e este é um ponto altamente discutível – é que as coisas funcionam melhor no regime de propriedade privada. Estes quatro jovens não terão falecido totalmente em vão se usarmos suas mortes como um grito de guerra a favor da privatização da floresta. Talvez, caso tenhamos sucesso nesse esforço, outras vidas serão salvas.

Em segundo lugar, havia duas mulheres entre os mortos no incêndio. Vejo seus rostos sorridentes na cobertura jornalística do evento olhando para mim. Ambas as meninas eram muito bonitas.

Houve um tempo no passado em que tal coisa não teria acontecido; quando combater incêndios (juntamente com outras atividades perigosas como mineração, policiamento, alistamento militar, cortar árvores, pesca em alto mar etc.) era afazer totalmente masculino. Mulheres e crianças certamente morriam em desastres, mas somente quando surpreendidas como vítimas. Hoje em dia, com nossos arranjos modernos, colocamos as mulheres na linha de frente.

Isso não é nada menos do que uma abominação. As fêmeas são muito mais preciosas do que os machos. Não é à toa que os agricultores criam apenas alguns touros, mas centenas de vacas. Devemos ao patriarcado a nossa existência como espécie. Imagine se nossos ancestrais homens das cavernas tivessem enviado suas mulheres para caçar e enfrentar leões e tigres quando apareciam, em vez de eles mesmos se lançarem ao combate, sacrificando-se para que a humanidade pudesse persistir. Depois da Segunda Guerra Mundial, a população masculina adulta da Alemanha, Rússia e de outros países que mais sofreram com o combate, foi praticamente exterminada. No entanto, a geração seguinte, graças aos relativamente poucos homens que sobreviveram, foi capaz de surgir, como se essas perdas nunca tivessem ocorrido. Imagine se a guerra tivesse sido travada principalmente por pessoas do sexo feminino; praticamente não teria existido uma próxima geração. Não se pode negar que, biologicamente falando, os homens são zangões dispensáveis.

Por isso, usemos as pesarosas mortes dessas duas jovens para voltar o relógio até tempos de outrora, quando as mulheres eram tratadas da maneira como deveriam. Voltemos a usar apenas bombeiro e não "bombeira". Paremos de concordar festivamente com o massacre sem sentido de preciosas fêmeas. Vamos, em vez disso, colocá-las novamente naquele "pedestal" de onde o chamado movimento feminista as derrubou.

Ora, é claro, numa sociedade livre, as pessoas devem poder contratar seja lá quem elas escolherem. As mulheres não devem ser proibidas de tentar exercer profissões perigosas. E, claro, existem certos trabalhos de polícia os quais somente as mulheres estão, por natureza, qualificadas a preencher: por exemplo, carcereiras em uma instalação prisional feminina (mas não ajudar a acabar com a prostituição, que, de qualquer modo, deveria ser legalizada). Assim, este apelo para que usemos as mortes dessas duas jovens mulheres de Cascade como uma inspiração para garantir a segurança das futuras gerações não pode ser feito por coerção. Mas, ao menos, rescindamos todas as leis que exigem igualdade de representação, ou "equilíbrio". Isso deveria ser feito em todas as profissões mas, pelo menos, começemos pelas mais perigosas. A liberdade de associação não é apenas justa, mas também promoverá a sobrevivência da nossa espécie.

··· Capítulo 25 ···

Armem as Universitárias

De acordo com a polícia e notícias de jornais, uma enxurrada de roubos e abusos sexuais vem acontecendo contra universitárias na parte alta da cidade de Nova Orleans. Um homem negro, sozinho, aborda duas garotas andando juntas pela rua e então as rouba, amarra e abusa sexualmente delas.

A reação por parte das autoridades policiais é a tagarelice habitual de sempre sobre ter "uma certa malandragem", não carregar uma arma consigo, não resistir e não se aventurar por aí à noite. Se andar desarmado fosse um conselho tão bom, por que eles mesmos não o seguem? Além disso, por que as vítimas teriam de pagar duas vezes o preço, uma quando são roubadas e estupradas e, em seguida, quando têm suas liberdades de andar pelas ruas públicas reduzidas?

A resposta das autoridades escolares é, no mínimo, ainda pior: vigílias à base de muita vela, orações, formando marchas ao estilo "*Take Back the Night*"[36] e organizando debates nas universidades na tentativa de doutrinar os estudantes com lemas feministas e esquerdistas de sempre, *ad nauseam*. Se é que isso conforta o universitário, tal conforto se dá por uma *falsa sensação* de segurança, que pode vir a gerar efeito contrário. Muito possivelmente, o agressor se junta às pessoas na marcha contra ele mesmo, mordendo os lábios para não cair na gargalhada, o que seria o único tipo de dano que sofreria em tais eventos. Essas táticas podem até fazer com que algumas pessoas se sintam melhor, mas em nada colaboram para resolver o problema.

---

* Publicado em 10 de novembro de 2001.

[36] *Take Back the Night* é uma organização sem fins lucrativos que promove eventos de mesmo nome com o intuito de acabar com todas as formas de violência sexual. Os eventos – marchas, concentrações e vigílias de protesto – acontecem em mais de trinta países. Os eventos *Take Back the Night* acontecem desde a década de 1970. (N.do E.)

Em contraste, oferecemos um programa de cinco etapas para o armamento das vítimas, com garantia de praticamente resolver o problema.

1. Removam os panfletos no *campus* anunciando que a área é "livre de armas". Essa é a pior mensagem possível a ser enviada aos potenciais agressores de nossa comunidade. Seria melhor colocar logo um cartaz dizendo, "Vamos lá, agressores, já nos desarmamos todos e seremos presa fácil". Essa política desarmamentista, graças a Deus, não se aplica à polícia do campus, mas eles não conseguem estar em todos os lugares, como ocorre com seus colegas de profissão na cidade.

2. Exijam que todos os universitárias do sexo feminino tenham uma pistola ou outro meio de autodefesa; (ex.: *spray* de pimenta, armas atordoadoras) e que carreguem isso consigo o tempo todo. As mulheres de Kennesaw, na Georgia, um subúrbio afluente de Atlanta, Georgia, certa vez foram assoladas por uma onda de estupros. A cidade não só permitia, mas *exigia* que seus cidadãos andassem armados. Adivinhe o que aconteceu com os índices de estupro depois que essa política progressiva foi instaurada.

3. A lei, no entanto, era obrigatória, e sendo assim, violava os direitos de pacifistas e outros cidadãos locais que poderiam tê-la objetado. Mas isso definitivamente não se aplica à Loyola, uma instituição privada. Essa mudança na política teria de ser uma "cláusula de anterioridade", de modo que evitasse violações contratuais mas, no futuro, as mulheres que não quisessem se proteger dessa maneira estariam totalmente livres para estudar em outras universidades. Não teriam direito nenhum de estar no *campus,* a menos que cumprissem todas as regras e regulamentos (em contraste, os cidadãos de Kennesaw tinham o direito de permanecer lá, em violação à lei). Entretanto, essa política iluminada poderia ser introduzida voluntariamente e encorajada pela administração.

4. Carregar uma arma é necessário, mas não é o suficiente. Todas as mulheres na Loyola deveriam fazer um curso de manuseio de armas. A última coisa que queremos são disparos acidentais. Os esquerdistas fazem um escarcéu acerca das estatísticas sobre acidentes em que crianças são mortas com revólveres. Os números, todavia, são muito exagerados, e incluem as mortes a bala de jovens integrantes de gangues, cujas mortes certamente são propositais.

5. Times de voleibol, basquetebol, *cross country* e basebol são ótimos, mas organizações esportivas com foco em melhorar a pontaria das pessoas seriam muito mais úteis nas atuais circunstâncias. (Quando foi a última vez que um estudante da Loyola ganhou uma medalha olímpica em tiro ao alvo? Nunca. Já é hora, já passou da hora para uma mudança). Os estudantes não precisam todos ser excelentes atiradores. Uma mira relativamente boa a 3 ou 5 metros será mais do que o suficiente para espantar potenciais estupradores. Diachos, até mesmo uma automática dentro da bolsa de mão de uma universitária já cumpriria plenamente tal tarefa.

6. Quando o novo centro estudantil for levantado na Loyola, o mesmo deveria incluir um estande de tiro, como tinham as antigas instalações. A nova equipe de tiros com rifle e pistola treinaria lá, bem como toda mulher que quisesse. Só os sons abafados dos disparos já fariam com que esses vagabundos repensassem seus atos pela vizinhança.

Não há dúvidas de que objetarão a essa "proposta modesta" dizendo que armar as jovens não irá protegê-las; que as armas serão tomadas pelos agressores. A lógica, o bom senso e avasta gama de evidências empíricas desmentem todo esse negativismo. Coloque-se na posição de um assaltante e estuprador em Nova Orleans: você realmente continuaria a praticar seus crimes habituais nos bairros mais nobres e longe do centro, sabendo que estaria em igualdade de termos com a vítima? Improvável para caramba. O predador já chega armado; deixemosas vítimas enfrentá-lo em pé de igualdade. Quanto aos fatos relativos à questão, John Lott, economista de renome mundial, tem realizado uma série de estudos que associam a posse de armas com o aumento da segurança pessoal.

Depois que esta auspiciosa política se provar um sucesso na área da universidade, ela poderia ser implementada por organizações privadas por toda a cidade. Então, e só então, a praga do estupro e do roubo terá uma boa chance de ser grandemente diminuída em toda a nossa comunidade.

··· Capítulo 26 ···

Não Leve Sua Filha para o Trabalho e Outros Pensamentos Politicamente Incorretos

Quando pediam para Murray Rothbard considerar sobre sua produção escrita, às vezes respondia: "O ódio é minha musa". Com isso queria dizer que ao ler algo – um livro, um artigo, colunas de opinião, ou qualquer coisa do gênero – ficava com raiva do conteúdo. Era quase compelido a lançar uma crítica feroz, fazendo um poderoso juramento a si mesmo de que toda verborragia ofensiva não ficaria sem uma resposta à altura.

Tenho em mãos agora um artigo da *Newsweek* escrito pela conselheira afetiva Anna Quindlen exaltando as virtudes do dia de "levar as filhas para o trabalho". Ao mesmo tempo que não quero equiparar a minha produção intelectual com a escrita de Rothbard, pelo menos não com a maior parte dela, isso sem falar a qualidade, o mesmo tipo de reação brota em mim agora. Se continuar lendo esse tipo de coisa, acho que fico enjoado. É isso ou criticá-la, por mais que esteja desacostumado a assumir tal papel. Assim, tentarei ao menos iniciar o processo de expor algumas das muitas falácias e pretensões das feministas que utilizam esse argumento. Não que a srta. (*sic!*) Quindlen seja a pior transgressora de sua laia, mas como comentarista a cada duas edições da *Newsweek*, certamente atinge um grande público. Por isso, eis algumas observações críticas.

1. Não tem nada de errado em levar crianças – meninos e meninas – para o trabalho, a fim de que vejam o que os pais fazem de segunda à sexta-feira, das 9h as 15h. Se as crianças puderem visualizar os

[*] Publicado em 6 de junho de 2002 em co-autoria com William Barnett II.

pais mentalmente com mais facilidade, isso é algo bom. Mas, por certo, isso se aplica *igualmente* aos meninos e às meninas.

Mesmo nesse caso, contudo, existem problemas. Para começar, por que tantas mães que abandonaram seus filhos, muitos ainda na tenra idade? Se a pobreza que engendrou essa decisão, tudo bem. Muitas vezes, todavia, ela deriva da ideologia feminista ("trabalho é bom, maternidade é ruim"; "conseguirei tudo o que quero"), ou da natureza avarenta do Estado moderno, que aumenta os impostos a níveis colossais o que força a ambos os pais a trabalhar.

2. Outro motivo para levar os pequenos ao trabalho é aclimatá-los a essa atividade. Aqui, o argumento é ainda menos convincente. Primeiro, é demasiado prematuro, especialmente para as crianças muito novas. Segundo, há sempre o perigo de que a lição aprendida seja: as crianças devem seguir os passos dos pais, não com relação ao trabalho em geral, mas num de tipo específico de emprego. Isso é problemático porque o bem-estar da próxima geração depende dela mesma traçar o próprio caminho nesse quesito. Não há nada mais triste do que escolher uma carreira baseando-se não em gostos e aversões pessoais, mas seguindo os passos de outra pessoa. Claro, é improvável que levar os filhos para o trabalho uma vez no ano desencadeie tal resultado, a não ser para as fanáticas, tal como as do movimento de "libertação" das mulheres.

3. Mas suponhamos, para fins de argumentação, que apresentar as crianças ao mundo do trabalho produza evidentes bons efeitos. Quem devemos preferir, caso, hipoteticamente, isso deva ser feito, os meninos ou meninas? Os membros da seita feminista espumariam pela boca dizendo que tal questão não deveria sequer ser suscitada (nenhuma novidade, pois têm essa reação emocional para *qualquer coisa* ou *quem quer* que ouse discordar do estatuto do

partido), mas elas mesmas começaram isso ao adotar um dia no escritório ou na fábrica para apenas um dos gêneros.

Fazer a pergunta já é respondê-la: os meninos devem ter a preferência. Afinal, é o homem, e não a mulher, que passará a maior parte de sua vida adulta atrás de uma mesa ou em uma linha de montagem. Serão as mulheres, e não os homens, que tirarão licença do trabalho para criar a próxima geração, isso se houver uma, um estado de coisas incerto, caso as feministas consigam o que querem.

Quantas vidas femininas não se tornaram miseráveis no momento em que seguiram o canto de sereia da igualdade entre os sexos, da escola do "conseguirei tudo o que quero", e acabam chegando à meia-idade sem ter filhos, quando determinadas opções estão para sempre excluídas? Não pergunte para quem o tempo passa; ele passa para você! Para evitar que esse terrível destino aconteça, tanto individualmente quanto em relação à espécie como um todo (apesar de não ser de todo um mal que os genes dessas mulheres tolas não sejam passados adiante), às meninas devem ser ensinados os afazeres domésticos, a cozinhar e se maquiarem, para que assim atraiam um marido. Veja, ninguém está pedindo uma mulher "descalça, grávida e na cozinha" e sim menos apego irrestrito à carreira, imposta coercitivamente pela lei. Mas, a experiência de muitas gerações já mostrou, essa receita não é de todo ruim para a felicidade pessoal da mulher e para a sobrevivência da espécie (os esquerdistas parecem estar mais preocupados com a extinção de toda e qualquer espécie, com a exceção da nossa própria).

4. E o que dizer das barreiras invisíveis que impedem a ascensão profissional da mulher que as feministas, dentre elas a srta. Quindlen ("o Senado ainda é composto por 87% de homens, ela lamenta),

sempre condenam? Será que o "dia de levar as filhas para o trabalho" (e uma dúzia de outros programas) ao menos não reduziria a injustiça?

De maneira nenhuma. As mulheres são sub-representadas nos mais proeminentes setores da lei, política, prêmio Nobel, ranques de mestres do xadrez, testes de Q.I., em provas que servem de critério para admissão nas universidades e no ACT (*American College Testing*) não devido a uma conspiração masculina, discriminação nem à injustiça alguma de modo geral. Na verdade, isso vem, principalmente, de considerações biológicas. Sim, o gráfico em "curva de sino" normal da capacidade de aprendizado masculina e feminina (conforme medido, digamos, pelo Q.I.) chegam ambas ao máximo no mesmo ponto. É por isso que, salvo os efeitos assimétricos do casamento, as rendas mensais masculinas e femininas são, em média, indistinguíveis. (O casamento eleva a renda do sexo masculino e reduz a do sexo feminino devido à partilha desigual das tarefas domésticas, às taxas de participação no mercado de trabalho, o tempo gasto na criação dos filhos etc. As provas disso? Não há disparidade salarial alguma entre aqueles não-casados; zero; *nothing*). Mas a variâncias entre homens e mulheres são muito diferentes. Relativamente mais mulheres se aglomeram em torno da média (*YX*). Proporcionalmente, os homens se distribuem com variância maior (*XY*). Se as mulheres são a apólice de seguro de Deus (ou da Evolução), então os homens são um negócio bem arriscado. É por essa razão que os homens, e não as mulheres, em geral, têm sido capazes de ultrapassar as barreiras que impedem a ascensão profissional (*A*), e são as mulheres, e não os homens, que raramente se encontram abaixo do "patamar damiséria" (*D*), para cunhar uma expressão. Vá a qualquer prisão, instituição de doentes mentais, ou abrigo e conte o número de homens (*C*) e de mulheres (*D*) na parte esquerda da curva de sino. Há mais homens do que mulheres aproximadamente nas mesmas proporções que confirmam o lado direito da curva normal na sala de reuniões, na sala do executivo, no gabinete do presidente ou no campo de batalha (*A vs. B*). (As curvas são desenhadas à mão livre, de modo a exagerar as diferenças entre os desvios padrões masculinos e femininos, para fins ilustrativos).

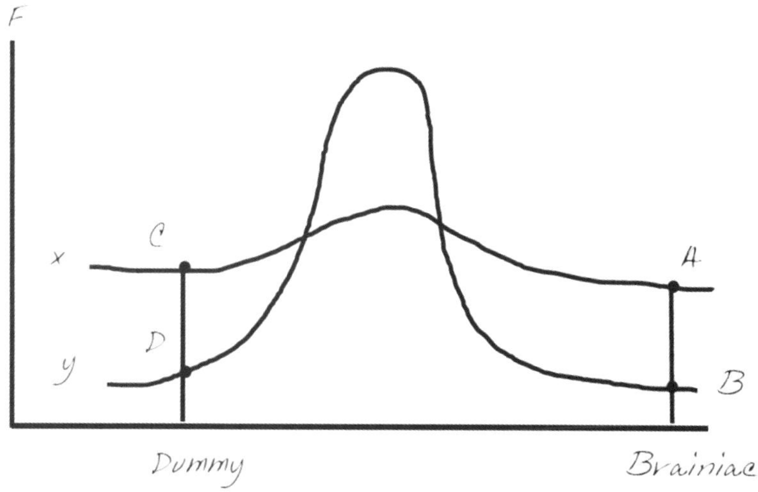

Além do mais, há boas e suficientes razões sociobiológicas para que seja assim, derivadas das exigências para a sobrevivência da espécie humana (algo muito distante das preocupações das feministas): é necessário muito menos machos do que fêmeas para se criar a próxima geração. Não é à toa que os pecuaristas mantêm cinquenta vacas e apenas um touro, e não o inverso. Biologicamente falando, se houvesse cinquenta touros para um número semelhante de vacas, quarenta e nove deles seriam supérfluos, e o inverso não seria sustentável.

Se os machos humanos são heterodoxos nas suas capacidades e existe uma propensão a favorecer os genes dos mais inteligentes (a rigor, aqueles cuja sobrevivência até a idade para criar os filhos é mais provável, seja pelo motivo que for), então grandes variações nos machos, e não nas fêmeas, melhoram a qualidade do rebanho humano. Esse argumento não se aplica às mulheres, uma vez que são o gargalo quando se trata de criar a próxima geração. Ou seja, com a proporção habitual de cinquenta vacas para um touro, nem um único delas é supérflua, de modo que não há ganhos particulares se variarem muito em capacidade.

Imaginemos duas tribos antigas idênticas, exceto pelo fato de que uma delas é como nós e a outra possui grande variação nas capacidades das mulheres, mas não nas dos homens. Qual ganharia na competição pela melhoria do *pool* genético? A nossa venceria, uma vez que praticamente todas as mulheres que assim desejassem poderiam engravidar (isso foi antes da era do feminismo), uma vez que os machos, sobretudo os superiores, forneceriam o esperma. Na outra tribo, praticamente todas as mulheres engravidariam, para a tribo poder sobreviver, mas poucos pais seriam tipos "superiores", uma vez que, por estipulação, existem poucos na tribo. Assim, nossa tribo é eugênica e sobreviveu, ao passo que a outra era, relativamente, disgênica e foi extinta.

··· Capítulo 27 ···

A Fraude Esportiva Feminista: Garotos do Ensino Médio são Melhores que as Consagradas Atletas Profissionais*

Annika Sörenstam aceitou o convite para jogar no torneio masculino da Associação de Golfe Profissional em Fort Worth, no Texas, e todos, dentre eles o seu tio (perdão, a sua tia) reagiram com grande surpresa diante desse maravilhoso acontecimento.

As manchetes foram desde "Uma salva de palmas para Sörenstam" até "Ela é uma inspiração", passando por "Por que esta sueca é 'a mulher' do golfe". Se houve alguma reação crítica na grande imprensa a esse fenômeno, eu não ouvi.

Os 71 pontos no primeiro dia (1 acima do par[37]) do torneio *Bank of America Colonial* foram bons o suficiente para sair na frente ou empatar com muitos de seus adversários homens. Isso desencadeou ainda mais paroxismos de autocongratulação e celebrações entre os comentaristas esportivos politicamente corretos. De acordo com um jornalista inexpressivo, tal feito "fez com fãs de golfe de todo mundo celebrassem aos gritos". Outro foi ainda mais longe, ao ponto de caracterizar a proeza de Annika "como uma das maiores performances de todos os tempos por um atleta do sexo feminino em qualquer esporte". Pode até haver uma barreira invisível no mundo dos negócios (que é um pouco de analfabetismo econômico, mas terá de ser discutido noutra ocasião), mas uma "barreira de

* Publicado em 24 de maio de 2003. As estatísticas foram compiladas por Dan D'Amico e Erich Mattei.

[37] No golfe, um "par" é a expectativa de número ideal de tacadas que devem ser dadas em um buraco do *tee* (saída) até o buraco propriamente dito (N. do E.)

grama" no atletismo de modo geral e no golfe em particular, parece ter sido rompida.

Antes nos deixarmos tomar pela histeria generalizada, identifiquemos algumas larvas dentro desta maçã específica. Se as mulheres podem entrar em competições masculinas, alegando que são tão boas quanto os homens, então, com base nesta "lógica" igualitária, os homens não poderão mais ser impedidos de participar de competições previamente limitadas às mulheres. Afinal, por que ter diferentes seções em um evento esportivo se não há diferenças relevantes entre os gêneros? Ninguém organiza jogos especiais para canhotos/destros e para gente com olhos azuis/marrons porque essas diferenças não são consideradas relevantes para suas capacidades. Se agora determinaram que o "sistema interno" dos seres humanos não tem mais relevância, com relação à competitividade, graças aos maravilhosos feitos de Annika, não haveria razão nenhuma para impedir que os homens participassem em competições femininas. Não haveria mais separação nas provas de atletismo, natação, basquete, golfe e ligas de tênis para homens e mulheres. Nessa nova ordem mundial unissex, todas as divisões entre a LPGA e a PGA, entre a NBA ea WNBA desapareceriam. A segregação, afinal, é detestável.

Mas isso faria com que o esporte feminino recebesse uma sentença de morte. Com a possível exceção de esportes que requerem mais *finesse* do que força (bilhar, boliche e, ok, talvez o golfe), as mulheres seriam isoladas em competições de *cheerleading* (e, mesmo neste caso, seria raríssimo ver mulheres que pudessem competir de forma eficiente contra os homens). No atual frenesi feminista de esquerda, isso pode não ser facilmente perceptível no basquete, no tênis, no futebol, beisebol e outros em esportes de equipe. Os dois sexos raramente, ou nunca, se enfrentam em jogos oficiais autorizados, apesar de aqui existir até mesmo alguma prova que embase o fato. Por exemplo, a velocidade máxima para um saque masculino no tênis é de 240km/h; a equivalência feminina é de apenas 200km/h.

Sim, sim, (a jovem) Billie Jean King venceu (o velho) Bobby Riggs em uma partida de tênis. Essa é bem a exceção que confirma a regra.

No entanto, há uma infinidade de dados, oriundos dos esportes em que o sucesso pode ser medido objetivamente, que indicam que poucas ou nenhuma mulher seria capaz de competir de modo eficaz contra os homens. Por exemplo:

- O recorde mundial de salto em altura para os homens é de 2,6 m; para as mulheres é de apenas 1,82m. Em contraste, o recorde de competições masculinas no ensino médio é de 2,30m;
- O melhor salto em distância masculino é de 8,8m; a melhor atleta feminina só pode pular 7,3m. O recorde para salto em distância no ensino médio (masculino, é claro) é 7,9m;
- Uma milha pode ser percorrida por um atleta masculino em 3:43,1; uma mulher leva 4:12,6; um estudante do ensino médio consegue percorrer essa distância em 3:53;
- O recorde masculino na corrida de 100 metros é de 9,78 segundos, o feminino é de 10,49s; o recorde do ensino médio é de 10,13s.

Parem de querer competir com atletas do sexo masculino de nível mundial; as melhores mulheres não seriam sequer capazes de obter medalhas em um ambiente colegial vigoroso.

Esse padrão de dominação masculina é válido para todos os esportes onde os louros são dados para quem possui força, velocidade e resistência. E são poucos os "esportes" em que isso não acontece. Por exemplo, isso se aplica praticamente a todos os grandes mestres de xadrez.

Esses pontos não são para demonstrar a superioridade masculina no atletismo. Esse domínio é tão bem embasado por fatos que somenteos feministas histéricos de esquerda (de ambos os sexos) precisam recordá-los. Não. Tomamos ciência desses fatos de vido ao perigo que é para o *esporte feminino* permitir que Annika Sörenstam compita com homens. Se possuímos uma lógica consistente e permitimos que os gêneros joguem uns contra os outros em tais ambientes, *não haverá* (praticamente) competições desportivas em que meninas e mulheres terão chance alguma de vitória.

No boxe e em outras lutas marciais, geralmente existem divisões por peso. Isso não significa que um pugilista de 55kg jamais possa vencer um oponente de 86kg. Realizamos tal separação porque o peso dá uma vantagem tão clara para o atleta mais pesado, *ceteris paribus*, que um duelo entre dois desses concorrentes seria unilateral demais. Seria chato de assistir. A maioria das pessoas julgaria "injusto".

É exatamente a mesma coisa entre homens e mulheres.

··· Capítulo 28 ···

Limites de Mandato Prejudicam as Mulheres na Política; O Lado Bom*

Consideremos o lado positivo dos limites de mandato: reduzem (isso *não* é um erro de impressão) a porcentagem de mulheres políticas.

Há muita reclamação e ranger de dentes acerca deste fenômeno por parte de nossos amigos do Partido Democrata Norte-Americano De acordo com um editorial do *Seattle Times* (ok, ok, esta afirmação não aparece nas páginas editoriais, mas sim disfarçada de "notícia"): "Menos legisladores do sexo feminino em assembleias legislativas estaduais: os limites de mandato são culpados por cercear o progresso das mulheres em conquistar cadeiras e o número se mantém desde o início de 1990". O editorial, perdão, a notícia, segue afirmando que em estados com limites de mandato, raras são as mulheres na política. Por exemplo, na Carolina do Sul 9,4% dos legisladores eram do sexo feminino, no Alabama eram 10% e em Kentucky o número era de 10,9%. Em contraste, nos estados sem limite de mandato, as percentagens eram muito superiores. Por exemplo, 36,7% em Washington, 52% em Michigan, 33% no Colorado e em Maryland. (A média global em 2003 era de 22,3%, uma queda em relação aos 22,7% em 2002).

Chega de fatos. Cadê o lado bom dessa mazela?

Para que haja um lado positivo é necessário um lado negativo e, também, algum bem tem de vir daí. Já registrei (ver capítulo 45) minha posição de que limites de mandatos são altamente problemáticos. Fiz isso respaldado no brilhantismo do professor Hans Hoppe. Seu argumento é

* Publicado em 3 de setembro de 2003.

baseado em preferências temporais: *ceteris paribus,* quanto mais tempo um político passar no cargo, melhores serão as medidas de longo prazo que poderá tomar. Se puder deixar o cargo para os filhos (por exemplo, numa monarquia) agirá de maneira ainda mais responsável; não desejará matar a galinha dos ovos de ouro, do contrário não sobrará nada para ser explorado por sua prole.

Na outra direção, se um político só puder permanecer no cargo por, digamos, um mês, então o dito "malhe o ferro enquanto está quente", agora, mais do que nunca se tornaria o seu lema. Ou seja, teria muito pouco incentivo para conter a voracidade natural, pois seria desempossado cedo demais. Veríamos um verniz finíssimo de "serviço público" encobrindo as usuais políticas de roubo. Por que deixar muita coisa de sobra para o próximo titular do cargo? Certamente não deixará isso se interpor à própria roubalheira.

Limites de mandato, portanto, são um desastre, visto que aumentam os já altíssimos incentivos para que os políticos roubem. Mas há uma luz no fim do túnel: as mulheres parecem se afastar da política graças a isso num grau maior que os homens. Porque é que tal coisa deve ser considerada boa?

Na questão econômica, está claro que as mulheres, em média, apoiam esquemas de assistencialismo social mais do que os homens e extrapolo para as mulheres em geral o que vejo nas mulheres políticas. Não é por acaso que programas como seguridade social, bem-estar social e seguro-desemprego vieram depois que o "sexo frágil" recebeu o direito ao voto. Esse fenômeno pode advir do fato das mulheres temerem mais os riscos que os homens e enxergarem tais políticas socialistas coercivas, de algum modo, como "mais seguras".

Outras comprovações: há uma grande "lacuna de gênero" entre os partidos Republicano e Democrata sobre questões internas. As mulheres preferem o segundo partido ao primeiro; do mesmo modo, os membros do partido libertário são predominantemente homens. (Contra isso, devo admitir que em matéria de imperialismo e aventureirismo militar no exterior, o acanhamento feminino provavelmente as inclina a uma postura menos agressiva).

Em segundo lugar, para além de considerações desse tipo, não há razão intrínseca alguma para se dar preferência por políticos homens em relação às mulheres. Com a exceção de Ron Paul e alguns poucos outros, são todos charlatões hipócritas e cheios de pompa, que não se contentam apenas em nos roubar, mas estão determinados a convencer-nos de que fazem isso para nosso próprio bem. No entanto, outro problema surge: uma das mais fortes forças motivadoras por trás do *lobby* esquerdista a empurrar as mulheres para a política é a noção singular de que, afora a desonestidade dissimulada, todos os grupos deveriam ser exatamente iguais. Isto é, numa sociedade verdadeiramente justa, ambos os gêneros, todas as raças e nacionalidades, idades, pessoas com todas as orientações sexuais, os socialmente inadequados etc. seriam igualitariamente representados em todas as profissões. Se não o são, isso se deve à exploração, à injustiça ou algo do gênero. Ou seja, removidas as impropriedades como o racismo, o sexismo, a discriminação pela aparência (não estou brincando), por habilidade etc., e uma vez que homens e mulheres constituem cerca de 50% do eleitorado cada, essa também deveria sera representação entre os titulares dos cargos. (Além disso, a Associação Nacional de Basquete teria de empregar jogadores negros, atléticos, altos e fortes, mas também os judeus baixinhos e gorduchos, segundo a proporção total desses tipos na população; é somente por conta da discriminação racial contra orientais que existem tão poucos na lista de jogadores da NFL).

Ninguém combateu mais essa falácia perniciosa do que Tom Sowell. (Leia, dentre seus muitos excelentes livros, *Race and Culture*). Mas ele precisa de toda a ajuda que puder para essa missão. Cabe a todos os homens de boa vontade ajudá-lo nessa empreitada. E uma maneira pela qual podemos fazê-lo é reconhecer um dos benefícios complementares da insidiosa política de limites de mandato: penalizar desproporcionalmente as mulheres na política.

À guisa de esclarecimento. Não *concordo* com limites de mandato. No entanto, reconheço que há uma tênue luz no fim desse túnel.

DROGAS

··· Capítulo 29 ···

Repensando a Legalização das Drogas: Mais Ganhos Indevidos para o Estado*

Não me entendam errado. Sou totalmente a comprometido com a legalização das drogas. Isso inclui *todas* as substâncias viciantes, não apenas a maconha. Quando escrevem sobre drogas, a maioria dos libertários apoiam a legalização. Sou iconoclasta o suficiente para considerar o ponto de vista favorável à proibição (com base libertária, é claro). Mas não se preocupem, coloco-me do lado certo nesse debate.

Existem muitas e suficientes razões para tal postura, nenhuma das quais nos diz respeito hoje, já que gostaria de agora discutir não as justificações para a legalização, mas sim um argumento a favor da proibição e um *contra* a legalização.

Qual, então, é o argumento contra a legalização? Paradoxalmente, é um argumento muitas vezes apresentado por não-libertários que *apoiam* a descriminalização, a saber: hoje em dia, drogas viciantes podem ser apenas compradas e vendidas no mercado negro. Assim sendo, o governo não recolhe impostos, já que todas essas transações são feitas totalmente sem escrituração. Entretanto, se essa indústria fosse reconhecida como legítima, então seus produtos poderiam ser tributados, tal como é o caso de todos os bens e serviços legais. Assim, o governo poderia gerar mais receitas do que faz hoje. E isso, por sua vez, significaria ou uma redução

* Publicado em 12 de agosto de 2003.

de outros impostos, um déficit menor, mais serviços governamentais ou alguma combinação entre as três coisas.

Qualquer argumento cuja conclusão seja a de que o governo terá mais receita à disposição é altamente problemático. Para o libertário, isso é praticamente uma refutação. Pois o Estado já está com muito dinheiro nosso. A última coisa que ele precisa é de mais incentivo, sob a forma de uma maior renda. Sim, as drogas ainda deveriam ser legalizadas, uma vez que a sua utilização e venda não violam o axioma libertário da não-agressão, mas isso deve ocorrer, *apesar* de aumentar a carga tributária, e não *por causa* disso.

Se, como resultado, ocorrer uma redução dos outros impostos, não aparenta logo que seja um ganho inequívoco para a liberdade. Tudo o que poderia acontecer é que algumas pessoas pagariam mais e outras menos. Se houver um déficit menor, encorajará o governo a continuar com as suas políticas perdulárias de gastos. Um aumento nos "serviços" do governo também não é um ganho inequívoco, não para a utilidade muito menos para a liberdade. Praticamente todos os gastos do Estado, mesmo sem citar a maneira compulsória como é financiado, fazem muito mais mal do que geram benefícios. Basta mencionar a esse respeito as escolas públicas que são cloacas educacionais, e a aventura militar no estrangeiro, que mata inocentes aos milhares.

Consideremos agora o segundo argumento, aquele a favor da proibição: põe na prisão numerosos criminosos que de outra forma não teriam sido capturados. De acordo com algumas estimativas, cerca de 40% a 60% de toda a população carcerária está presa devido às leis contra as drogas. Algumas delas, provavelmente, não são culpadas de nenhum crime condenável por um libertário: compraram pacificamente, venderam e usaram substâncias controladas. E em relação a essas pessoas, as leis contra as drogas são um desastre absoluto, moral, legal e economicamente. No entanto, muitos daqueles presos por infrações relacionadas às drogas são culpados de cometer crimes violentos, e uma proporção significativa deles não estaria na cadeia não fosse a atual proibição de substâncias que causam dependência.

Encaremos a verdade; a polícia pública é um bando de ineptos (leiam Murray Rothbard em *For a New Liberty*; e também Patrick Tinsley em "*A Case for Private Police*"). O que mais você esperaria de uma instituição regida pelos mesmos princípios da educação pública, do exército, do departamento de trânsito e dos correios? Se existissem polícias privadas, sem dúvida, elas seriam muito mais eficientes. Mas não existem. Os cidadãos assustados podem, portanto, ser desculpados por apreciar o fato das leis contra as drogas colocarem atrás das grades inúmeros canalhas, que de outra maneira estariam livres para continuar a vagar pelas ruas saqueando, tumultuando, roubando e estuprando.

Nesse quesito, não é que pessoas inocentes estejam presas devido às leis antidrogas, mas que assassinos, estupradores e ladrões não teriam sido capturados sem essa legislação que, portanto, não é de todo ruim.

Gary Becker, por exemplo, não tende a gostar muito desse argumento. Defende, ao contrário, que um dos horrores da proibição é que muitos habitantes dos bairros negros das cidades são colocados na prisão, o que causa problemas nesta comunidade, segundo ele. Mas se é verdade que uma proporção significativa dessas pessoas é composta de malfeitores realmente perigosos (mesmo que tenham sido consideradas culpadas pelos tribunais do governo por crimes que os libertários não consideram como tais), então essa comunidade, para não falar do restante de nós, está muito mais segura nas condições atuais.

Becker vê corretamente a alta taxa de encarceramento de negros como causalmente conectadas às elevadas taxas de filhos ilegítimos. Mas afirma: "Infelizmente, alguns estados ainda dificultam que famílias formadas pelos dois progenitores recebam benefícios do governo". Evidentemente, esse economista agraciado com o prêmio Nobel acha que o Bem-Estar Social é uma solução para as agruras da comunidade negra, e não a causa delas. Parece não ter lido, ou talvez não gostado muito do livro *Losing Grounds* de Charles Murray, que mostra o assistencialismo estatal como a causa da desagregação familiar, e não a solução para este problema.

Isso é bastante decepcionante para aqueles que procuram a Universidade de Chicago atrás de soluções de livre mercado. Talvez seja um caso de identidade trocada esperar que análises libertárias emanem da mais famosa universidade da "Cidade dos Ventos" (Chicago).

Concluamos. Não argumento a favor da proibição das drogas. Apoio a legalização. No entanto, devemos estar cientes de que existem inconvenientes nessa postura: mais dinheiro para o governo e mais criminosos (de verdade) soltos por aí.

··· Capítulo 30 ···

O Argumento Libertário para a Proibição das Drogas

Ok, Ok, Calma! Não desisti do libertarianismo. Nem mesmo sucumbi finalmente ao Alzheimer. Já que todos os que apoiamos a liberdade econômica nos opomos à proibição das drogas, a parte litigiosa da minha personalidade naturalmente busca argumentos no lado oposto do debate.

Isso, acrescido do fato de ter passado por uma experiência desagradável durante uma conferência recentemente, onde um suposto libertário "defendia" a legalização das drogas. Fazia isso de maneira tal que não precisei ser muito encrenqueiro ou defensivo a respeito do libertarianismo para fazer-lhe oposição. Além do mais, o seminário foi organizado de modo a que ninguém pudesse criticar publicamente o argumento escandaloso oferecido; por isso, tornou-se ainda mais importante que, de alguma forma, tirasse isso do meu peito. Você, caro leitor, terá de assumir o papel do público para o qual não consegui me dirigir.

Então, quais são as razões, em geral, para a manutenção do *status quo* em relação à proibição de substâncias que causam dependência?

1. Sem essa lei, os filmes, programas de televisão, peças de teatro, romances e outros veículos de que difundem narrativas seriam muito menos ricos em tramas do que hoje em dia o são. Premiadas séries de televisão, como *Law and Order* e *The Sopranos* seriam atingidas com força pela revogação dessa lei. É exagero dizer que programas desse tipo não contêm *nada* além da temática "drogas", mas a proporção é bem significativa. Seguramente, ao menos a metade dos temas explorados no gênero polícia

[*] Publicado em 12 de julho de 2002.

e ladrão dependem do fato de que há um mercado negro de maconha, cocaína e heroína.

2. Fossem as substâncias causadoras de dependência legalizadas e toda uma série de postos de trabalho desapareceriam. (Veja, disse que enumeraria razões a favor da proibição; não disse que elas seriam boas. Pelo que sei, *não* há boas razões. Estou disposto a defender o "indefensável", mas isso não é indefensável). Estamos falando de juízes, policiais, agentes penitenciários, assistentes sociais, advogados, promotores, psicólogos, fabricantes de munições, pequenos aviões e barcos etc. Será que uma das mais fortes razões para a manutenção dessa horrível lei seja esse próprio fato? Pergunto-me. Não é que, evidentemente, tais trabalhos não sejam necessários. Esse é o legado infeliz de Keynes e do keynesianismo. Como todo austríaco, desde Mises até Hazlitt e Rothbard mostram, não é racional criar postos de trabalho apenas por uma questão de geração de emprego. Todos poderíamos ter como um emprego cavar valas e depois enchê-las de novo, mas como resultado, morreríamos de fome. Não, o objetivo dos postos de trabalho é a criação de produtos e serviços com algum *valor*, e os que surgem como resultado da proibição das drogas dificilmente se qualificam como tal.

Quais são, então, as revoltantes razões oferecidas por esse "libertário" a favor da legalização das drogas?

3. As atuais leis antidrogas trazem à tona um desrespeito generalizado pela lei e pela ordem e isso é algo a ser profundamente lamentado. Mas, a partir da perspectiva libertária, isso é altamente problemático. Milhares? Dezenas de milhares? Centenas de milhares? Mas quantas leis existem hoje em dia? Isso é difícil de determinar. Ninguém, provavelmente, sabe com exatidão, mesmo analisando apenas uma fatia da história (existem novas leis surgindo todos os dias). Isso depende se decisões administrativas devem ou não ser contadas; e por que não? Se for assim, o número de leis chega, presume-se, aos milhões. Literalmente.

E dessas, quantas são *boas,* por exemplo, leis compatíveis com o axioma libertário da não-agressão? Bem, vejamos. Existem leis contra assassinato, roubo, invasão de domicílio, fraude, sequestro, agressão, estupro... já estou ficando sem exemplos. Bem, suponho que consigo achar mais algumas, possivelmente retiradas dos Dez Mandamentos e as defesas de contratos do direito civil. Mas é só isso.

Então, seria pró-libertário promover um respeito geral pela lei? Dificilmente. Praticamente, toda lei é ruim. Apenas uma porcentagem infinitesimal de todas as leis é boa. Respeitar a lei de modo geral, portanto, é promover o mal. Como, então, devemos considerar o apoio à revogação das leis antidrogas afirmando que elas reduzem o respeito pela lei em geral? Seja lá o que for dito sobre essa contenda, não podemos dizer que ela é compatível com o libertarianismo.

4. O economista continua com o falatório, *ad nauseam,* sobre como ele, como economista, precisa de dados para análises de políticas públicas. Sem os quais, conta-nos à exaustão, é impossível tomar uma decisão embasada a respeito da legalização ou não das substâncias causadoras de dependência.

Mas isso é puro besteirol. A questão da proibição das drogas é uma questão de economia *normativa.* Dados, em nítido contraste, fazem parte da economia *positiva.* De fato, em alguns sistemas morais como, por exemplo, o utilitarismo, os dados não são irrelevantes em relação ànorma. Mas, para o libertário deontológico, tudo se resume a uma questão de *direitos.* Teria o indivíduo (adulto) o direito de injetar em seu corpo seja lá o que for, prejudicial ou não? E a resposta é: é claro que sim.

Curiosamente, esse professor de economia, depois de falar sobre a necessidade dos dados e lamentar-lhes a ausência, toma o lado, no entanto, da pró-legalização nesse debate. Talvez as estatísticas não sejam assim tão necessárias para ele, no final das contas.

5. Segundo esse orador que agora critico, o valor atual de mercado de uma libra (450 gramas) de maconha gira em torno de US$3.000. Estima que preço total, com a legalização, seria algo da ordem de US$ 3,00 por libra. Assim, o lucro (mais os custos do mercado negro, uma vez que este mercado é ilegal) chega a cerca de US$ 2.997, ou 99,9% do total.

Esse orador "não gosta" das pessoas que, no momento, desfrutam dessa quantia. É a favor da legalização para os não têm acesso a esses fundos. Entende perfeitamente que quando, e se, o governo legalizar esse produto, tributará o máximo que puder, tal como atualmente acontece nos casos do álcool e do tabaco. Apresenta como mais uma razão a favor da legalização da maconha o fato de que tal lei, em uma solapada só, removerá o lucro dos atuais produtores.

Simpatizo com a avaliação que o professor faz sobre integrante típico do mercado de drogas. É cruel e depravado, totalmente disposto e capaz de usar de violência contra a polícia, rivais e, às vezes, até mesmo clientes. É graças a ele e a seus colegas que cunhamos uma nova palavra para descrever as inocentes vítimas dessa guerra pelo controle da venda de drogas entre gangues: "cogumelos". Seus produtos são frequentemente tóxicos e a dosagem, incerta. São pessoas completamente desprezíveis. Claro que, como é bem conhecido na comunidade libertária, essas características têm origem no *status* de ilegalidade das drogas. Durante a Lei Seca, os proprietários de bares eram semelhantes aos traficantes de drogas de hoje. Atualmente, com a legalização de cerveja, do vinho e de outras bebidas alcoólicas, os fornecedores não são diferentes dos que fabricam queijo ou giz.

Entretanto, com quem estamos comparando essas pessoas tão malvadas? (Típica piada de economista; pergunta: "Como vai sua esposa?"; resposta dele: "Em comparação a quem?"). Resposta: estamos comparando-os ao *governo!* Quantas pessoas inocentes essas gangues de narcotraficantes assassinaram no mundo? Duas centenas? Duas milhares? Algumas dezenas de milhares? Em contraste, de acordo com R. J. Rummel no livro

Death By Government, os governos foram responsáveis pela morte de cerca de 170 milhões dos próprios cidadãos durante o século XX; e não estamos contando aqui os soldados. Esse economista quer dados? Ei-los. O que podemos dizer sobre o *status* moral de um comentador como esse que apoia (parcialmente) uma política pública que determina que uma gangue responsável por um punhado de mortes seja privada de receber recursos financeiros e que os mesmos serão entregues a uma outra gangue de pessoas que mataram milhões de pessoas?

Sim, com certeza, legalizemos as drogas. (Disse que ainda sou um libertário). E, talvez, as nossas peças de teatro e filmes venham a ser menos dramáticas. No entanto, com a descriminalização, não haverá ganho no que diz respeito aos trabalhos, ao respeito à lei ou a uma alocação melhor de fundos das mãos dos narcotraficantes para as mãos da gangue governamental.

CARIDADE

··· Capítulo 31 ···

Celebridades Cometendo Roubos Legalizados*

Muhammad Ali teve uma carreira marcante como boxeador, como ativista do movimento "*Black is beautiful!*" e manifestante contra a Guerra do Vietnam. Inspirou milhões de pessoas com suas façanhas dentro e fora do ringue.

Michael J. Fox divertiu milhares de espectadores com seu trabalho em *Caras & Caretas* e depois em *Spin City*. Também estrelou vários filmes, – como esquecer da série *De Volta Para o Futuro*? – recebendo elogios da crítica e consagração comercial. Temos também Christopher Reeves que chegou ao renome mundial por dar vida ao Super-Homem. Seus olhos azuis penetrantes, uniforme azul e vermelho com o "S" no peito, capa e feitos heroicos são partes vitais na nossa cultura.

Nas carreiras anteriores, esses três homens foram verdadeiras estrelas. A nação inteira, não, praticamente todo o mundo civilizado os venerava. Jovens tentavam copiá-los nas próprias vidas. Mulheres desmaiavam quando qualquer um deles aparecia.

Onde estão hoje? Todos, infelizmente, foram acometidos por alguma debilidade severa. Ali e Fox desenvolveram Parkinson e Reeves foi vítima de uma lesão na coluna vertebral. Entretanto, também ocorreram lesões de ordem moral. Ali, Fox e Reeves, juntamente com muitos outros atletas

* Publicado em 24 de maio de 2004.

profissionais e estrelas dos palcos e das telas, têm se envolvido com incitação ao roubo. Ou seja: testemunharam perante o Congresso solicitando que direcionassem dinheiro para o estudo e cura dessas doenças e debilitações. Se você não acredita na representação que aqui faço, pergunte-se: de onde vem esse dinheiro?

Estariam Ali, Fox e Reeves solicitando contribuições voluntárias vindas de doadores caridosos? Nem um pouco. Muito pelo contrário, as verbas serão forçosamente retiradas dos contribuintes sob a mira de uma arma. Sim, a finalidade para as quais elas serão aplicadas serão boas. Quem, afinal, iria se opor à pesquisa médica e ao apoio aos aflitos? Mas o inferno está cheio de boas intenções; o mal está nos detalhes. Não basta que os objetivos sejam bons; os meios também precisam ser adequados e no caso não o são.

Não se pode negar que essas celebridades lograram grande sucesso na busca por dinheiro. Já conseguiram levantar grandes somas de dinheiro dos outros com a ajuda de políticos. E tudo indica que no futuro mais dinheiro ainda virá: ontem, o testemunho de Michael J. Fox perante um comitê do Senado foi saudado por aplausos, uma ocorrência sem precedentes nesses salões "sagrados".

Essa tentativa de angariar dinheiro contra a vontade de seus donos diverge muito das carreiras anteriores que os levaram à fama. Lá, nem um centavo veio de doadores involuntários. Cada centavo que Ali ganhou no ringue veio de fãs de boxe que voluntariamente colocaram seu dinheiro sobre a mesa de apostas para vê-lo lutar. Os pugilistas por ele surrados no ringue concordaram em estar ali e eram pagos pelos próprios esforços. Nos casos de Fox e Reeves não houve sequer um único cinéfilo ou telespectador solitário que fora forçado a pagar por esses benefícios; todos participaram de empreendimentos comerciais com esses atores de modo totalmente voluntário.

Portanto, suplico aos atores, atletas e outros heróis da cultura: não permitam que os seus nomes sejam utilizados dessa maneira nefasta. Retornem às raízes do voluntariado. Voltem a ter o comportamento que os deixou famosos: relações capitalistas consensuais entre adultos. Por certo, arrecadem dinheiro para combater estas doenças! Mas façam de modo civilizado, não com um comportamento condizente com o de um bandido. Se pararem e desistirem desses atos malignos, eu, pessoalmente, prometo contribuir comos seus objetivos de caridade. Sim, pode ser que, no final das contas, seja menos dinheiro para esses nobres fins, mas cada centavo será legítimo.

··· Capítulo 32 ···

Não Faça Doações para a Cruz Vermelha

Nos capítulos 16 e 17 escrevi sobre os furacões assolando Nova Orleans e sobre como eu, residente da *Big Easy*, tentei escapar deles; uma vez com o furacão Ivan e, em seguida, o Katrina. Este último artigo gerou um bom número de respostas.

Houve uma abundância de resposta positivas, mas não as responderei, apenas agradecerei aos leitores pelo apoio caloroso.

As reações negativas expressam duas preocupações; primeiro que estava falando asneira (a palavra "idiota" e outras piores continuaram aparecendo) ao dizer que a livre iniciativa seria capaz de controlar o climae depois que estava completamente fora da minha alçada convidar as pessoas a não contribuir para a Cruz Vermelha, mas sim para o Exército da Salvação visando necessidades de curto prazo (agradeci à santa Wal-Mart Corporation por fazê-lo), ao Instituto Mises e aos partidos políticos libertários da Louisiana, do Mississippi e do Alabama,visando considerações de longo prazo.

Deixe-me, agora, responder a cada uma dessas questões.

Semeando Nuvens

Primeiro de tudo, o clima (tenho uma dívida de gratidão para com Yang Chenping por me guiar na busca do material que citarei abaixo nesta seção).

Confesso aos meus críticos que o sistema de livre mercado não está nem perto de conseguir controlar um furacão de categoria 5, tal como o

Katrina (perdeu intensidade e foi rebaixado para categoria 4 apenas quando atingiu a costa). Entretanto, pelo menos existe uma indústria de controle meteorológico. Ela é viável. É operacional. Já obteve grandes avanços e se aperfeiçoa continuamente. Beneficia-se do processo de exclusão por competição direta, em que empresas que satisfazem as necessidades dos clientes aumentam suas operações e aquelas que não o fazem, caem no esquecimento e fecham. Essa é a receita para o sucesso em todo tipo de indústria e não há indícios de que, na verdade, não possa ser e não funcione nos termos atuais do controle meteorológico.

Sobre isso, consideremos o Dyn-O-Mat, Inc. A especialidade dessa empresa, localizada em Riviera Beach, na Flórida, é a de "implodir" e/ou reduzir a intensidade de tempestades com o uso de produtos químicos. De acordo com Peter Cordani, o CEO da companhia, "investir contra uma banda de tempestade de um furacão em formação sobre a água pode reduzir sua velocidade em 15mph-20mph, fazendo com que os ventos soprem contra eles mesmos". Continua: "Não nos livraremos de uma vez por todas das tempestades", afirmou. "Ainda haverá chuvas intensas. Só tentamos dar uma abrandada".

Existe também a Weather Modification, Inc. Essa empresa vem operando em Fargo, em Dakota do Norte, desde 1961 e oferece serviços de "aumento de precipitação (aumento de chuva), aumento do volume de neve, atenuação de danos causados pelo granizo (supressão de granizo) e dissipação de neblina".

A North American Weather Consultants, Inc, "incorporada em 1950, é especializada em fornecer estudos sobre, modificação climática, serviços de qualidade do ar, monitoramento do meio-ambiente, estudos de vestígios (e) estudos meteorológicos aplicados".

Pesquisas sobre a Grande Barreira de Coral ao longo da costa australiana mostram que os corais estão repletos de dimetilsulfeto, ou

DMS. Quando liberado na atmosfera, o DMS ajuda com a formação de nuvens, o que poderia ter um grande impacto sobre o clima local.

A Nissan Corporation protege seu estacionamento repleto de automóveis contra tempestade de granizo atirando um canhão que envia "ondas sonoras a até 50.000 pés de altura". De acordo com Eric Rademacher, engenheiro ambiental da Nissan, "Tempestades de granizo começam a se formar com uma partícula de poeira nas nuvens. Há muita atividade acontecendo e o que fazemos é desionizá-la e evitar que as partículas de pó absorvam a umidade das nuvens que, por sua vez, reagem e formam o que conhecemos como granizo. Hoje são as tempestades de granizo, amanhã espero que possamos fazer isso com furacões".

Mas nem tudo é perfeito nas empresas privadas de controle climático. O governo anda metendo seu nefasto nariz na iniciativa. De 1962 até 1983, o Serviço Nacional de Meteorologia envolveu-se em iniciativas desse tipo por intermédio do Projeto Stormfury. Entretanto, desistiu e agora bate nas empresas privadas, tais como as supracitadas, que estão tentando melhorar a situação.

Mesmo aquele grande bastião da livre iniciativa, a China, entrou em ação. De acordo com um relatório do jornal *China Daily*, "A seca e aflita província central de Henan vem usando um método chamado de semeadura de nuvens, no qual produtos químicos são borrifados nas nuvens". O único problema aqui é que os responsáveis por esses avanços não são participantes legítimos do mercado; mas sim gente do governo.

Uma ameaça semelhante à de muitos empreendimentos da iniciativa privada na proteção contra catástrofes climáticas vem da Rússia. A fim de proteger as comemorações pelo 60º aniversário da vitória sobre a Alemanha nazista, a Força Aérea Russa foi enviada para dispersar nuvens de chuva.

Assim como os governos da Filipinas, Índia, Tailândia, Nova Gales do Sul, entre outros, além de vários estados dos Estados Unidos como Utah,

Dakota do Norte, Nevada, Arizona, Kansas, Texas e Colorado entraram em ação. Também estão interferindo sobre como idealmente deveria funcionar essa iniciativa privada. Talvez o pior aspecto disso seja que o governo dos Estados Unidos agora está pensando em retornar para esse tipo de atividade. Socialismo climatológico completamente dispensável. (Felizmente alguns governos, como o de Oklahoma, parecem ter suspendido as participações). Há até mesmo um lado positivo na nuvem de celebração de Moscou. Também pessoas físicas como Paul McCartney entraram na briga, pagando "US$55.000 para que três jatos pulverizassem com gelo seco as nuvens sobre da cidade. Cerca de 50.000 pessoas se reuniram na Palace Square para o show de McCartney, seu segundo show na Rússia. O antigo regime soviético havia proibido a música dos Beatles no país por ser uma influência corruptora".

Uma confissão. Não tenho nenhuma cota de ações em qualquer empresa de semeadura de nuvens ou em quaisquer outras companhias do gênero. Sou um economista, não um meteorologista. Não afirmo de modo algum que essa tecnologia seja a única que conterá a fúria de furacões como o Katrina. Também há perigos nessa tecnologia. Tudo o que digo é que podemos confiar no mercado – com adequadas proteções para os donos de negócios privados – para satisfazer os consumidores nesse setor, como em todos os outros.

Existe alguma dúvida de que se o governo conseguir manter seu nariz fora dessa indústria, nos próximos anos teremos grandes progressos em proteção contra intempéries climáticas? Mas isso significa: sem tributação excessiva, sem desnecessárias e estupidificantes regulamentações, sem nacionalização e subsídios às agências governamentais concorrentes (como o caso em que bibliotecas públicas competem com livrarias privada se até mesmo com as locadoras Blockbuster locais).

A tecnologia de semeadura de nuvens vem sendo utilizada desde 1946. Vincent Shaefer, da General Electric foi o pioneiro no ramo. A iniciativa privada não está nem perto de aprimorá-lo. Mas é do meu entendimento que se o governo se mantiver longe disso, a despeito das objeções, essa é a melhor esperança para que nos livremos das históricas calamidades climáticas no longo prazo.

Caridade

Analisemos a questão da caridade depois da devastação causada pelo Katrina.

Primeiro, no curto prazo. Por que ainda apoio o Exército da Salvação? Principalmente porque a proporção das doações que é gasta com salários, angariação de fundos e custos administrativos é muito baixa. A imensa maioria do dinheiro dado a eles é alocado de acordo com o propósito da doação. Segundo, eles cooperam com a sacrossanta Wal-Mart Corporation, e ninguém que faça isso pode ser mau.

E a Cruz Vermelha? Tenho vários pontos contra. Ponto de menor importância: são burocratizados demais. Recusaram as doações de inúmeras pessoas ansiosas para poder ajudar as vítimas do Katrina. Então, conforme mencionei anteriormente, são tão politicamente corretos que não analisavam adequadamente as doações de sangue feitas por homossexuais, devido a argumentos de correção política. Como resultado, pessoas inocentes contraíram o HIV. Bem, eles também estão ligados demais ao governo para o meu gosto.

Mas e no longo prazo? Sugeri duas instituições. Minha primeira recomendação foi para que as pessoas preocupadas com a condição dos pobres em geral e especificamente com o futuro dos desafortunados, tais como as vítimas do Katrina: doem dinheiro para o Instituto Mises. Sobre isso, um dos meus críticos desafiou-me: "Como as doações para o Instituto Mises influenciarão na vida dos 250.000 desabrigados e desempregados?"

Eu prontamente "admiti" que esta instituição de Auburn, no Alabama, não se dedica diretamente ao cuidado e à alimentação dos desabrigados em Nova Orleans. Simplesmente não saem por aí distribuindo garrafas de água, comida, alimentação e alojamento aos refugiados. Mas isso descaracteriza minha sugestão. Eu estava pedindo o apoio ao Instituto Mises não como uma solução imediata, mas sim de longo prazo.

Como assim? Financiar o Instituto Mises (e o *LewRockwell.com*) promoverá a livre iniciativa. Se Bill Gates ou George Soros dessem para essa organização apenas US$ 1 bilhão, uma ninharia para tipos como esses, o sistema de mercado receberia um impulso gigantesco. Não apenas no futuro, quando centenas de outros austro-libertários se tornarão professores, jornalistas etc., mas até mesmo em um futuro imediato. Basta pensar em um novo *Washington Post* tendo Lew Rockwell como editor. Ou, imagine um novo canal *Fox News* com Lew como o editor. Esse é primeiro ponto.

O segundo ponto é: quanto mais um país abraça o libertarianismo e a liberdade econômica, mais rico, muito mais rico se torna. (Para os que gostam de empiria, leiam *Economic Freedom of the World 1975-1995*, de James Gwartney, Robert Lawson e Walter Block).

O terceiro ponto é que, com uma sociedade radicalmente mais rica, seria muito mais fácil para os cidadãos dos Estados Unidos ajudarem os "250.000 desabrigados e desempregados". E não por meio de cheques do governo assistencialista, mas sim pela criação de novos empregos para produção de ainda mais riqueza.

Nem o Instituto Mises nem o *LewRockwell.com* defendem apenas a livre iniciativa. Também trabalham em prol do fim urgente do imperialismo norte-americano nas nações estrangeiras (ex. Iraque e Afeganistão, atualmente). Trazer as tropas de volta para o nosso país geraria outra riqueza adicional, que ajudaria ainda mais os "250.000 desabrigados e desempregados".

Além do mais, o Instituto Mises é contra regulamentações tais como a lei do salário mínimo e a legislação coerciva dos sindicatos que são responsáveis pelo desemprego. Aliás, é uma falácia econômica dizer que é necessária riqueza adicional para empregar estes "250 mil desabrigados e desempregados". Mesmo se fôssemos 50% menos ricos do que somos hoje, todos poderiam estar empregados na ausência de leis governamentais que impossibilitam tal situação.

Por favor, percebam várias coisas nesse particular. Primeiro, não sou empregado do Instituto Mises e, portanto, não posso falar em nome daqueles que são. Sou um membro do corpo docente sênior junto com uma dúzia de outros, mas isso significa apenas que o meu conselho é pedido, por vezes, e sou regularmente convidado para falar em eventos do Instituto Mises, mas sempre numa base contratual. As visões expressas acima são apenas a minha opinião.

Em segundo lugar, o Instituto Mises não foi a única organização que indiquei para que as pessoas contribuam no artigo sobre o Katrina. Também mencionei o *LewRockwell.com* e os partidos libertários da Louisiana, do Mississippi e do Alabama. Também desempenham um papel importante no aumento da apreciação pública em relação ao sistema de livre mercado nesses estados onde ele é necessário de modo urgente no rescaldo pós-furacão.

O que continuo a considerar declarações eminentemente razoáveis de minha parte vieram a se deparar com uma tempestade de protestos. Os partidos políticos são maus, incluindo até mesmo o Partido Libertário. Qualquer um que more nas "entranhas do leão" (Washington, DC) em breve "crescerá em importância", como o Instituto Cato, e perderá os antigos princípios pró-livre mercado. A política é uma criação do Diabo.

Não é bem assim, não é bem assim. Ron Paul é a prova "A" que torna essa frase não-verdadeira. E é apenas a ponta do iceberg. Existem inúmeros membros eleitos pelo Partido Libertário em todo o país que ainda não abandonaram seus princípios em uma vírgula sequer. E há uma vasta gama de antigos libertários, outrora muito capazes e bem-sucedidos, que renunciaram à ideologia anterior e que não se relacionaram com a política de modo algum (Murray Rothbard está, presumivelmente, revirando no túmulo ao flagrar tais incidências de traição, algumas dessas pessoas eram braços-direitos dele anos atrás). Sim, há uma tendência de se assumir posições liberais de esquerda e neoconservadoras quando se mora dentro do *beltway*[38]. Mas isso certamente não se aplica a todos. Mesmo o Instituto Mises manteve por um tempo um escritório em Washington, D.C., onde Lew Rockwell tinha sido chefe de equipe de Ron Paul. Mas isso não os levou a moderar nem um pouco os discursos pró livre iniciativa.

Portanto, reitero minhas declarações anteriores. A melhor e última esperança para a sociedade e para uma ordem civilizada é a filosofia da liberdade. A promoção do austro-libertarianismo é o candidato azarão para proteger as futuras gerações de horrores como o Katrina. Isso pode e será feito de apenas duas formas. Uma, diretamente, ao permitir que uma iniciativa privada cuide da semeadura de nuvens e outras técnicas que contenham tempestades futuras. Dois, indiretamente, ao nos transformar em uma sociedade ainda mais rica, para que um dia tenhamos os meios e recursos para financiar tais tecnologias e cuidar melhor daqueles que ainda forem vítimas.

[38] A *Beltway* é a estrada interestadual 495 que circunda a capital dos Estados Unidos, parte da Virgínia e de Maryland. (N. do E.)

··· Capítulo 33 ···

Justiça Social; Um Conceito Assustador

Em muitas universidades existe uma pressão para se promover a justiça social. Há dois modos de se definir "justiça social".

Primeiro, esse conceito pode ser definido em essência. Nesse momento, é associado, de modo típico, à análise, políticas e prescrições da esquerda e dos socialistas. Por exemplo, a pobreza é causada pelo capitalismo desenfreado; a solução é regular fortemente os mercados ou bani-los de uma vez por todas. Racismo e sexismo promovem a situação das minorias raciais e das mulheres; leis proibindo o exercício dos mesmos devem ser aprovadas. É necessária uma maior confiança no governo para a solução de todos os tipos de problemas sociais. O planeta está correndo um grande risco de uma hecatombe ambiental devido a uma confiança injustificada nos direitos sobre a propriedade privada. Os impostos são muito baixos; deveriam ser aumentados. A caridade aos pobres é um insulto, eles deveriam receber ajuda financeira como um direito e não benevolência. Diversidade é a condição *sine qua non* para uma sociedade justa. A discriminação é um dos maiores males que já assolaram o homem. A utilização de uma terminologia tal como "homem" é sexista e constitui discurso de ódio.

Segundo modo: a justiça social pode ser vista *não* como um ponto de vista específico sobre essas questões, mas sim como uma preocupação em estudá-las sem noções preconcebidas. Nessa perspectiva, nenhuma posição em particular é assumida sobre as questões da pobreza, capitalismo, socialismo, discriminação, regulamentação governamental da economia,

* Publicado em 26 de janeiro de 2004.

livre iniciativa, ambientalismo, tributação, caridade, diversidade etc. Em vez disso, a única alegação é a de que esses temas são importantes para a educação humanística e que qualquer instituição de ensino superior que as ignora, coloca a própria missão em risco.

Para que tornemos esta distinção bem clara, um defensor da justiça social do primeiro tipo pode alegar que as empresas são por si só impróprias, ao passo que o que professa o segundo significado do termo se contentaria em apenas afirmar que a realidade dos negócios é um importante objeto de estudo.

Uma universidade deveria se dedicar à promoção da justiça social? No primeiro sentido do termo seria um desastre fazê-lo, e no segundo, desnecessário. Vamos considerar uma opção de cada vez.

Caso uma instituição de ensino superior viesse e exigir que seu corpo docente apoiasse a justiça social no sentido essencialmente de esquerda, isso geraria a perda de toda a credibilidade acadêmica. Pois seria, com efeito, exigir que professores abraçassem o socialismo. Além do mais, isso é totalmente incompatível com a liberdade acadêmica: o direito de se buscar o conhecimento com uma mente aberta e chegar às conclusões com base em pesquisas, evidências empíricas, lógica etc., em vez de trabalhar com cabrestos, obrigando-os a chegar à mesma conclusão sobre todas as questões.

Isso significaria, por exemplo, na esfera econômica, a área com a qual estou mais familiarizado, ser forçado a concluir que a lei do salário mínimo é a melhor das opções para o trabalhador não-qualificado e que aumentá-lo continuadamente é justo e instantâneo; e que o livre comércio é pernicioso e explorador.

É mais do que uma curiosidade passageira que aqueles na comunidade universitária que mais apoiam o discurso da diversidade não conseguem tolerá-la quando se trata de divergência de opiniões, conclusões, prescrições de políticas públicas etc.

E quanto à promoção da justiça social no segundo sentido; não impondo conclusões sobre os pesquisadores, mas apenas insistindo para que questões desse tipo sejam estudadas?

Isso também é equivocado ou desnecessário.

É equivocado em disciplinas como a Matemática, Física, Química, Música, Contabilidade, Estatística etc., uma vez que essas profissões não costumam tratar de questões relacionadas à justiça social. Não há uma maneira "justa" ou"injusta"de se lidar com uma conta "T"[39], uma equação quadrática ou com uma regressão econométrica; há apenas maneiras corretas e incorretas de debater esses assuntos. Pedir, para não dizer exigir, que os professores nesses campos do conhecimento se preocupem com a pobreza, com o desenvolvimento econômico, com as disparidades salariais ou a poluição do ar é levá-los para longe de suas áreas de especialização. É tão bobo quanto pedir para um filósofo para ensinar música ou vice-versa.

E é totalmente desnecessário, particularmente nas ciências sociais, mas também nas humanidades. Visto que, se membros dessas disciplinas *já* não estiverem conduzindo estudos concernentes à justiça social (e, é claro, outras coisas também) então, estão simplesmente abandonando suas obrigações. Se historiadores, sociólogos, antropólogos, economistas efilósofos estão ignorando a pobreza, o desemprego, a guerra e o ambientalismo etc. é improvável que apelos no sentido contrário melhorem a situação.

Faculdades e universidades, por conseguinte, devem cessar e desistir imediatamente de assim se rotularem e de promover todo e qualquer programa para esse fim. É impróprio impingir aos docentes e discentes qualquer ponto de vista sobre essas questões altamente controversas. Seria *tão* impróprio fazer isso a partir de um ponto de vista da livre iniciativa, de

[39] Em contabilidade geral, uma conta "T" é auxílio visual usado para descrever uma conta. Acima da parte superior do T ficaria o título da conta. No lado esquerdo da base do T colocam-se quaisquer valores de débito; os montantes de crédito ficam no lado direito. (N. do T.)

um governo limitado e dos direitos sobre a propriedade privada *quanto* as posturas atuais vigentes que vão na direção oposta.

Claro, a justiça social pode ser definida de uma terceira maneira: como favorecedora da justiça na esfera "social" e não em outros lugares. Aqui, todos os combatentes intelectuais apoiariam a promoção desse valor; a única diferença é que os esquerdistas, por exemplo, pensam nisso como uma espécie de igualitarismo, ao passo que para os libertários, justiça consiste no respeito aos direitos de propriedade privada. Uma faculdade que defenda a justiça social nesse sentido é algo muito problemático, uma vez que duas coisas muito diferentes poderiam ser entendidas a partir dessa expressão.

MÉDICO

··· Capítulo 34 ···

Células-Tronco: Uma Transigência Libertária?*

Com relação ao burburinho recente sobre as pesquisas com células-tronco, a teoria libertária encontra-se numa posição de oferecer aos participantes do debate algo único: uma conciliação de princípios que não consiste somente na soma de ambas as posições diferentes, dividindo-as, de algum modo, pela metade, de modo a caber a cada parte a porção devida.

Na verdade, o debate diz respeito não apenas ao direito do uso de embriões como animais de laboratório, mas também ao financiamento do governo para tal empreendimento. Sobre isso, não há acordo libertário possível: isso é totalmente incompatível com a nossa filosofia e deve ser rejeitado imediatamente por ser uma função ilegítima do governo.

Mas e se a pesquisa for financiada pela iniciativa privada?

Para antecipar um pouco a discussão, me posicionarei – sob certas condições especificadas abaixo – a favor dos que defendem o uso laboratorial de óvulos fertilizados. Portanto, devo supor que a vida humana não começa no nascimento, mas no estágio bicelular. Quando o espermatozoide entra no óvulo, ei-lo! Ali está um ser humano (muito jovem) passando a existir.

Levanto essa hipótese por duas razões. Primeiro, para evitar a acusação de estar criando uma falácia do espantalho[40].

* Publicado em 3 de setembro de 2001.

[40] A falácia do espantalho (também conhecida como falácia do homem de palha) é um argumento em que a pessoa ignora a posição do adversário no debate e a substitui por uma versão distorcida, que representa de forma errada essa posição. A falácia existe quando a distorção

Dada a minha conclusão, o rigor lógico me obriga a fazer a suposição que *menos* ajuda o meu argumento. Segundo. Acredito que, independentemente dessa consideração, esta seja a única hipótese apropriada. Com o advento da tecnologia moderna, nascimentos estão se tornando cada vez mais uma mera questão de mudança de endereço. O bebê viver no interior do útero, ou num tubo de ensaio, ou numa barriga de aluguel está rapidamente se tornando algo quase (para não dizer completamente) indiferente no que se refere à sua saúde, bem-estar e sobrevivência. A verdadeira mudança não é a expulsão da placenta, mas sim a transição de um estágio com o esperma e o óvulo separados entre si, estado que não gerará um ser humano, para um outro estado em que o esperma penetra no óvulo e resultará na criação de um novo membro da nossa espécie.

Com esse pano de fundo, passemos agora para uma consideração acerca da teoria libertária sobre a posse de uma criança. Por favor, sejam pacientes com o que vem a seguir: soará, à primeira vista, um tanto arrogante, até mesmo cruel e frio. Mas isso é porque uma linguagem desapaixonada e fria é por vezes necessária para tratarmos problemas extremamente incômodos.

Em termos de posse, crianças ocupam uma posição intermediária entre a propriedade tal como a de uma vaca e a de uma pessoa, para a qual a noção de apropriação inexiste. A maneira de demonstrar posse sobre um bovino, até então sem dono, é domesticá-lo; uma vez que o período de apropriação acabe, você é o pleno proprietário.

Precisamente a mesma lógica se aplica à criança. A maneira arquetípica para se apropriar de um bebê é manter relações sexuais com o sexo oposto e, em seguida, oferecer ao feto uma "casa" durante nove meses. Mas, se um cientista macho e uma cientista fêmea inserirem um espermatozoide de um deles num óvulo pertencente ao outro e, então, desenvolverem o embrião num tubo de ensaio ou numa mãe hospedeira disposta a isso e cuidarem do bebê pelo período de nove meses de gestação, também serão considerados

é proposital, de modo a tornar o argumento mais facilmente refutávelou quando é acidental, quando quem usa a falácia não entendeu o argumento que quer refutar. (N. do T.)

pais legítimos. A única diferença entre a vaca e a criança é que, no primeiro caso, a propriedade definitiva é possível, ao passo que, no segundo, o que é "posse" é o direito de continuar a criar e cuidar dessa criança. Esse agir constitui o direito de continuar criando até que o infante atinja a idade adulta[41].

Existem quaisquer obrigações positivas de se criar uma criança? Não, na filosofia libertária existem apenas o imperativo negativo de que mantenhamos nossos narizes longe da vida das pessoas e dos bens que são legitimamente propriedade do outro. Se um pai quiser abandonar um bebê que no passado criou e notificar as autoridades apropriadas (por exemplo, uma igreja, um hospital, uma agência de adoções etc.), ele não estará violando lei libertária alguma. (No entanto, não há obrigações positivas caso abandone a criança sem notificação, por exemplo, e deixe-a morrer de fome na própria casa, ele é culpado de assassinato. Isso seria semelhante a reserva de domínio; o sujeito se recusa a apropriar-se de terras sem dono, mas cerca-a para que ninguém mais possa se apropriar dela; o que seria uma violação do código libertário. Quando se faz isso a uma criança humana, transforma-se em um crime capital).

Suponhamos que uma mãe pretenda abandonar uma criança e torne esse desejo público, mas não encontre ninguém disposto a assumir a responsabilidade. Então, e só então, essa criança pode ser morta. Isso, de fato, soa cruel e sem coração, mas é a única maneira de aplicar de forma consistente a restrição libertária contra obrigações positivas. O único caso em que uma criança pode ser legitimamente destinada à morte é se não houver ninguém, absolutamente ninguém em todo o mundo disposto a cuidar dela. Se um pai quiser deixar de ter a guarda do filho, por exemplo, de cuidar dele, o primeiro perde todos os direitos sobre o último; os direitos de qualquer outro pai adotivo se substituiriam ao seu, mesmo sendo ele o pai "natural". "Use-o ou perca-o", seria o lema libertário sobre o abandono de crianças.

[41] No direito brasileiro damos ao direito de "posse da prole" o nome de guarda. (N. do E.)

Houve um caso no Canadá em que um pai matou por "misericórdia" sua filha com uma deficiência grave. Sob a lei libertária, ele seria tratado como um assassino. Seu erro foi não a ter oferecido primeiro para adoção. Se houvesse alguém disposto a cuidar dela, ele não teria direito de matá-la. Só se ninguém mais se prontificasse em assumi-la é que a sua ação seria considerada legítima.

Agora vamos à posição contemporizada a respeito da pesquisa com células-tronco.

Permitam que todos os que desejam realizar pesquisa com embriões criem-nos a bel-prazer. (Fazer isso não é violar o axioma libertário legal da não-agressão contra os não-agressores). Não importa nem um pouco se esses embriões forem sobras congeladas descartadas de clínicas de fertilidade *in vitro*, ou se forem criados de uma maneira nova com o claro propósito de pesquisa médica. É também completamente indiferente para a lei libertária se o "óvulo fertilizado" contém uma célula de esperma ou um núcleo transferido a partir de uma área não-somática do corpo. O óvulo fertilizado, de qualquer uma das maneiras e adequadamente abrigado, resultará em uma criança e, por convenção, será um ser humano.

Os pesquisadores médicos podem tratar esses fetos como animais de laboratório o quanto quiserem, dependendo de uma e somente uma condição: que ninguém mais no mundo queira criar por conta própria essas crianças extremamente jovens. Se houver pais adotivos acessíveis (presumivelmente oriundos da comunidade pró-vida, mas não necessariamente limitados a ela), então os direitos deles se sobrepõem aos dos criadores do óvulo fertilizado, uma vez que esses últimos não desejam "apropriar-se" deles, por exemplo, protegê-los do mal, ao passo que os primeiros, sim. As pessoas que quiserem se apropriar (para cuidar e ajudar no desenvolvimento) desses fetos têm prioridade. (E isso se aplica àqueles ainda no útero também, "quando", "se" e "até que ponto" tal ciência médica tornar tais transferências de fetos para outros úteros possíveis). Apenas se não houver gente disposta a acolhê-los que os pesquisadores poderão usar os ovos fertilizados para a ciência.

Se permitido, esse cenário constituirá um verdadeiro acordo entre as forças em conflito no debate sobre as pesquisas com células-tronco. Será uma questão empírica observar qual lado vencerá essa queda de braço sobre pelos óvulos fertilizados. Será que a demanda por parte de potenciais pais adotivos ultrapassará a oferta de fetos possivelmente criados em laboratório? No caso afirmativo, então nenhum feto será morto e nenhuma pesquisa será realizada. Ou será que a capacidade dos tecnólogos de medicina para criar fetos dessa maneira excederá o número de pais adotivos dispostos a criá-los? Se assim for, então alguns fetos serão salvos, os que forem adotados, e outros serão destruídos na pesquisa médica, os que excedem a demanda por parte dos pais adotivos.

Mas em nenhuma das eventualidades supracitadas o código legal libertário será violado. Em nossa atual sociedade sem lei, esse não é um benefício que deve ser menosprezado.

··· Capítulo 35 ···

Dr. Governo; o Burocrata com o Estetoscópio*

A Medicina Socializada é o Problema

Recentemente, o primeiro-ministro canadense Jean Chrétien mudou de ideia a respeito do sistema de medicina socializada em seu país. Depois de sofrer uma oposição forte e duradoura, ele agora apoia um sistema de saúde de dois níveis, em que inclui taxa de utilização e aprovisionamento privado. Isso torna ainda mais importante lançar um outro olhar, não apenas sobre a superfície da assistência médica estatal, mas também sobre seus princípios básicos.

Desde que o jogador de hóquei do Vancouver Canuck, Daniel Sedin, furou a fila de espera para atendimento médico com sua hérnia de disco rompida, vem acontecendo um surto de reclamações e ranger de dentes por parte dos defensores da medicina socializada. E esse não foi o único caso de alta visibilidade. Cerca de um ano atrás, o pivô dos Grizzlies, Bryant "Big Country" Reeves, machucou o tornozelo e foi também catapultado para o topo da lista de espera médica. No entanto, além desses casos expoentes, existem inúmeros outros tipos privilegiados: políticos, burocratas e seus familiares e amigos com força política, médicos, enfermeiros e outros profissionais de saúde, além daqueles que podem contar com tais pessoas para favores. Isso é chamado de "cortesia profissional".

* Publicado em dezembro de 2001. Republicado em *Ideas for Liberty* (Foundation for Economic Education).

A maior parte das reclamações focou-se na injustiça de um sistema que permite que os privilegiados recebam atendimento médico poucos dias depois de uma lesão, enquanto obriga outros a esperarem semanas, meses ou até mesmo anos. Mas é bem assim. O problema não é que algumas poucas pessoas sejam tratadas rapidamente, tal como deveriam ser. É que não somos todos tratados como membros de uma civilização avançada, em que o serviço rápido está sempre na pauta do dia. Todos deveríamos ser tratados como clientes pagantes – e se de fato pagássemos, assim seríamos.

Por que existem longas filas de espera que não avançam rapidamente? No jargão econômico, isso acontece porque a demanda excede demais a oferta. Não há outra razão; é isso: o fornecimento estar aquém da demanda é a causa necessária e suficienteda formação de longas e morosas filas.

No entanto, responder dessa maneira é apenas adiar a inevitável pergunta: por que a demanda continua a exceder a oferta em alguns mercados, mas não em outros? Novamente, a resposta vem direto do curso de Introdução à Economia: uma escassez permanente surge e perdura se, e somente se, os preços estiverem afixados a níveis abaixo do equilíbrio e ali mantidos por força de lei.

Algumas pessoas acham que a assistência médica é um caso especial. Não é. Sim, se nós mesmos não a usarmos, estaremos em apuros. Mas o mesmo pode ser dito sobre os alimentos, vestuário, abrigo, energia, transporte – a lista segue. E o Direito Econômico, assim como no caso da Química ou da Física, não faz acepção sobre o quanto uma indústria é importante para o bem-estar humano; funciona exatamente da mesma maneira tanto para serviços médicos como para clipes de papel ou elásticos. Imponha preços artificialmente mais baixos a um mercado – e pior, praticamente zere os preços como acontece com a medicina – e você garantirá escassez.

Se qualquer evidência desse fenômeno fosse necessária, ela recentemente nos foi oferecida em três mercados completamente distintos. O controle de aluguel fixa o aluguel abaixo do equilíbrio; isso reduz os incentivos para fornecer unidades residenciais para aluguel adicionais e diminui benefícios para os inquilinos que economizam no espaço. A escassez de energia na Califórnia deriva totalmente do fato de que os preços de varejo são fixados a níveis artificialmente baixos, retardando assim os incentivos por parte dos clientes para diminuir o consumo energético e por parte de potenciais fornecedores para trazer mais energia para esse mercado.

Por último, mas não menos importante, e mais relevante para nossas preocupações atuais, está o mercado da saúde no Canadá. Aqui, também, os consumidores são impedidos por lei de pagar preços que refletem o valor da escassez de serviços médicos. Fazemos isso, é claro, por compaixão equivocada. Mas essa política é baseada em uma ignorância econômica flagrante. Os canadenses pensam que podem violar as leis da economia com impunidade. Não podem.

O nosso tão alardeado (isto é, nos círculos socialistas coercitivos) sistema de saúde baseia-se em uma violação dos princípios econômicos. É construído sobre a areia movediça.

Acabem com a Medicina Socializada

A única maneira de permitir que todos os cidadãos usufruam dos benefícios médicos concedidos hoje em dia apenas a um Daniel Sedin ea um Christopher Reeves da vida ou para outras personagens privilegiadas é revogar completamente a medicina socializada. Ela deve ser privatizada e tomar o seu lugar entre todas as outras indústrias (automobilística, tecnológica, construção civil) que contribuem fortemente para o nosso avançado padrão de vida e sem filas, muito obrigado. Esse passo reduziria radicalmente as listas de espera e também a "fuga de cérebros" de médicos e enfermeiras canadenses para o exterior. A recente mudança de opinião de Chrétien veio um pouco tarde demais para que o sistema de saúde passe a funcionar tão bem quanto as outras indústrias.

A mão invisível do mercado de Adam Smith aplica sua mágica sobre todos os setores industriais conhecidos pelo homem. A saúde não é exceção. Aqueles que assumem o ponto de vista contrário são responsáveis pelo sofrimento desnecessário dos enfermos que não podem receber cuidados a tempo graças ao socialismo médico. Esse sistema não funcionou na URSS. Não pode funcionar no sistema de saúde canadense também. Deveremos sofrer com isso por setenta anos como os infelizes russos? Você não gosta de fura-filas? Acostume-se com eles. Eram parte integrante do antigo sistema soviético e não há como escapar desse destino se copiamos o sistema de saúde soviético.

Neste ponto, o crítico retrucará, "Não é justo cobrar preços de mercado para cuidados médicos; os ricos receberão um tratamento melhor". Mas é precisamente esse o ponto para se querer ser mais rico. Se os ricos não obtiverem melhor tratamento, qual seria a motivação para que tentássemos acumular riquezas? (E se eles não tentassem acumular riquezas, toda a economia entraria em declínio e não apenas a saúde). Em qualquer um dos casos, os mais-favorecidos já estão sendo beneficiados pelo atual sistema: eles podem furar filas no Canadá ou buscar atendimento os Estados Unidos.

Outro dever: não é bom para os pobres que o sistema de saúde volte para o setor privado. Bobagem. Os pobres são muito mais bem tratados nos países capitalistas do que em qualquer outro lugar e no tocante aos serviços médicos isso é ainda mais verdadeiro. Sim, claro, os menos abastados têm de esperar até que os mais endinheirados comprem aparelhos de ressonância magnética (muitos estados menores nos Estados Unidos possuem mais aparelhos desse tipo do que todo o Canadá), mas quando os mais abastados o fazem, pessoas de baixa renda também usufruem de diagnósticos de alta-tecnologia. É exatamente por isso que os pobres têm TV em cores, computadores, carros e muito mais. Tivessem esses bens também sido socializados, seriam brinquedos reservados apenas aos ricos.

Parte IV
TEORIA LIBERTÁRIA

AS PREMISSAS BÁSICAS

··· Capítulo 36 ···

Virando a Casaca em Nome do Estado

O axioma de não-agressão é o elemento central da filosofia do libertarianismo. Simplesmente afirma que deve ser direito de todos fazer qualquer coisa, contanto que a pessoa não inicie (ou não ameace iniciar) violência contra outra pessoa ou contra a propriedade privada legitimamente pertencente a outrem. Ou seja, numa sociedade livre, a pessoa tem o direito de produzir, comprar ou vender qualquer produto ou serviço sob quaisquer termos mutuamente acordados. Assim, não haveria proibições de crimes sem vítimas, controle de preços, regulamentação governamental da economia etc.

Se o axioma da não-agressão é o tijolo de construção básico do libertarianismo, os direitos à propriedade privada com base nos princípios de apropriação (lockeanos e rothbardianos) são sua fundação. Porque, o indivíduo A puxa a carteira do indivíduo B e foge com ela, não conseguimos saber se A é o agressor e B a vítima. Pode ser que A esteja apenas reavendo a posse da própria carteira que B roubou dele ontem. No entanto, dada a correta fundamentação sobre direitos de propriedade, o axioma de não-agressão é uma ferramenta muito poderosa na guerra de ideias. A maioria das pessoas acredita, e fervorosamente, que é errado invadir a propriedade de terceiros. Quem, afinal, defende o roubo, o estupro ou o assassinato? Com isso como uma porta de entrada, os libertários são livres para aplicar

[*] Publicado em 17 de fevereiro de 2003.

o axioma em todas as ações humanas, e incluir, totalmente, os sindicatos, os impostos, e até mesmo o próprio governo.

Recentemente, o axioma da não-agressão e a teoria dos direitos de propriedade privada que lhe é subjacente, para nossa surpresa, vem recebendo ataques furiosos de comentaristas que auto-intitulam-se libertários. Consideremos duas das questões apresentadas por essas pessoas.

Primeira delas: você está de pé na varanda de um apartamento no 25º andar de um arranha-céus quando, para seu desespero, perde o equilíbrio e despenca. Felizmente, durante a queda, você consegue se agarrar a um mastro da varanda de um outro apartamento, do 15º andar, dez andares abaixo. Infelizmente, a proprietária vai para a varanda, afirma que você está protestando ao se manter pendurado no mastro de bandeira e exige que você saia dali (em outras palavras, que despenque por mais de 15 andares até a sua morte). Você protesta, dizendo que só quer descer pelo apartamento dela e sair pela porta da rua, mas ela se mantém inflexível. Como libertário, você é obrigado a obedecê-la?

Segundo cenário. Você está perdido na floresta, congelando e sem comida. Morrerá sem abrigo e alimentos. Felizmente, você encontra uma choupana aquecida e repleta de alimentos essenciais. Você pretende comer, passar a noite, deixar seu cartão de visitas e pagar o dobro de qualquer preço razoável que seria cobrado por isso. Infelizmente, a choupana tem um aviso pendurado na porta: "Atenção. Propriedade Privada. Não ultrapasse. Você voltaria docilmente para a floresta e por lá morreria?

Os que se opõem ao axioma da não-agressão dizem que você não tem a obrigação de morrer em nenhum dos dois casos, muito menos em nome dos direitos sobre a propriedade privada. Na visão deles, esses conceitos foram adotados para *promover* a vida humana e seu bem-estar, os quais geralmente o fazem e de maneira superlativa. Entretanto, nesses casos excepcionais, quando a norma da não-agressão vai contra princípios utilitaristas, ela deveria ser posta de lado. O princípio da não-agressão, para eles, é uma lei geral que, às vezes, raramente, deve ser ignorada.

Há vários problemas graves com essas críticas ao axioma da não-agressão.

1. Esses críticos não compreendem a natureza do libertarianismo. O argumento supõe implicitamente que o libertarianismo seja uma filosofia moral, um guia para o comportamento adequado, por assim dizer. Será que o sujeito pendurado no mastro deveria se soltar? O sujeito na floresta deveria se lançar à sorte? No entanto, o libertarianismo é uma teoria preocupada com o uso justificado da agressão ou da violência, baseado nos direitos de propriedade e não na moralidade. Portanto, as únicas perguntas que podem ser feitas a respeito dessa filosofia são do tipo: se o sujeito preso ao mastro tentar entrar no apartamento e o morador atirar nele alegando invasão, será que as forças da lei e da ordem deveriam punir o proprietário? Ou, se o dono da choupana na floresta criar uma armadilha, daquelas que explodem projetando chumbo grosso na cara de invasores de propriedade, seria o proprietário culpado de violar a lei? Quando apresentada dessa maneira, a resposta fica clara. O proprietário, em ambos os casos, está com a razão e o invasor está errado. Se a força for usada na proteção dos direitos de propriedade, mesmo que letal, o proprietário não é culpado de violar nenhuma lei lícita.
2. Esses exemplos tentam, propositadamente, nos colocar na mente do agente do crime de invasão de propriedade privada. Isto é, somos convidados a ter empatia pelo sujeito pendurado no mastro e com o errante a vagar pela floresta, e não pelos proprietários dos respectivos imóveis. Revertamos essa perspectiva. Suponhamos

que a proprietária do apartamento no 15º andar tenha recentemente sido vítima de um estupro, perpetrado por um membro do mesmo grupo racial ou étnico da pessoa que agora pende sobre sua varanda tentando entrar no apartamento sem o consentimento dela. Ela não poderia matá-lo, em autodefesa, antes de ele adentrarem suas instalações? Ou, suponhamos que o dono da cabana na floresta tenha sido vítima de vários arrombamentos nos últimos meses e finalmente decidiu fazer algo para proteger a sua propriedade. Ou, suponhamos que o proprietário veja sua choupana como o seu próprio porto-seguro contra o frio e adversidades em geral. Sendo assim, não poderia ele mesmo tomar medidas para salvaguardar a sua propriedade? Fazer tais perguntas já é respondê-las, pelo menos para o libertário consistente.

3. As críticas à teoria libertária dos direitos de propriedade baseiam os pontos de vista na filosofia das emergências. O axioma de não-agressão vem muito bem a calhar em circunstâncias normais, mas quando há situações de vida ou morte, tudo muda. No entanto, o problema de violar a lei libertária em casos especiais é que essas ocorrências são mais comuns do que se pode supor. Neste exato momento, existem inúmeras pessoas morrendo de fome nas partes mais pobres do mundo. Algumas delas sofrem de doenças que podem ser curadas de forma barata, como por exemplo, pela penicilina. Todos nós já vimos anúncios colocados por agências humanitárias: "Aqui está a pequena Maria. Você pode salvá-la e todos em sua aldeia nos enviando uma modesta quantia de dinheiro todo mês".

A grande verdade é que, muitos dos pseudo-libertários que atacaram o axioma da não-agressão baseados nessa premissa emergencial moram em casas de classe média ou alta; dirigem carros do ano; comem bem; possuem joias e mandam os filhos para escolas particulares. Se eles realmente acreditassem nas próprias críticas, nada disso seria assim. Se o dono da choupana e a proprietária do apartamento devem abrir mãos dos direitos sobre suas respectivas propriedades privadas para, assim, salvar a vida do andarilho e do sujeito pendurado no mastro da bandeira, então *eles* próprios deveriam abdicar de suas confortáveis vidas de classe média em nome daqueles doentes e famintos do mundo que seriam facilmente curados. O fato de eles ainda não terem feito isso mostra que não levam os próprios argumentos a sério.

A inferência lógica dos seus discursos assistencialistas coercivos é bem pior do que meramente ser obrigados a dar alguns poucos dólares ao mês para uma agência de auxílio humanitário. Suponhamos que façam isso. Seus padrões de vida *ainda* serão infinitamente melhores do que aqueles à beira da morte diante de situações precárias. Não, enquanto esses "libertários" relativamente ricos tiverem dinheiro o suficiente para mantê-los longe da miséria e da morte, a lógica dos seus argumentos os obriga a dar aos pobres cada centavo que possuem para aliviar a situação dos desvalidos.

··· Capítulo 37 ···

O Axioma Libertário e Jonah Goldberg, Neo-Conservador

A base do libertarianismo é o axioma da não-agressão. Afirma que é ilícito iniciar ou ameaçar violência invasiva contra um homem ou contra a propriedade legitimamente adquirida. Murray Rothbard caracterizou isso como o libertarianismo vertical: siga esse único princípio e você será capaz de inferir a posição libertária sobre todas as questões, sem exceção.

Antes de considerarmos a mais recente crítica de Jonah Goldberg sobre essa filosofia (salvar à força um amigo de cometer suicídio), consideremos, talvez, uma situação hipotética ainda mais difícil.

Você está no caminho de uma pedra enorme que vem rolando, completamente alheio a essa sina. Em um segundo, a maciça rocha lhe acertará e você morrerá. (Estipulemos a verdade dessa suposição). No entanto, em vez disso, eu o empurro, tirando-o do caminho da pedra. O único problema é que, como resultado, apesar de ter salvado a sua vida, também acabo quebrando o seu braço.

Ora, se você for uma pessoa razoável, ficará grato. Ao contrário, você insiste em levar a lei libertária ao pé da letra e me processa pela fratura que sofreu.

Afinal, iniciei realmente um ato violento contra a sua pessoa, e que resultou em um prejuízo. Se isso não for agressão, você argumentaria, então, nada o é. Como um juiz libertário julgaria o caso?

---

* Publicado em 10 de setembro de 2001.

Uma possibilidade seria me absolverem da acusação. Isso poderia ser feito pela análise dos dois fatos; a vida sendo salva e o braço quebrado. Decidindo que a vida é muito mais importante do que o braço. Tanto é assim que um deveria na realidade ser "subtraído" do outro, e já que o resultado seria "positivo" (contribui mais para a sua vida ao salvá-lo do que custou ferir o braço), sairia dessa livre de penalidades. O ponto aqui é que não cometi dois atos, mas apenas um: salvar-sua-vida-e-feri-lo-no-processo, e que essa complexa ação única não é de iniciação de violência.

A dificuldade com essa linha de raciocínio é poder ter atrapalhado uma tentativa de suicídio. Você acreditava que estar morto seria muito melhor do que estar vivo, mas debilitado. Podemos supor que você queria acabar com sua vida por causa do mau funcionamento do corpo, como um braço quebrado, e agora eu piorei a sua vida em vez de melhorá-la.

Outro problema é que esses são realmente dois atos separados. Por certo, é provável que eu tivesse conseguido empurrá-lo para longe da morte sem ter quebrado o seu braço. Chamar isso de dois atos separados é falsificar a verdade: isso seria feito apenas para chegar ao resultado do senso comum que todos presumidamente queremos: inocentar-me de ter causado lesões corporais.

Não, o único julgamento libertário cabível é que sou, de fato, culpado de ter-lhe causado lesões corporais. Meus motivos podem ter sido exemplares, mas meu ato, a rigor, violou os seus direitos de propriedade. Poderia sofrer uma pena reduzida, dadas as circunstâncias atenuantes, mas sou culpado.

Feita essa introdução, estou pronto para discutir os ataques de Jonah Goldberg ao libertarianismo. Antes de fazê-lo, deixe-me dizer algo positivo: pelo menos ele não confunde as coisas alegando ser um libertário. Não, hasteia a bandeira do conservadorismo (ou republicanismo; não vejo muita diferença, apesar de ele dizer que há), um exemplo de acuidade e decência de sua parte. Muito diferente de Milton Friedman, uma pessoa que, de fato, diz ser adepto dessa filosofia libertária, mas que usa precisamente os mesmos argumentos de Goldberg para tentar enfraquecer o axioma de não-agressão.

Imaginemos uma mulher bêbada A, parada na beirada de uma ponte, pronta para saltar. B, um amigo dela, agarra-a à força e a salva do suicídio. De acordo com a nossa análise, B é culpado de agressão e mesmo de sequestro (breve, mas mesmo assim, um sequestro), já que após o ato de salvar-lhe a vida, B impede que A cometa tentativas futuras de se machucar até que ela se recomponha. Mas e aí? Suponhamos que quando ela acorde na manhã seguinte, sóbria, A ainda deseje se matar. De acordo com a lógica do argumento no mundo de Goldberg (e de Milton Friedman), B poderá para o resto da vida impedi-la de fazer isso. De acordo com Goldberg, essa atitude equivale ao papel do Estado. Afinal de contas, se é justificável o uso de violência contra uma pessoa para salvar-lhe a vida, e isso funciona no curto prazo, por que não funcionaria no longo prazo? Quando a vida é colocada no cerne de uma filosofia política, não o axioma de não-agressão, tudo isso deriva das leis da lógica.

Podemos inferir outra coisa também. Goldberg é, na verdade, um paternalista. O consumo de álcool, o uso de substâncias que causam dependência e de tabaco são todos métodos lentos de suicídio. Andar de motocicleta sem capacete ou dirigir um carro sem cinto de segurança, saltar de asa delta, montar em touros, jogar futebol americano e boxe também são meios de colocar a vida em risco. Existe uma linha contínua no paternalismo de Goldberg na "direita", disposto a utilizar a agressão iniciatória contra pessoas inocentes visando propósitos positivos muito limitados, e no do típico esquerdista disposto a fazer exatamente a mesma coisa em uma escala mais ampla. Apenas o libertário permanece firme e é definitivamente a favor do axioma da não-agressão.

Se você realmente acha que salvar a vida de seu amigo é importante porque o desejo pelo suicídio é apenas temporário, então deveria se dispor a pagar um preço relativamente baixo, caso esse amigo lhe processe por agressão ou sequestro. O problema com a variação Goldberg[42] (perdão, não pude resistir) é querer algo gratuito: iniciar violência contra uma pessoa inocente sem risco algum de por isso receber uma punição.

Boa tentativa, sr. Goldberg. Entretanto, se isso é o melhor que consegue fazer, deveria considerar renunciar aos seus pontos de vista e se tornar um libertário.

[42] As "Variações Goldberg" (BWV 988) são um conjunto de variações para o cravo compostas por Johann Sebastian Bach. (N. do E.)

··· Capítulo 38 ···

Conservadorismo Compassivo

O presidente Bush observa acertadamente que o governo tem sido um fracasso em termos de aliviar a pobreza. Os burocratas têm jogado (o nosso) dinheiro para a resolução do problema durante quase todo o século passado – desenfreadamente desde os anos de 1960 – e os problemas, em vez de melhorarem, pioraram. Nosso presidente vê de forma bem perspicaz que as instituições de caridade religiosas privadas têm tido um impacto muito mais salutar, até porque são realizadas de modo voluntário e caso não obtenham sucesso, as verbas tendem a se esgotar. Isso contrasta fortemente com a burocracia do assistencialismo, em que as catástrofes contínuas exigem orçamentos cada vez maiores. Jay Leno e sua laia comuna podem debochar da inteligência de Bush, mas, nesse quesito, ficam a quilômetros de distância dele em termos de estima pela iniciativa privada, em contraste com iniciativas públicas.

Por que, especificamente, as instituições de caridade privadas são superiores às suas contrapartes públicas no combate e no alívio da pobreza? Isso se dá porque as primeiras, e não as últimas, insistem para que os pobres não permaneçam passivos, mas sim para que realizem esforços por si mesmos. Muitas vezes são convocados para, pessoalmente ou por carta, agradecerem a doadores específicos, encarregados da manutenção da ajuda, não havendo "direitos sociais" nesse setor da economia. Quando os destinatários das doações percebem que criaturas de pele e osso, assim como eles, são a fonte do auxílio, tendem a apreciar mais o feito. Então, igrejas e sinagogas também tratam do problema – espiritual, religioso, mo-

* Publicado em 4 de setembro de 2001.

ral e também do econômico – e não apenas desse último, como faz o chamado departamento de "bem-estar" social.

Disso, a presente administração tira a não-tão-irracional conclusão de que em vez de continuar permitindo que assistentes sociais credenciados empregados pelo governo despejem dinheiro na pobreza e no combate à falta de moradia, esses fundos devem ser enviados para o setor privado de assistência. É uma espécie de privatização de uma função pública, ou uma "subcontratação", que muitos defensores moderados da livre iniciativa aprovaram no passado (tais como licenças negociáveis de emissão de poluentes, *vouchers* escolares, cadeias privadas etc.). A fim de evitar qualquer eventual questionamento acerca de uma sobreposição Igreja/Estado, o plano prevê somente o financiamento de refeições e alojamento e não de livros de oração etc.

Brados de indignação são lançados contra esse plano conservador compassivo, muitas das reclamações vindas dos que se autoproclamam libertários. Os argumentos deles, assim como os de Bush, possuem um verniz de bom senso. Afirmam que a principal razão para o sucesso de empreendimentos privados é o caráter voluntário; dar receitas públicas para a igreja acabaria sendo prejudicial. Outro obstáculo é o raciocínio "quem paga as despesas dá o tom": com dinheiro do governo vem a supervisão do governo e assim voltamos à estaca zero; as instituições do setor privado começarão a assemelhar-se em muito às contrapartes públicas, nos defeitos e em tudo o mais. Por exemplo, o Exército da Salvação, que aceitou financiamento governamental para ajudá-los nas missões, acaba de receber uma lista de 25 páginas cheia de requisitos, exigindo, dentre muitas outras coisas, que os cardápios passem pelo crivo de um membro registrado da *American Dietetic Association*, e que todos os funcionários façam um curso de como agir diante de situações de reclamação e denúncia.

Não podemos negar que também há um pouco de verdade nessa acusação. É indiscutível que o Estado envenena tudo que toca, e a caridade privada certamente não é exceção à regra.

No entanto, atrevo-me a sugerir, isso está muitíssimo distante do que deveria ser a preocupação libertária. Não estamos diretamente preocupados com a solução da pobreza, ou da falta de moradia. Certamente, isso vem como *resultado* da implementação do nosso programa, mas não deve ser confundido *com* ele. Os libertários, claro, não se opõem a aumentar a riqueza dos pobres (e de todos os outros seres humanos), mas isso não é exatamente a essência dessa filosofia. Muito pelo contrário, o libertarianismo vertical consiste em nada mais do que a insistência para que todas as interações ocorram de maneira voluntária; que *ninguém* seja forçado a fazer nada, a não ser manter os narizes longe dos assuntos das outras pessoas e das propriedades legitimamente adquiridas. (Libertários que apoiam um governo limitado, ou minarquistas, abririam uma exceção aos tribunais, ao exército e à polícia, mas certamente não ao Estado de Bem-Estar Social).

Vamos, então, em vez de nos fazer confundir com conservadores, lembrar-nos de nossa própria filosofia e usá-la para analisar a "compaixão" de George Bush. Isto é, sentemo-nos, relaxemos e olhemos novamente para esse plano a partir de uma perspectiva essencialmente libertária.

Temos aqui o presidente Bush, um homem que é, na realidade, um ladrão, e seus lacaios que roubaram enormes somas de dinheiro de uma população incauta (por exemplo, quaisquer impostos para os anarco-libertários e, para os minarquistas, fundos fiscais usados para qualquer coisa diferente de exércitos, tribunais e polícia). Libertários, especialmente os "caridosos", não podem culpar o homem como culpam o sistema. Afinal, George W. Bush está no cargo há apenas seis meses; em breve pode acabar completamente com essa perniciosa prática. No entanto, aqui está (esqueçamos um pouco sobre os antecedentes por agora), se oferecendo para devolver aos indivíduos privados vastas quantidades de dinheiro que, para início de conversa, sequer pertenciam a ele. Como devemos responder a essa ação?

Digo, imbuído do espírito daquele "grande santo" Ragnar Danneskjöld, que devemos nos regozijar. Isso tira dessa personagem fictícia a responsabilidade de fazer o que fez no romance de Rand, *A Revolta de Atlas*. Não há necessidade de confiscar nenhum dinheiro governamental; ele nos está sendo oferecido gratuitamente!

Agora, é claro, seria muito melhor se esse dinheiro fosse devolvido para os legítimos proprietários; uma minúscula parte dele foi extorquido de igrejas e de outras organizações de caridade. E se da noite para o dia, as organizações de caridade virassem libertárias, poderiam muito bem devolver as verbas para os resignados contribuintes dos quais foram confiscadas. Mas não seria certamente melhor que as igrejas ficassem com o dinheiro em vez de ele permanecer nas mãos dos que agora o controlam ilegitimamente?

Suponhamos que, de repente, os *Crips*, os *Bloods*, a Máfia, a Cosa Nostra ou qualquer outra gangue fizessem um anúncio: eis aqui vários milhões de dólares que daremos agora para o Exército da Salvação. As *Sally Anns*[43] poderiam se recusar a aceitá-los por ser dinheiro sujo. Mas porque é que o dinheiro do governo seria mais limpo? Na verdade, o dinheiro das gangues é mais honesto, já que estes *gangsters*, depois de nos roubar, conforme nos lembra Spooner, não têm a ousadia de se manterem por perto posando como nossos salvadores.

Agora, não há, obviamente, obrigação nenhuma por parte do Exército da Salvação em aceitar esse dinheiro. Minha alegação, entretanto, assim como quando o Partido Libertário aventou a possibilidade de aceitar uma contrapartida governamental de fundos eleitorais, é a de que essa é uma questão pragmática, não de princípios. Não há princípio libertário que se oponha à transferência de fundos vindos de quem os roubou para aqueles que não o fizeram (tal como o Partido Libertário ou o Exército da Salvação).

---

[43] O Exército de Salvação, conhecido também por sua rede de brechós ou lojas de caridade, coloquialmente conhecidas como "Sally Ann" no Canadá e como "Salvo Stores" na Austrália, que arrecadam dinheiro para seus programas de reabilitação com a venda de artigos usados doados, tais como roupas, utensílios domésticos e brinquedos. (N. do T.)

Não é como se o presidente Bush estivesse ofertando grandes somas de dinheiro para os "suspeitos habituais" da comunidade empresarial, que ajudam e estimulam ativamente a estrutura de poder em suas depredações estatistas. Nem as instituições de caridade voluntárias nem o Partido Libertário são parte da classe dominante; por exemplo, aquelas instituições de dentro e de fora do governo que são responsáveis pela nossa atual situação político-econômica.

Libertários conservadores se opõem ao programa de "conservadorismo compassivo" de Bush, justificando que não aliviará a pobreza e que, ao contrário, na verdade subornará as instituições de caridade privadas que até agora têm sido parte da solução e não parte do problema. Mas é uma violação direta dos princípios libertários se opor ao despejo de verbas vindas do governo no setor privado! Devemos adotar nossa própria voz libertária ímpar na análise das questões do dia, e não entrar em sintonia com os moderados pseudo-amigos da liberdade.

··· Capítulo 39 ···

As Ideias Guiam para o Bem ou para o Mal: A Importância da Ideologia

Quando era jovem e tolo (as duas coisas não andam necessariamente juntas), costumava acreditar que a racionalidade, o bom senso e o pragmatismo superariam a ideologia. Isto é, achava que quando a situação ficasse crítica e evidente que os nossos sistemas econômico ou político não estavam funcionando, quando as pessoas realmente começassem a morrer em consequência deles, que isso tudo favoreceria algo que poderia realmente funcionar e, assim, salvar vidas.

1. Meu primeiro despertar brutal desta ingênua e complacente visão foi em relação à ideologia do socialismo-comunismo. O sistema econômico da URSS matou milhões de pessoas – isso sem contar os outros milhões de assassinatos perpetrados em nome da revolução proletária – e ainda assim permitiram-no persistir por cerca de sete décadas. Poderíamos, talvez, ignorar essa ocorrência, pelo fato de que essas pessoas eram todas estrangeiras e as regras comuns de comportamento humano racional não se aplicam a elas, mas o fato é que também havia uma legião de simpatizantes comunistas aplaudindo-os daqui do bom e velho Estados Unidos da América, com sotaques tão americanos quanto a torta de maçã.

2. A segunda ideologia envolveu a AIDS – Cruz Vermelha – e o episódio das transfusões de sangue. Bem, no começo desse desastre, a Cruz vermelha não apenas falhou em rejeitar as doações de sangue vindas de homossexuais homens, mas também recusou separar tais doações para testá-las de forma especial. Isso seria um insulto para a comunidade *gay*.

[*] Publicado em 7 de junho de 2002.

No entanto, tamanho era o prestígio dessa organização que foram capazes de continuar funcionando, apesar de terem matado desta forma milhares de hemofílicos e outros recebedores do sangue contaminado. (Desde então, resolvi nunca mais apoiar financeiramente a Cruz Vermelha, mesmo que indiretamente, como quando aparecem atrelados a grupos como a United Way).

Aqui, novamente, a ideologia triunfou sobre a racionalidade, a moralidade e o bom senso. Gays, afinal, são "bons"; pelo menos é um pecado e crime mortal fazer qualquer coisa que possa insultá-los de alguma maneira, e eles se insultam facilmente. Isso se aplica mesmo quando vidas reais não só estão em jogo, mas também quando já foram perdidas.

Um terceiro episódio que afetou meu raciocínio tem origem recente. Em 11 de setembro de 2001, dia que viverá para sempre na infâmia, quando dezenove homens, quinze deles sauditas com idades entre 25-40 anos, mataram cerca de três mil civis inocentes. Esse horrendo evento suscitou várias outras ideologias que se mantêm operacionais.

3. Uma dessas novas ideologias é a absolutamente perniciosa caracterização de perfil racial. Dado que esses assassinos sequestraram aviões comerciais, é natural que fiscalizemos melhor homens da Arábia Saudita de vinte a quarenta anos na tentativa de evitar a repetição da tragédia. Tem sido esse o caso? Não. Ao contrário, uma vez que, de fato, mais esforços para monitorar passageiros tenham sido realizados, nenhum deles tem como foco esse recorte de idade-gênero-étnico específico. Na verdade, vem acontecendo o contrário. Isto é, esforços vêm se realizando não apenas para revista de outros grupos – tais como idosas negras, crianças caucasianas, orientais – mas também *reduziram* a fiscalização sobre exatamente o tipo de gente responsável pelos eventos de 11 de setembro de 2001.

E, diga-me, por que isso? Entretanto, eis que outra ideologia ergue a cabeça horrorosa. Jamais devemos nos envolver com discriminação racial (ou étnica ou de gênero), para que não ofendamos outros grupos da sociedade, principalmente, nesse caso, os jovens negros do sexo masculino e aqueles que apoiam os "direitos" deles de não serem apontados pela polícia como suspeitos de comportamento criminal. Sejamos claros aqui. A polícia nunca esteve envolvida em discriminação racial contra os negros. Se tivessem feito isso, agiriam de forma igual contra os idosos negros, crianças, garotas adolescentes, deficientes etc. Em vez disso, a polícia foca a atenção quase que totalmente nos negros do sexo masculino, jovens e adolescentes. Por quê? Isso é algum tipo de racismo limitado? De jeito nenhum. Pelo contrário, esse é precisamente o grupo sexual, etário e racial desproporcionalmente mais frequente nas estatísticas da criminalidade. Desse modo, são traçados perfis criminais, mas não perfis raciais em absoluto.

E, no entanto, por causa das sensibilidades ideológicas, temos nos mostrado como um país disposto a assumir riscos extras de repetir a catástrofe do World Trade Center, apenas para não sermos vistos como desrespeitadores raciais. Que vergonha.

4. Próximo, o controle de armas. Os autores dos atentados de 11 de setembro de 2001 conseguiram realizar seus crimes armados com nada além de um estilete. (Havia também o fato de que, anteriormente, sequestradores de aviões não eram suicidas, então os pilotos foram orientados a colaborar, a fim de salvar vidas). Bem, há uma maneira de evitar futuras ocorrências assim: armem, se não todos os passageiros, pelo menos os pilotos e a tripulação. Não haverá mais colisões com edifícios e nem a necessidade de, no futuro, abater hipoteticamente um avião de passageiros por isso. Em qualquer mundo racional preocupado em evitar uma repetição do 11 de setembro aconteceria exatamente isso. Mas nosso país, infelizmente, está assolado por ideologias destrutivas. Fervorosas súplicas vindas das associações de pilotos com esse pedido, assinadas por literalmente dezenas de milhares deles, passaram pelos ouvidos surdos do Departamento de Transporte. Em vez disso, contentam-se em buscas meticulosas

atrás de estiletes, cortadores e lixas de unha; isso me faz lembrar da Linha Maginot[44].

De acordo com a ideologia que prevalece hoje entre nossos mestres, devemos confiar nossas próprias vidas às habilidades de pouso e decolagem dos pilotos, mas nós que não nos atrevamos a confiar neles para voarem armados, mesmo quando especificamente qualificados para tal, como a última defesa contra os malfeitores. E isso tudo apesar dos grandes esforços de John Lott e de outros pesquisadores que têm mostrado que a legalização de armas salva vidas.

5. Agora reflitamos sobre a Arábia Saudita, de onde emanam a maioria dos terroristas. É muitíssimo aceitável caçar e punir os autores dos eventos de 11 de setembro no Afeganistão, se é que estão escondidos lá. Entretanto, os negócios com a Arábia Saudita seguem inalterados? Nem mesmo uma nota diplomática de protesto com palavras fortes? Não só os monstros vindos daquele país vêm nos saudar, mas o mesmo se aplica a Osama bin Laden, o cérebro arquicriminoso. Em vez disso, o presidente Bush estende o tapete de boas-vindas para o chefe dessa nação em seu rancho no Texas.

Por quê? É difícil abandonar a hipótese de que os Estados Unidos são dependentes do petróleo vindo daquele canto do mundo. Mas se a nossa compra desse recurso financiar, mesmo que indiretamente, o terrorismo, por que não procuramos por fontes alternativas de energia, por exemplo, em nosso próprio país, como no Alasca?

Retiremos nossas tropas da Arábia Saudita, na verdade, de toda a região e paremos com a ajuda externa e outras intromissões, dentre elas as sanções assassinas sobre o Iraque. Não somos capazes de resolver proble-

---

[44] A Linha Maginot (em francês: *ligne Maginot*) foi uma linha de fortificações e de defesa construída pela França ao longo de suas fronteiras com a Alemanha e a Itália após a Primeira Guerra Mundial, mais precisamente entre 1930 e 1936. A linha Maginot não evitou a derrota da França no início da Segunda Guerra Mundial, em 1940, visto que as divisões alemãs contornaram-na, atacando a região de Sedan, além da extremidade oeste. (N. do T.)

mas históricos de ódio, mas podemos seguir o exemplo da Suíça e cuidar e não nos metermos nos assuntos alheios. Assim, podemos até, talvez, evitar futuros ataques terroristas.

6. A dificuldade da prospecçãode petróleo no Alasca se deve ao poder de uma outra ideologia poderosa, a esquerda ambientalista. Parece que as águias, as corujas manchadas, os peixes da espécie *Percina tanasi* e vários tipos de salamandras e sapos não apenas são mais importantes do que o bem-estar humano, mas isso se aplica também à terra em si. Assunto em questão: a natureza intocada do deserto do Alasca, acrescida, talvez, do incômodo a alguns dos nossos irmãos silvestres, como os caribus. Falemos de uma vez por todas, em claro e bom tom: os direitos de propriedade privada não são inimigos de um meio-ambiente limpo e seguro. Na verdade, o caso é o oposto. Ambientalismo de livre mercado não é um oximoro. Basta perguntar aos ambientalistas do outro lado da cortina de ferro sobre como os governos socialistas tratam a terra, o ar e água. Enquanto os direitos de propriedade privada derem o direito de processar os invasores, como por exemplo, os autores de deslizamentos de terra criminosos, derramamento de óleo, poluidores do ar etc., esse sistema é a última esperança para um sistema ecológico saudável.

7. Mas esse não é o final da nossa lista de ideologias perniciosas. O que falar do muito alardeado Serviço de Imigração e Naturalização, que meio ano depois da tragédia ainda continuava a conceder vistos para terroristas que já haviam cometido suicídio? Será que esse serviço parou de lucrar e foi obrigado a declarar falência? Não. Será que essa burocracia teve as asinhas cortadas administrativamente? O orçamento foi cortado? Foi suplantado por uma agência governamental mais eficiente, com maior capacidade de filtrar os pedidos de imigração e impedir que terroristas chegassem às nossas fronteiras? Fazer tais perguntas já é respondê-las.

8. E isso sem falar do FBI (Federal Bureau of Investigation). O fracasso do FBI em proteger o público americano foi horrendo. Até hoje vêm à

luz registros indicando que agentes de nível mais baixo dessa organização de "inteligência" souberam com antecedência de um iminente ataque ao World Trade Center. No entanto, o aparato organizacional era tão inepto que nada puderam fazer com essa informação em mãos. Porém, o prestígio popular, ou melhor, o prestígio elevado que o FBI tem é tamanho que nenhuma sanção lhe foi aplicada depois de sua abominável falha. Na verdade, não é exagero dizer que a reputação do FBI permanece imaculada depois do 11 de setembro.

9. Pior, muito pior, é a estatolatria (adoração ao governo, para os não iniciados), que tem profundas raízes na sociedade. Para as vítimas dessa ideologia em particular, o governo simplesmente não pode fazer o mal. Ou, se o fizer, então o lema do povo será: "É o meu país, certo ou errado".

Consideremos os fatos. Durante anos, o governo dos Estados Unidos tem metido o nariz em ninhos de vespas por todo o mundo. O Estado norte-americano tem um exército permanente no exterior, o que nega a própria constituição. Também não permite que esses homens armados fiquem dentro das próprias fronteiras. Muito pelo contrário, estaciona-os no exterior, nos mares e no território de nações estrangeiras. Temos mais soldados no exterior do que de todos os outros países somados (e a maioria deles, por exemplo, os do Reino Unido, estão lá a mando do tio Sam).

Infelizmente, o governo dos Estados Unidos não seguiu o conselho dado por George Washington para evitar fazer alianças intrincadas no "Discurso de Despedida". Rejeitamos o ditado do presidente Adams nos recomendando desejar a liberdade para todas as nações, mas lutar apenas pela nossa.

Finalmente, finalmente, alguns dos marimbondos estrangeiros que já cutucamos no passado, revidaram e nos picaram violentamente de volta. Será que o público norte-americano culpa o governo pela intromissão inconstitucional nos afazeres dos outros? Nem um pouco. Os índices de aprovação de George Bush decolaram como foguetes. Uma onda de "patriotismo" varre o país. Mas esse não é o patriotismo que condiz com um país livre, que cuida da própria vida, que se limita a uma postura defensiva nos assuntos internacionais. Esse é o ufanismo de um verdadeiro império. Encaremos a realidade. Tivesse qualquer *outro* país agido como fizemos em assuntos internacionais, digamos, uma triunfante Alemanha nazista, ou uma China super belicosa (esse, *sim,* um belo oximoro), ou uma antiga URSS revigorada e má, a única com um enorme número de tropas estacionadas no exterior, e as pessoas neste país saberiam muito bem como rotular com precisão tal entidade: um Império e não uma República. De acordo com a famosa tira do Charlie Brown, "encontramos o inimigo, e somos nós". Os Estados Unidos se tornaram o Darth Vader da Terra. É nosso país que agora está fora de controle. Sim, os autores do atentado de 11 de setembro eram terroristas, já que tinham como alvo civis inocentes, mas dificilmente são os primeiros a perpetrar tamanho ato hediondo.

Vamos esperar e rezar por um retorno dos Estados Unidos à sanidade mental no cenário mundial. Mas para isso acontecer, devemos renunciar às ideologias perniciosas do socialismo ao comunismo, à obediência ao homossexualismo, à oposição aos perfis raciais, ao controle das armas, à alegação de que a Arábia Saudita não é um Estado "não-confiável", à esquerda ambientalista, ao Serviço de Imigração e Naturalização, ao FBI e, sobretudo, renunciar à noção de que os Estados Unidos, o primeiro dos Impérios modernos "perniciosos", na verdade seja uma vítima completamente inocente da opressão.

De acordo com aquele velho ditado, o motivo pelo qual as disputas entre o professorado na academia são tão ácidas é porque que há muito pouco em jogo. Entretanto, se nossa análise estiver correta, isso está muito longe de ser verdade, visto que o corpo docente nas universidades incute suas cobranças com ideologias e não há praticamente nada mais importante para o futuro da raça humana. Professores são responsáveis por nada menos do que o desenvolvimento ideológico de toda uma próxima geração de líderes e acadêmicos.

··· Capítulo 40 ···

Sexo, Drogas & *Rock'n'Roll*, e Libertarianismo

Susan Lee, membro do conselho editorial do *Wall Street Journal*, escreveu um interessante ensaio intitulado "Sexo, Drogas e *Rock 'n' Roll*". Seu objetivo era fazer uma distinção entre os libertários e os conservadores. E isso é uma coisa boa, creio.

Se esse ensaio tivesse sido escrito por um de meus alunos, daria um B-. Mostra certa familiaridade com os conceitos envolvidos, mas perde muitas nuances importantes e caracteriza incorretamente alguns pontos básicos. Isso é decepcionante, já poderíamos esperar uma reportagem política melhor vinda de tal fonte.

Vamos começar com alguns dos pontos positivos. Em primeiro lugar, a escolha do tema. Para todos os demais comentaristas político-econômicos, a única distinção digna de ser feita é a entre liberais e conservadores, ou Demopublicanos e Republicanocratas. Para um periódico afamado como o *Wall Street Journal* ter reconhecido o libertarianismo como uma filosofia diferente já é uma grande virtude.

Em segundo lugar, a articulista começa com veemência: "O libertarianismo é a própria simplicidade. Procede de um único e belíssimo conceito do primado da liberdade individual que, por sua vez, infunde noções de livre mercado, governo limitado e da importância dos direitos de propriedade". Bem exposto. Na verdade, seria difícil melhorar essa descrição.

Mas então, os problemas começam.

---

* Publicado em 21 de agosto de 2004.

A seguir, ofereço meus comentários críticos, intercalados com o texto dela. Ou seja, o que aparece abaixo está em seu artigo, em impressão regular e meus comentários em itálico.

....

SEXO, DROGAS & *ROCK 'N' ROLL*
LIBERTÁRIOS SE DIVERTEM MAIS – E FAZEM MAIS SENTIDO

Por Susan Lee

> Em algum momento deste mês o Congresso votará sobre a possibilidade de proibir a clonagem, tanto a humana quanto a terapêutica. Os conservadores querem uma proibição total e os liberais só almejam impedir a clonagem humana. O que mais falta no debate, entretanto, é a posição libertária. E isso é uma vergonha. Um pouco de pensamento libertário descongestionaria os seios-paranasais dos políticos.
>
> O libertarianismo é a própria simplicidade. Procede de um único e belíssimo conceito do primado da liberdade individual que, por sua vez, infunde noções de livre mercado, governo limitado e da importância dos direitos de propriedade. Em termos de políticas públicas, tais noções se traduzem em livre comércio, imigração livre, serviço militar voluntário e taxas de uso no lugar de impostos. Às vezes, essas políticas são defendidas de uma maneira completamente imperdoável, portanto, não é fácil separar lunáticos de libertários. Mas é facílimo diferenciar os libertários dos conservadores.

"Livre comércio"? Sim, mil vezes sim. Mas "imigração livre" é uma questão altamente controversa entre os libertários. O prestigioso Journal of Libertarian Studies *dedicou uma edição inteira a esse assunto, mostrando opiniões vindas de todos os lados sobre o debate. Talvez o argumento mais forte contra a abertura das fronteiras possa ser encontrado no livro* Democracia: O Deus que Falhou, *de Hans-Hermann Hoppe; também no livro de Peter Brimelow,* Alien Nation: Common Sense about America's Immigration Disaster. *Para um ponto de vista diametralmente oposto a esses, leiam* Is There a Right to Immigration? A Libertarian Perspective, *de Walter Block e Gene Callahan.*

Enquanto o serviço militar voluntário soa muito melhor entre os libertários do que o recrutamento convencional, aqui também há complexidades. Suponhamos que atrair soldados mediante bons salários de mercado, em vez de recrutá-los, permita que uma nação imperialista trave uma guerra de modo ainda mais eficaz. Portanto, não é muito claro que a primeira seja preferível. (Leiam sobre isso no meu livro Against The Volunteer Military*).*

E o que o libertário deve entender por "taxas de uso no lugar de impostos"? Ambos emanam de um governo que, presumivelmente, opera fora de suas adequadas e muito limitadas funções. Por que os cidadãos já sobrecarregados devem ser forçados a pagar taxas de uso ao governo para utilizar parques, estradas, túneis, pontes, bibliotecas e museus quando estes são, em primeiro lugar, papéis indevidos que o Estado exerce? Em vez de pagar taxas de utilização, essas instituições deveriam ser privatizadas.

Também não podemos ignorar o trecho "Às vezes, essas políticas são defendidas de uma maneira completamente imperdoável, portanto não é fácil separar lunáticos d*e libertários". Quem é "imperdoável"? Quem são os "lunáticos"? Percebe-se que ela fala dos libertários dos quais discorda, mas isso simplesmente não é bom o suficiente. Como digo aos meus alunos, se você quiser criticar alguém, muito bem, faça-o. Tenha a cortesia de citá-los e, em seguida, argumente contra a postura deles. No entanto, esse tipo de coisa é apenas xingamento; não promove um pingo de diálogo intelectual.*

Lendo nas entrelinhas, percebe-se que o alvo da jornalista são os anarco-capitalistas ou anarquistas libertários. Essas pessoas acreditam (verdadeiro momento de confissão: sou um deles) que o governo que governa melhor não apenas governa menos, mas não governa nada. Que o "um único e belíssimo conceito do primado da liberdade individual" *leva logicamente, e inexoravelmente,* à inexistência do *Estado. Nesses casos, mesmo os limitados afazeres atribuídos ao Estado pelos libertários minarquistas seriam assumidos pelo mercado. Isso inclui exércitos para defesa contra os agressores estrangeiros, polícia para nos proteger de malfeitores domésticos e tribunais para determinar culpa ou inocência.*

Para começar, embora esses dois grupos apertem as mãos concordando sobre a importância do livre mercado, nem todos os dedos se tocam.

Para os conservadores, o livre mercado tem força apenas como uma construção econômica – e, mesmo assim, é muitas vezes reduzida a uma queixa automática contra os altos impostos. Para os libertários, por outro lado, o modelo do livre mercado funciona como um padrão para todas as coisas. O mercado não apenas opera como um processo contínuo para a triagem de ideias e produtos concorrentes entre si, mas também permite que cada indivíduo se expresse livremente. O último é simplesmente consequência da função do mercado de testar preferências individuais. É necessário que algumas ideias triunfem e outras não.

Aqui nossa autora vai muito bem; nota A para esse parágrafo. Adesão dos conservadores aos princípios de livre mercado é de fato muito superficial. Estive presente na convenção anual da Young Americans for Freedom, realizada em St. Louis, em 1969 (Murray N. Rothbard, "Ouça, YAF"). Esse foi o ponto em que um enorme número de libertários despediu-se desse grupo de jovens conservadores e começou a montar as próprias instituições. Um destaque do evento foi a queima, realizada por libertários, de uma carta de recrutamento do Exército, o que causou chilique nos jovens conservadores. Outro destaque foi a provocação dos conservadores contra os libertários: "fadas preguiçosas". Para os não-iniciados, essa foi uma zombaria que teve como alvo o capitalismo laissez-faire[45].

No entanto, a única característica diferenciadora entre conservadores e libertários talvez seja os libertários se preocuparem com os direitos e responsabilidades individuais sobrepondo-se aos do governo – aos direitos e responsabilidades comunitárias. Consideremos como os conservadores e os libertários se dividem acerca de questões culturais ou de política social. Os libertários não ficam confortáveis diante de questões normativas. Acreditam em um princípio moral do qual derivam todas as preferências; esse princípio é o da auto-propriedade – os indivíduos têm o direito de controlar os próprios corpos, em ação e/ou discurso, desde que não infrinjam os mesmos direitos dos outros. O único papel do governo é o de

[45] Em inglês a pronúncia de "*Lazy Faires*" (fadas preguiçosas) parece com a pronúncia da expressão francesa *laissez-faire*. (N. do E.)

ajudar as pessoas a se defenderem contra a força ou a fraude. Os libertários não se preocupam com questões de "melhor conduta" em questões sociais ou culturais.

Aqui ela chegou perto, mas, novamente, sem celebrações. Não é que os libertários não fiquem "confortáveis" diante de questões normativas com relação à moralidade de certas ações, mas sim que não têm opinião alguma sobre essas questões, uma vez que a sua filosofia é do tipo que *faz apenas uma espécie de pergunta e dá apenas uma resposta. A pergunta? O que é uma lei justa? Em que casos é justificável que as instituições da lei e da ordem utilizem a força contra uma pessoa? A resposta: só quando ela iniciar força contra outra pessoa ou sua propriedade.*

Além disso, o governo não é, de modo algum, a mesma coisa que uma comunidade (ao contrário do que os defensores da Escolha Pública professam), e o grupo, seja ele qual for, não pode ter quaisquer direitos ou responsabilidades. Isso se aplica unicamente aos indivíduos.

Os libertários certamente se preocupam *com questões de "melhor conduta" em questões sociais ou culturais. Mas não adotam uma postura de "façam isso, não façam aquilo" na qualidade de libertários. Em vez disso, eles, como todos os outros seres humanos, têm opiniões acerca de comportamentos corretos em seus papéis como cidadãos, indivíduos, seja o que for. Da mesma maneira que a maioria dos médicos, jogadores de xadrez e atletas gostam de sorvete, mas expressam o gosto não como praticantes dessas ocupações, mas sim como indivíduos.*

Em comparação, os conservadores sentem-se confortáveis diante de questões normativas. O pensamento conservador trabalha dentro de uma estrutura hierárquica para comportamentos que têm valores absolutos e duradouros. Esses valores não são resultado do processo agnóstico do livre mercado; eles são ontologicamente inerentes. Porque os conservadores acreditam que existe um padrão reconhecível de excelência, lidam facilmente com noções de virtude e de comportamento moral. Por exemplo, argumentam que o casamento entre um homem e uma mulher tem grande virtude. E seguem distinguindo estados de menores virtudes presentes noutros tipos de relacionamentos. No entanto, esse processo de distinção não é um argumento inteiramente epistemológico; é baseado em parte na tradição e em parte na sociologia, tirado de suposições sobre a "melhor conduta".

Não é bem verdade que "os conservadores ficam confortáveis diante de questões normativas" e os libertários não. Certamente, a questão da lei justa é um conceito normativo. Mas, pelo menos no que se refere ao conservadorismo moderno, sua perspectiva é definida em termos de determinadas visões sobre o que é a virtude moral e o comportamento. Alguém que apoia o casamento homossexual não é, portanto, um conservador.

Os libertários acreditam que o casamento entre um homem e uma mulher é apenas um entre muitos outros relacionamentos igualmente admissíveis; evitam a questão do saber se existe virtude inerente em cada tipo de relacionamento. A única virtude a ser inferida é apenas uma única – que os envolvidos no relacionamento estejam ali por livre consentimento e expressem assim suas preferências individuais em uma competição de livre mercado entre esses estados. Não é de se admirar, portanto, que o debate cultural entre conservadores e libertários ocorra mediante uma grande divisão de opiniões. Ao contrário dos debates sobre políticas econômicas, não há questões liminares. De fato, não pode existir devido ao rigor dessa divergência ser consequência de matrizes opostas. O pensamento conservador parte de condições absolutas, das hierarquias e da exclusividade. O pensamento libertário promove o relativismo e a inclusão – entretanto, essa tolerância, admito, surge da indiferença sobre as questões morais e não de um talento inato para viver e deixar viver. Os conservadores defendem a tradição e as soluções comunitárias e o recurso às autoridades centrais quando servir aos propósitos. Os libertários valorizam a criatividade individual e são invariavelmente contra uma autoridade central.

É um erro acreditar que *"o pensamento conservador parte de condições absolutas, das hierarquias e da exclusividade. O pensamento libertário promove o relativismo e a inclusão..." É quase o oposto disso. Ambos são absolutos no sentido de que têm princípios, embora deva ser feita uma clara distinção entre os dois.*

Para o libertário, conforme vimos, existe a santidade dos direitos de propriedade privada e do axioma da não-agressão. Para os conservadores, as coisas são um pouco mais complexas. Há diferenças entre a velha direita do liberalismo clássico, a de Buckley e a direita neoconservadora. Por exemplo, a primeira era anti-guerra (isolacionistas adotando uma postura defensiva não-imperialista nas relações internacionais) e as duas últimas posturas defendiam o intervencionismo dos EUA nos assuntos estrangeiros.

E nem o pensamento libertário promove relativismo e inclusão. Nem imagino de que fonte Lee obteve essa argumentação; libertários são absolutos sobre propriedade privada e a não-agressão. Quanto a *essa última, os libertários certamente não proibiriam por lei que os proprietários privados excluíssem de suas casas, e sim também de suas empresas, qualquer grupo de pessoas que quisessem. Ou seja, seria legal a discriminação com base na idade, sexo, etnia, raça ou preferência sexual. Isso seria moral? Essa é uma questão totalmente fora do reino dessa filosofia política.*

Tudo isso pode ser resumido de maneira óbvia. Os conservadores são contra o casamento *gay*, são ambivalentes em relação aos imigrantes e condescendentes para com as mulheres; enxergam a cultura popular como decadente em sua maioria e querem censurar músicas, filmes, jogos e a Internet. Realizam uma cruzada contra a maconha medicinal. Já os libertários defendem a legalização das drogas; são a favor do aborto e contra a proibição de práticas de sexo consentido entre adultos pelo governo. Abominam a censura. Na caricatura conservadora, os libertários acreditam em sexo, drogas e *rock 'n' roll* – mas isso não fica muito longe da verdade. Infelizmente, esses debates são muitas vezes inflamados pelo fato de que os conservadores enxergam o libertarianismo somente como a face daquilo que defende: transgêneros adotando crianças, jogos violentos sádicos e, sim, a clonagem. Simplificando, o chocante e repelente declínio da civilização. No entanto, para os libertários, esses são apenas alguns dos muitos aspectos de uma civilização que avança passando por uma vasta gama de experimentos. O exercício da liberdade triunfa sobre os desconfortos da novidade.

Os libertários não defendem o aborto (pró-escolha). Também não se opõe a isso (pró-vida). Ao contrário, e admito haver diferenças de opiniões sobre essa questão nos círculos libertários, *eles oferecem uma terceira opção, o* eviccionismo. *Muito brevemente, a mãe é a proprietária de seu próprio corpo. O feto não desejado é um intruso. Quais são as obrigações que o proprietário tem quando confrontado com alguém em sua propriedade? Removê-lo, sim, mas da maneira mais delicada possível. Cem anos atrás, com a tecnologia da época, a única maneira de remover um feto seria matando-o. Assim, a posição libertária sugere pró-escolha, então. Daqui a cem anos, se a tecnologia continuar avançando, no mínimo será possível expulsar o feto do útero sem prejudicá-lo. Aí então o libertário será um pró-vida. Atualmente, as coisas são mais complicadas. Mas a regra é, grosso modo, se um feto puder viver fora do útero, a mãe não pode matá-lo. Se o libertarianismo fosse instaurado amanhã, não haveria mais abortos com nascimento parcial nem além do terceiro trimestre. Conforme a tecnologia progride, tentaríamos antecipar ainda mais essa regra para o segundo trimestre de gestação.*

Está muito longe da verdade dizer que os libertários acreditam em sexo, drogas e rock 'n' roll. *Na verdade, acreditamos que essas coisas devam ser legais, o que é bem diferente. E, se há alguém sendo paternalista com as mulheres, não são os conservadores, são os liberais da esquerda. Pois eles* são os únicos que defendem o "feminismo", *que se baseia na premissa de que as mulheres são impotentes e exploradas. Nada poderia estar mais longe da verdade. Leia* Feminism and Freedom, *de Micheal Levin.*

Para expandir meu argumento ainda mais, o pensamento libertário, com sua matriz cultural fluida, oferece uma resposta melhor para alguns dos problemas mais intrincados da sociedade. Ele é, especialmente quando comparado com a matriz cultural conservadora, uma atitude pós-moderna. Na verdade, é exatamente este pós-modernismo que enfurece os conservadores que, por sua vez, sentem-se desconfortáveis com uma aceitação radical que promova a mudança e o incomum. No entanto, não importa quão assustadora seja (ou irritante), a tolerância libertária oferece um mecanismo mais eficiente para lidar com aqueles assuntos em que a economia, a política e a cultura se encontram tão intimamente.

Ao mesmo tempo que aprecio, é claro, esse negócio de "resposta melhor para alguns dos problemas mais intrincados da sociedade", dizer que o pensamento libertário é de uma "matriz cultural fluida" não é somente questionável como também *não faz sentido. Além disso, Lee deve ter sido a primeira pessoa a ter chamado o libertarianismo de "pós-moderno".*

Embora os libertários tendam a ser irritantes de tão otimistas, nenhum observador razoável arriscaria uma previsão sobre o vencedor no debate conservador-libertário. O resultado depende crucialmente onde as sociedades estabelecem o *locus* da coerção na política, se entre a liberdade e a autoridade e, na cultura, se entre a tolerância e a conformidade. Pode-se imaginar, no entanto, como F. A. Hayek deve ter se sentido desanimado em 1944, quando sentou-se para escrever *O Caminho da Servidão.* Agora, poucos duvidam que Hayek venceu e que o argumento econômico tem apontado em direção de um livre mercado. O que resta é a batalha política e cultural. Uma já foi, faltam duas.

Por que nós libertários somos "irritantemente otimistas"? Isso é juvenil; qualquer aluno meu que escrevesse tamanha parvoíce sentiria minha ira editorial. Caríssima srta. Lee: Se for para criticar uma filosofia política, qualquer uma delas, tente ser específica. Ela também está muito enganada sobre o livro de Hayek. Ele não é o bastião do livre mercado *como muitos pensam. Ao contrário, ele "atira" para todos os lados, abrindo concessão atrás de concessão ao socialismo de seu tempo (leia sobre isso no meu livro* Hayek's Road do Serfdom*).*

Se este texto tivesse sido escrito por um aluno meu, teria enfatizado o lado positivo mais do que fiz até agora. Mas estamos falando de uma jornalista adulta, da qual nós, os leitores, temos o direito de esperar mais, e algo melhor. No entanto, ela fez um trabalho razoavelmente bom, apesar de todos esses erros. Afinal, a disposição jornalística convencional da grande mídia acerca do libertarianismo é a de rejeitá-lo como sendo uma variante do nazismo. Pelo menos esta autora não desceu a esse nível. Mantenho minha nota: B-.

SECESSÃO

··· Capítulo 41 ···

Se a Princípio Não Fizer a Secessão, Tente, Tente de novo

A lei de livre associação é a consequência fundamental mais importante dos direitos de propriedade privada (sobre matéria física e sobre nossos próprios corpos). Porque, se não pudermos nos associar livremente a outras pessoas de modo mutuamente voluntário, nossos direitos de propriedade serão revogados.

A difamação mais grave dos direitos de propriedade nas pessoas e, portanto, na livre associação é, naturalmente, o assassinato. Ninguém defende esse tipo de comportamento (matar em legítima defesa é totalmente outra questão), de modo que isso não é absolutamente controverso. Outra grave violação do código libertário de não-agressão contra os não-agressores e sua propriedade é a escravidão (ou sequestro, que é a escravidão de curta duração). Isso, também, não é discutível.

Há, no entanto, muitas instituições, que são na verdade endossadas por comentaristas "respeitáveis" na área da economia política que envolvem escravidão em maior ou em menor grau. Todas as leis contra a "discriminação" são violações da livre associação, porque obrigam duas partes, uma das quais não deseja ter relação alguma com a outra, a interagirem, apesar dos desejos. Quando um lojista é forçado a vender para determinados clientes contra a sua vontade e não é livre para ignorar qualquer um deles

* Publicado em 9 de julho de 2002.

seja por motivos raciais, sexuais, religiosos etc., ele é, nessa medida, um escravo. A diferença entre essas leis e a escravidão pura e simples é apenas de grau: em cada caso, a essência da questão é que as pessoas são forçadas a se associarem a outras pessoas contra as próprias vontades. Outro exemplo é a sindicalização obrigatória. Nossa legislação trabalhista obriga os empregadores a "negociar razoavelmente" com aqueles que prefeririam evitar completamente.

Talvez a mais importante violação do direito de livre associação, pelo menos em termos pragmáticos, ocorra no âmbito político. Isso é crucial porque outras infrações, tais como a ação afirmativa, a legislação sindical etc., derivam da política. Se a liberdade de associação na esfera da ação afirmativa é o direito de discriminar e na esfera do trabalho, o direito de contratar um "fura-greve", então, ao se tratar da esfera política, o direito é de secessão.

Aqueles que não são livres para se separar são, com efeito, escravos (parciais) de um rei, ou de uma maioria tirana travestida de democracia. A secessão não deve ser confundida com o mero direito de emigrar, mesmo quando a alguém é permitido levar suas propriedades para fora do país. Secessão significa o direito de nos estabelecermos em nossa propriedade, de mudar nossa aliança na direção de outra entidade política ou de estabelecer-nos como soberanos por conta própria.

Por que um homem que deseja se separar de um governo tem que abandonar sua terra? Certamente, mesmo na filosofia dos estatistas, as pessoas que vieram primeiro. O governo, na visão libertária minarquista, só foi instituído, mais tarde, pelas pessoas a fim de atingir determinados fins, depois de adquirirem suas propriedades. Ou seja, o Estado é uma criação do povo e não o povo uma criação do Estado. Mas, se um dia um governo foi convidado a participar da vida das pessoas para fornecer determinados serviços, então ele também pode ser desconvidado, convidado a sair, ou mesmo ser expulso. Negar isso é afirmar que o governo chegou antes do povo. Mas como isso poderia ser verdade? O governo não é uma entidade etérea, composta por seres que não são humanos (embora, talvez, possa haver dúvidas legítimas acerca dessa afirmação na visão de alguns); ao contrário, é feito de gente de carne e osso, embora a maior parte delas sejam pessoas más.

Dado, então, que a secessão é um direito humano, parte integrante do direito à livre associação, como podemos caracterizar aqueles que a ela se opõem? Quem usaria a força e a violência, dentre todas as coisas, a fim de obrigar participantes indispostos a tomar parte ou a permanecer afiliados a uma entidade política com a qual eles não querem ter relação alguma? Uma espécie de donos de escravos. Certamente não são libertários.

Assim, é incrível nos deparar com comentaristas que realmente chamam a si mesmos libertários, mas que se opõem aos direitos de secessão. Para manterem a consistência com essa visão, seriam logicamente obrigados, também, a dar aval aos sindicatos e à legislação antidiscriminação, sem dúvida uma *reductio ad absurdum*.

Um dos motivos pelos quais os pseudolibertários se opõem à secessão (politicamente falando, deixando de lado o direito), é que, supostamente, os que desejam se separar são imperfeitos de várias maneiras. Por exemplo, os estados confederados praticavam a escravidão e isso, certamente, é incompatível com a lei libertária.

Suponhamos livremente que esse vexatório fato histórico, esta "curiosa instituição" tivesse também acontecido no Norte. Afinal, estamos aqui debatendo uma questão filosófica, não histórica. Conjeturemos, *arguendo*, que o Norte, durante o confronto com o Sul, manteve-se com as mãos totalmente limpas quanto à exploração de escravos, ou, na verdade, a qualquer outro desvio da lei libertária (por exemplo, as tarifas, impostos altos etc.). Ou seja, o Norte é uma entidade totalmente libertária e o Sul é moralmente mau. (Eu sei, eu sei, só estou falando isso para ilustrar a discussão).

Seria essa premissa uma justificativa válida para que o Norte, na realidade, escravizasse o Sul e, desse modo, violasse os direitos de livre associação? Não.

Se fosse aceitável que o Norte mantivesse o Sul cativo contra a vontade, a conclusão é que a Índia não teria o direito de se separar da Inglaterra em 1948, quando o *sati*[46] ainda era praticado; que os países africanos não poderiam ter saído do controle dos senhores coloniais europeus, uma vez que praticavam a clitorectomia; e que também não deveria ter sido permitido aos judeus na Alemanha em 1930 sair da jurisdição nazista, uma vez que eles também eram, sem dúvida, imperfeitos de uma forma ou de outra.

Saiamos da macroesfera e analisemos a microesfera. Se aos grupos de pessoas imperfeitas não é permitida a secessão a partir de grupos de pessoas perfeitas, como o indivíduo se encaixa nisso? Se aplicarmos rigorosamente o princípio tendo por base que a secessão da confederação se opunha ao nível individual, novamente nos depararemos com todos os tipos de resultados contraintuitivos.

Por exemplo, o divórcio. Sob esta "lógica", nenhum cônjuge poderia deixar o outro por ser menos do que perfeito.

Nas palavras de Clyde Wilson: "Se o direito de secessão de uma das partes numa comunidade política estiver sujeita à aprovação moral de outra, então não há realmente nenhum direito de secessão". Ou você tem os direitos de livre associação e de livre secessão, ou você não os tem.

Se a secessão é sempre e em toda parte justificada, qual então será a resposta libertária adequada para a existência do sati, da escravidão, da clitorectomia etc., em outros países (como, por exemplo, em territórios secessionistas)?

[46] *Sati* ou *suttee* (o feminino de *sat* "verdadeiro") é um antigo costume entre algumas comunidades hindus, hoje em dia estritamente proibido pelas leis do Estado indiano, que obrigava (no sentido honroso, moral e prestigioso) a esposa viúva devota a se sacrificar viva na fogueira da pira funerária de seu marido morto. (N. do T.)

No anarquismo libertário de livre mercado seria admissível que uma agência privada de defesa invadisse uma propriedade privada caso um crime estivesse ocorrendo lá (se um erro for cometido durante tal invasão, a teoria libertária da punição entra em ação; nesse tipo de sociedade, nem mesmo a polícia está acima da lei). Se *A* está prestes a assassinar *B* na casa de *A*, *A* não pode contestar quando a polícia derrubar a porta para prevenir este ato ignóbil. Assim, agências de defesa concorrentes num regime de livre mercado poderiam ter ido até o Sul e libertado os escravos, mas uma vez que isso fosse feito, dado que não existissem outros crimes e que punições cabíveis fossem dadas aos malfeitores, aquilo seria o fim do assunto. Não haveria interação alguma depois disso. O Sul (ou a Índia no caso do sati) seria, então, autorizado a seguir seu próprio rumo.

Sob um regime libertário de governo limitado, o governo do Norte não tomaria nenhuma medida para livrar a soberana Confederação da escravidão (ou a Índia da sati). A finalidade do Estado nesta filosofia é a de proteger os próprios cidadãos. Ponto final. E, na pressuposição (historicamente correta) de que a Confederação não mostrou indício nenhum de que invadiria o Norte, mas que apenas queria ser deixado em paz com os próprios afazeres, isso seria o fim da questão para o governo do Norte.

No entanto, mesmo sob essas premissas, os abolicionistas estariam perfeitamente livres e, de fato, autorizados, a ir até a Confederação, com armas em punho, na intenção de livrar o Sul dessa instituição malévola que é a escravidão. Entretanto, se as coisas não dessem certo, não poderiam, em seguida, fugir de volta para o Norte como rabo entre as pernas, escondendo-se debaixo das saias de suas mamães, porque isso necessariamente arrastaria o governo do Norte para a briga. Isso violaria a premissa de não-invasão (exceto em legítima defesa) do libertarianismo de governo limitado ou miniarquismo.

Não haveria "reconstrução". Não haveria um Estados Unidos "indivisível". Ao invés disso, existiriam agora dois países totalmente separados.

Os Estados Unidos e a Confederação. Novamente, uma vez que a escravidão acabou, dado que não havia outros crimes acontecendo e que, as cabíveis punições foram aplicadas aos malfeitores, isso seria o fim do assunto. Partindo do pressuposto (historicamente exato) de que a Confederação não mostrou qualquer indício de que invadiria o Norte, mas que apenas queria ser deixada em paz com os próprios afazeres, que isso seria o fim da questão no que dizia respeito ao governo do Norte.

··· Capítulo 42 ···

Secessão e Escravidão*

Em seu ensaio *Lincoln, Secessão e Escravidão*, o professor Tibor Machan assume a posição de que, apesar da secessão em si ser inobjetável para o libertário, ela não pode ser aplicada às jurisdições políticas que praticam a escravidão. Pois, se direitos de secessão fossem concedidos a países escravagistas, isso seria, na realidade, justificar que sequestradores fugissem com suas vítimas. Aplica essa perspectiva aos Estados Unidos de 1861 e conclui que Abraham Lincoln, apesar de todos os defeitos, e Machan admite que eram muitos e bem graves, ainda é "um bom americano". Por quê? Isso porque foi legitimado ao impedir que os estados (escravagistas) confederados realizassem a secessão, embora, estipula novamente Machan, acabar com a escravidão não fizesse parte da motivação de Lincoln.

Embora não possamos negar que esse é um ponto de vista interessante, até mesmo revigorante, já que até agora não foi amplamente debatido, não pode ser conciliado com os princípios libertários.

Um argumento que poderia ser lançado para Machan é que se o Sul não tinha o direito de secessão em relação ao Norte em 1861, dado que o Sul era uma comunidade escravagista na época, então o mesmo vale para as treze colônias que se separaram da Inglaterra em 1776, já que esta também se envolvia com o trabalho forçado de seres humanos. Se os estados confederados deveriam ser impedidos de se separar do Norte, alegando que estariam partindo com vítimas de sequestro, então o mesmo pode ser dito dos Estados Unidos da América ao sair do domínio britânico. Assim, os raros libertários que se opõem à Guerra Revolucionária Americana, por si só fariam com que Machan parasse para pensar. No entanto, conduzamos

* Publicado em 10 de junho de 2002.

esse argumento para a conclusão lógica e postulemos que, se ao Norte era moralmente permitido manter o Sul vinculado, mesmo contra a vontade, então o mesmo se aplica ao Reino Unido *versus* os EUA, ou seja, *ambas* as rupturas foram indevidas, por mais que isso ofenda o senso comum.

Um segundo problema com a tese Machan é que, se era injustificado ao Sul se apartar do Norte, então também teria sido impróprio o Norte abandonar o Sul, e pela mesma razão. Ou seja, se os estados confederados possuíam escravos em 1861, a União também os possuía durante essa época. Na verdade, muito antes da "Guerra Civil" existia um movimento em andamento entre os estados da Nova Inglaterra, incentivado pelos abolicionistas para que se separassem do Sul, uma vez que este apoiava o sistema escravista a que eles se opunham. Isso, também, teria de ter sido reprimido, caso as objeções de Machan à secessão confederada estiverem corretas, pois mesmo que os defensores dessa ideia se opusessem à escravidão, ainda assim a instituição era legal na época e havia escravos no território.

(Uma observação sobre a terminologia. O que ocorreu nos Estados Unidos entre 1861 e 1865 não foi uma guerra civil. Essa expressão é reservada para casos em que cada um dos lados disputa o domínio sobre o que é reivindicado por ambos. Em nítido contraste, o Sul, na Guerra da Agressão do Norte – ou, mais radicalmente, a Primeira Guerra de Secessão do Sul – estava tentando conseguir um divórcio do Norte, não conquistá-lo).

Uma terceira problemática é que o Norte, também escravagista, avançava com "as mãos sujas" na tentativa de acabar com a escravidão no Sul. Isto é, não cabe ao Norte escravagista assumir postura de bastião moral, na medida em que, como até o próprio Machan admite, acabar com a escravidão não fazia parte das intenções de Lincoln; queria simplesmente, preservar a União. No entanto, coagir uma parte do país, que não queria mais continuar sendo subjugada pela outra, a permanecer assim contra a vontade é violar a lei de livre associação; é violar os direitos das pessoas no Sul que desejam seguir os próprios caminhos. Isso, no entanto, não é uma objeção fatal; na pior das hipóteses, isso mostra como o Norte é hipócrita. A questão mais básica, tal como Machan corretamente observa, com efeito, não é se o Norte agiu ou não de maneira logicamente consistente, mas sim se agiram por direito.

Pode ser verdade que os nazistas foram a pior sociedade que já maculou a face da Terra (existem, infelizmente, vários fortes concorrentes para essa "honra"). Será que isso significa que não conseguiram fazer nada certo? De modo nenhum. Presumivelmente, a polícia nazista capturou e puniu estupradores, por exemplo.

Ora, esse pode muito bem ser o caso - de fato, é o caso, os nazistas fizeram coisas muito piores que qualquer estuprador. Não obstante, na questão específica em que os nazistas penalizaram nosso hipotético transgressor do direito feminino de integridade corporal, agiram de modo totalmente apropriado. Assim também o Norte poderia agir apropriadamente fazendo cessar a escravidão no Sul se, de fato, tivessem justificativa de fazê-lo, apesar do fato de que eles, também, eram culpados do mesmo crime.

Tomemos outro exemplo. Suponhamos que um assassino em série, A, testemunhe o assassino em série, B, no ato de matar um inocente, C, e A mate B antes que possa realizar a nefasta tarefa. (Talvez a motivação de A seja querer ser o único assassino em série da cidade). A foi absolvido por esse determinado ato? Sim, certamente o foi, já que salvou a vida de C e a pessoa que matou, B, era acusado de crimes anteriores.

Isso traz à tona uma questão mais fundamental: Será que o Norte hipotético, totalmente inocente de qualquer escravidão, seria absolvido com base no libertarianismo, ao se opor pela força à secessão tentada pelo Sul com o fundamento de que essa é uma sociedade escravagista? (Agora fazemos a mesma pergunta, creio, *arguendo*: a Grã-Bretanha não possuía escravos em 1776; estaria ela autorizada a assumir o papel que assumiu na Independência dos Estados Unidos? Machan pergunta afirmativamente, eu o faço na negativa.

À primeira vista, meu oponente tem um argumento substancioso. Suponhamos o seguinte: um ladrão entra numa mercearia, assalta e, então, quando está cercado pela polícia, toma uma pessoa como refém. Nesse momento, faz o seguinte pronunciamento: "Doravante separar-me-ei de vossa sociedade; uma vez que vós, libertários, permitis isso. Portanto, saio desta loja com meu refém a reboque e nenhum de vós tem o direito de impedir-me ou de salvar a vítima, com base nos vossos próprios princípios". Se essa, de fato, é a posição do Sul, então o Norte estava completamente justificado não só para lutar contra essa tentativa de secessão, mas na verdade, para ganhar a guerra. Certamente, a polícia não precisa obedecer o ladrão-sequestrador nesse pedido curioso.

No entanto, um momento de reflexão mostrará a ausência de analogia entre nosso bandido hipotético e o Sul. Um policial libertário poderia responder: "Certamente, deixaremos você retirar-se. Agora você é uma nação soberana. Portanto, declaro-lhe guerra, primeiramente para cumprir com a obrigação contratual para com o refém, para libertá-lo do sequestro injusto e, em segundo lugar, para punir o seu passado de roubos, bem como o ataque com aprisionamento injustificado dessa vítima". A questão é a recusa em permitir a secessão é uma violação da lei de livre associação. Machan está muito preocupado com a escravidão *ante bellum*, deixou que isso o cegasse para o fato de que essa "curiosa instituição" é meramente um aspecto da degeneração da lei da livre associação. Sim, os sulistas (e os nortistas também) escravizaram injustificadamente os negros. No entanto, os nortistas combinaram essa violação de direitos por recusarem-se também a permitir a "separação" que demandavam os sulistas e, ao fazê-lo perpetraram-lhe outra forma de escravidão, a saber, a escravidão implícita da violação dos direitos de secessão. Repetindo: a escravidão não é nada além da mais escandalosa maneira de denegrir os direitos de livre associação. Existem, todavia, outras versões, mais brandas, como a recusa de reconhecer o direito natural de secessão.

A analogia entre o Sul e o ladrão-sequestrador será verdadeira se e somente se todo e qualquer residente branco desse território fosse culpado de possuir escravos e todo residente não-branco fosse escravo. Aí e somente aí o Norte estaria autorizado, não em recusar a secessão do Sul, mas a invadi-lo, para que libertassem os escravos. Entretanto o Norte ainda não estaria autorizado a "salvar a União" contra os desejos expressos dos sulistas (e depois foram devidamente punidos).

Outra dificuldade com a postura de Machan é que a escravidão não é só um crime. Se o Norte está autorizado a violar os direitos de secessão do Sul por cometer crime de escravização, então também estão autorizados a assumir uma posição coercitiva contra o Sul em muitas outras coisas. Por exemplo, suponhamos que um sulista roubou (ou foi acusado de roubo) uma vaca nortista. Então, com base nesse ponto de vista, o Norte estaria autorizado a parar forçosamente a saída do Sul. Tal teoria poderia se chamar: "Secessão em teoria, cativeiro na prática".

Somos todos indivíduos soberanos. Quando qualquer pessoa, seja um rei, um bandido ou uma maioria exige-nos (diferente de respeitarmos os axiomas libertários da propriedade e da não-agressão) que estão impondo, eles nos invadem e violam nossos direitos. A secessão é uma condição necessária naturalmente associada à liberdade.

Machan, ao endossar explicitamente a secessão (desde que não exista escravidão), percorreu um longo caminho para sair da selva do minarquismo em que antes estivera, rumo à direção do anarcocapitalismo. Entretanto, deve seguir adiante. Deve reconhecer que não há ponto final. Se verdadeiramente reconhecer a lei da liberdade de associação, está logicamente compelido a aceitar também o *laissez-faire* e a secessão como consequências necessárias.

Com base na percepção de Machan, conjugada ou não com a hipótese heroica de que o Norte não era uma sociedade escravagista, essa porção do país estaria justificada ao dizer para o Sul nada além de: "Libertai vossos escravos e deixaremos que ide em paz". Será que Lincoln disse tal coisa? Não. De fato, desassociou-se especificamente de qualquer ideia como essa. Em vez disso, assumiu a postura oposta. A saber, de que o Sul poderia continuar escravizando os negros até que o reino viesse para todos que lhe importavam. Sua única preocupação era de que a União não fosse rompida. Disso tudo, Machan deriva a ideia de que nosso décimo-sexto presidente era um "bom norte-americano", por certo, quase um verdadeiro libertário uma vez que o Sul não deveria ser autorizado a separar-se enquanto ainda tivesse reféns e Lincoln os impediu.

TEORIA DA PENA

··· Capítulo 43 ···

A Pena de Morte

À primeira vista, a pena de morte parece cruel, incomum, horrenda e incivilizada. Uma coisa é, prossegue o argumento, uma pessoa matar a outra; isso é verdadeiramente uma abominação, uma vez que toda a vida humana é preciosa. No entanto, é outra coisa completamente diferente, e muito pior, a sociedade como um todo matar uma pessoa em resposta a algo, retaliação ou vingança, pois nós, pelo menos, devemos ser esclarecidos. De acordo com o popular adesivo de carro: "Por que matar pessoas que matam pessoas só para mostrar que matar pessoas é errado?" Então, como uma questão puramente pragmática, custa mais fritar um preso no corredor da morte (devido principalmente aos custos legais) do que deixá-lo encarcerado perpetuamente, e uma punição desse tipo tem pouco ou nenhum efeito na redução da taxa de homicídios.

Essencialmente, o que o assassino fez contra sua vítima foi, com efeito, roubar-lhe a vida. Se houvesse uma máquina que permitisse transferir a vida da vítima morta para o corpo vivo do assassino (inspiro-me no exemplo fantástico contido no livro de Robert Nozick, *Anarquia, Estado e Utopia*, leitura obrigatória para todos os não-libertários) seria o caso paradigmático de justiça forçá-lo a entrar nesse aparelho e fazê-lo devolver a vida que roubara. Não fazer isso seria uma questão suprema de *in*justiça. Quem sabe? Talvez em quinhentos anos (se não nos explodirmos antes

---

[*] Publicado em 11 de novembro de 2003.

disso) tal máquina seja realmente criada. Não importa. Ao usar esse exemplo, conseguimos demonstrar que a vida do assassino agora é confiscada, pois a justiça é atemporal.

Se o assassino não é o legítimo proprietário, ainda que hipoteticamente, da própria vida no futuro, agora também não o é. O ponto é que, e respondendo à mentalidade de "adesivo de para-choque" de alguns comentadores, não é necessariamente errado matar pessoas. Não é ilícito em um ato de auto-defesa e não é errado matar aqueles que já não têm direito sobre suas próprias vidas. Que essa mensagem se espalhe em alto e bom tom: se você matar alguém, está abrindo mão do direito à própria vida. (Pressuponho, *arguendo*, que pessoas inocentes não são executadas pelo crime de homicídio; dada a ineficiência congênita do funcionamento do governo, esta é a única razão legítima para se opor à pena de morte).

É claro que não temos uma máquina desse tipo atualmente. A quem, então, pertence a vida do assassino? Obviamente, aos herdeiros da vítima. Se mato um pai de família, por exemplo, a viúva e os filhos passam a ser meus "donos". Podem me executar publicamente e admitir que o fizeram, ou podem me forçar ao trabalho pesado para o resto da minha vida miserável, recebendo eles os rendimentos. É um crime e uma vergonha que esses criminosos agora desfrutem de ar-condicionado, televisão, salas de ginástica etc. Têm uma dívida para com (os herdeiros) das vítimas, que agora são obrigados a pagar de novo, por intermédio de impostos, para manter os meliantes numa vida relativamente luxuosa, comparada com a que realmente merecem.

Quanto ao argumento pragmático, é simplesmente ridículo. Sim, economistas que deveriam saber não existir nenhuma correlação estatisticamente significante entre a redução da taxa de homicídios e o fato de um Estado manter ou adotar a pena de morte. Mas isso ocorre apenas porque os assassinos, como a maioria de nós, não ligam para leis caducas, mas sim para punições reais. (É falacioso chamar assassinos de "irracionais": pouquíssimos deles agem perto de delegacias). Quando rodamos regressões múltiplas a respeito de taxas de assassinato, usando como variável explicativa de interesse não a existência de pena de morte, mas sim execuções reais, a evidência empírica é consistente com a noção de que esse tipo de punição reduz esses crimes. (Isaac Erlich fez um trabalho valioso nesse particular). Isso é inteiramente compatível com o princípio econômico da curva de demanda negativamente inclinada: quanto maior o preço, menos as pessoas desejarão algo. Isso vale para *todo* empreendimento humano: carros, pizza e, sim, também para os homicídios. Também não é possível não considerar assassinato como sendo uma punição mais rígida do que a prisão perpétua. Não fosse assim, dificilmente veríamos os habitantes do corredor da morte tentando desesperadamente evitar ou mesmo impedir judicialmente suas execuções.

Quanto ao custo elevado de execuções, isso acontece inteiramente em função do funcionamento judicial atual, o que pode ser alterado com uma canetada.

... Capítulo 44 ...

O Lado Bom das Execuções Injustas?*

Introdução

Afirmo que há um lado bom nas execuções realizadas pelo governo que, mais tarde, testes de DNA revelaram ser injustas. Ou seja, pessoas inocentes foram assassinadas pelo Estado e cá estou eu, vendo o lado bom – do ponto de vista do libertarianismo – desses acontecimentos terríveis.

Que fique muito claro: eu não (NÃO!) sou a favor do assassinato de pessoas inocentes. Muito menos faço isso em nome do libertarianismo. Acho que tais ações são o verdadeiro paradigma de uma violação dos princípios libertários, talvez o pior pecado possível contra essa filosofia, depois do assassinato em massa, da qual é apenas uma parte. No entanto, persisto na minha afirmação de que algo de bom, sob uma perspectiva libertária, pode advir de tais caricaturas de justiça. Para saberem imediatamente o porquê, gentil leitor, por favor, siga até a seção IV abaixo. Para aqueles com mais paciência, antes, na parte II, estabelecerei que a pena de morte é compatível com o libertarianismo e, na parte III, que essa punição pode ser legitimamente imposta até mesmo por um governo ilegítimo.

Pena de Morte Justificada

A essência do libertarianismo é a inviolabilidade da pessoa e, claro, também de sua propriedade, mas isso é secundário. Por exemplo, o homicídio é um crime pior do que o roubo. Os direitos de propriedade privada do ser humano e o axioma da não-agressão estão no cerne do libertarianismo.

* Publicado em 18 de agosto de 2003.

Mas quando crimes acontecem, a ênfase está, propriamente, não na recuperação do criminoso, nem mesmo em impedir um crime futuro, por mais importante que isso seja, especialmente essa última hipótese. Não, o foco está em recuperar a vítima, na medida do possível. O libertarianismo não quer que a vítima pague duas vezes, primeiro pelo roubo em si e depois por meio de impostos, para financiar alojamento para o agressor numa cela com ar condicionado, três refeições por dia, TV a cores etc. Não, o objetivo é obrigar o criminoso a indenizar a vítima. No libertarianismo, as prisões seriam campos de trabalho, para manter os meliantes trabalhando duro, e seus rendimentos seriam usados para pagar a parte lesada.

Quando falamos de carros roubados, dinheiro etc., esse cenário é algo razoável mesmo para os não-libertários. Mas e os homicídios? Aqui, devemos nos aventurar no campo da ficção científica, um caminho traçado por Robert Nozick em seu livro *Anarquia, Estado e Utopia*, em que apresenta os mais variados e estranhos tipos de "máquinas". Bem, eis aqui mais uma delas: imagine uma "máquina" na qual colocamos dois corpos. Um deles é o da vítima falecida de um crime e o outro é o corpo vivo do assassino. Apertamos um botão e... *presto*!, a vida do último é transferida para a primeira. Isto é, logo em seguida a nossa "operação", a vítima do homicídio, agora ressuscitada, sai andando da máquina e o cadáver do assassino é tratado de maneira adequada.

Se tivéssemos uma máquina assim, a sua utilização seria justificada? Sob a proposição de que o culpado na história e mais ninguém foi forçado a desistir da vida dessa maneira, seria raro quem viesse a se opor, libertário ou não. Certamente, nenhum defensor dessa filosofia enxergaria esse acontecimento como injusto.

Acabamos de provar que a pena de morte é justificada. C.Q.D.[47] É verdade, ainda não temos disponível tal máquina e talvez continue assim

[47] Ver cap. 16, nota 20. (N. do E.)

por mais de cinco mil anos. Mas já provamos, por meio da utilização desse exemplo, que a vida do assassino é confiscada.

Um Governo Ilegítimo Pode Utilizar a Pena de Morte?

Suponha que haja um governo ilícito. (Eu sei, eu sei, isso é extremamente improvável. Mas tenham paciência comigo). Será que para tal instituição seria justificável impor a pena de morte para o verdadeiro assassino (por exemplo, não para uma pessoa inocente)? Afirmo que sim. Para nos convencermos disso, consideremos alguns cenários.

1. *A* rouba um rádio de *B*. O governo ilegítimo (redundância crassa) obriga *A* a devolver o objeto para *B*.

2. *A* rouba a vida de *B*; ou seja, *A* mata *B*. O governo ilícito obriga *A* a devolver a vida para *B* forçando ambos, o vivo (*A*) e o morto (*B*) a entrar na nossa máquina nozickeana. Dali sai um *B* vivo e um *A* com um lençol cobrindo seu corpo numa maca funerária.

3. Existem duas gangues criminosas igualmente culpáveis, os *Hoods* e os *Thugs*. Certo dia, enquanto os *Hoods* estão prestes a estuprar uma mulher, os *Thugs* intervêm e impedem o fato. A mulher sai ilesa.

4. Um policial soviético salva um homem se afogando (um não-burguês, claro).

5. Um guarda nazista em um campo de concentração salva um homem se afogando (um não-judeu, claro).

Meu ponto é, não importa quão ilícito seja o governo injusto, não importa quão ilegítimos sejam os *Hoods*, os *Thugs*, os nazistas e os soviéticos, nesse ato específico e particular, eles estão do lado dos anjos. Deus, presumivelmente, pode puni-los a qualquer momento, mas não no instante exato em que estão realizando essas boas ações. Assim, minha resposta à pergunta é: sim, um governo ilegítimo pode de fato executar um assassino que seja culpado por esse crime.

Benefícios da Execução de Homens Inocentes no Corredor da Morte

Ultimamente, tem ocorrido muito falatório sobre a execução de inocentes condenados à morte. O governador do Illinois, George Ryan, chegou a paralisar todas as execuções no estado, pois em vários casos em que presos foram executados, depois, provou-se que eram inocentes das acusações.

Não nos enganemos. Nenhum homem de boa vontade, certamente nenhum libertário, pode aplaudir tal ultraje contra os aspectos mais elementares da justiça. No entanto, existe um lado positivo? Existe algo bom vindo como resultado do sucateamento da justiça? Na verdade, sim.

Apesar do sujeito ser inocente do crime pelo qual foi executado, poderia muito bem ser culpado de cometer um outro assassinato totalmente diferente. Muitos daqueles no corredor da morte mataram em diversas ocasiões e só foram capturados, julgados e condenado por um deles. Suponhamos então que *A* matou as vítimas *B*, *C*, *D*, *E*, ... *J*. E, digamos também, que foi erroneamente considerado culpado e executado apenas pelo homicídio contra *K*. Ora, este último caso foi um grande erro; chegando a ser indizível. No entanto, ainda, sob tais hipóteses, de certa maneira a justiça foi feita. Um assassino foi executado. Sim, a pena capital foi-lhe imposta pelo assassinato de *K*, e *A* é totalmente inocente dessa transgressão em particular. Mas é culpado do assassinato de *B*, *C*, *D* e, assim, certamente merece o seu destino.

Mas e o devido processo legal? Isso não seria manchar toda a base do nosso sistema legal? Minha resposta é que o devido processo legal é apenas um meio para um fim, a justiça; não é e não deve ser confundido com o objetivo em si. No caso em questão, estamos *estipulando* que pelo menos alguns daqueles executados por homicídio que não cometeram eram, de fato, culpados de cometer outros atos vis. Assim, não precisamos de processo devido legal nenhum para determiná-lo; entendemos isso como um fato. Se esse *não* for o caso, é claro, então, nenhuma das execuções podem ser justificadas.

Permitam-me dizer, com o risco muito real de soar repetitivo, que não apoio essas ocorrências. Os criminosos devem ser executados não pelo assassinato daqueles que não mataram, mas sim por seus verdadeiros crimes. No entanto, a honestidade me obriga a concordar com a noção de que, por vezes, uma espécie de justiça acontece mesmo quando isso não ocorre; quando pessoas inocentes de um crime específico são executadas mesmo assim.

POLÍTICA

... Capítulo 45 ...

Limites de Mandato Me Enojam; Uma Análise Hoppeana*

Se ouvir mais uma vez, vindo de um suposto libertário, sobre as maravilhas dos limites de mandato, acho que passarei mal.

Sim, sim, conheço todos os argumentos. Chutar os vagabundos para fora do poder. Promover a concorrência política. O continuísmo gera maiorias eleitorais no estilo soviético (99%). Dessa forma, pelo menos, teremos novos ladrões.

Há apenas um problema com esse cenário: vai de encontro a uma importante visão do livro de Hans Hoppe, *Democracia: o Deus que Falhou; A Economia e a Política da Monarquia, da Democracia e da Ordem Natural.*[48]

A principal mensagem desse brilhante economista-filósofo é, naturalmente, que o único sistema econômico político justificado é o que chama de "ordem natural" ou comumente caracterizado nos círculos libertários como anarcocapitalismo ou o anarquismo de livre mercado. E sua contribuição para essa linha de raciocínio é extraordinária. No entanto, uma mensagem secundária que emana desse livro é a seguinte: dado que, *arguendo*, devemos ter um governo, a monarquia apresenta vantagens esmagadoras sobre a democracia. (Tomem isso, democratas liberais esquerdoides, neoconservadores e outros habitantes do pântano político-econômico).

* Publicado em 8 de julho de 2002

[48] Ver capítulo 40, nota 45. (N. do E.)

E "por quê?", você pode perguntar (caso tenha hibernado pelos últimos meses). Simples: um monarca, de fato, "possui" o reino pelo qual é responsável. Sendo assim, ele consegue ter uma visão de longo prazo e também é capaz maximizar sua "posse", tomando medidas políticas que provam ser benéficas para a economia ou que pelo menos não a fira tão rapidamente. "Por que matar a galinha dos ovos de ouro?", bem que poderia ser o lema do monarca. Como rei, provavelmente estará vivo por um longo prazo, e assim será capaz, para misturar metáforas, de colher o que plantou anteriormente. Se tiver qualquer intenção de beneficiar a futura prole, preferirá entregar-lhes uma empresa funcional e não uma que tenha sido sucateada em prol de benefícios em curto prazo.

Em contraste, o cabeça da bandidagem democraticamente eleita (desculpe, quis dizer "presidente") tem uma perspectiva de tempo bem diferente. Não aplicará políticas que darão frutos a longo prazo. Não estará aí para beneficiar-se delas. Tem apenas oito anos no poder, no máximo. Tampouco poderá entregar aos filhos as chaves do tesouro. Não, a fim de maximizar as receitas, precisa tomar para si tudo o que puder e ao diabo com o futuro. Seu lema poderia ser "malhe o ferro enquanto está quente", ou "vamos matar a galinha dos ovos de ouro *agora*." Qual a relação de tudo isso com o tema em discussão?

Limites de mandato são para uma democracia comum que não os tenha o que a democracia com limite de mandato é para a monarquia. Uma forma alternativa de explicar isso é que o sistema mais distante da monarquia é a democracia com limites de mandato. Uma democracia sem limite nenhum de tempo de mandatos ocupa uma posição intermediária em relação a essas duas outras modalidades. O político comum (aquele sem limite de mandato) não precisa ter uma perspectiva de extremo curto prazo. Sabe que, se conseguir evitar ser apanhado na cama com um garoto morto, ou, se for republicano, com uma garota viva (as regras são um pouco diferentes para os democratas, dada a hipocrisia do movimento feminista), ficará no cargo por um bom tempo. As vantagens do continuísmo e tudo o mais. Oras, vários ladrões (desculpe, quis dizer membros do Congresso) têm permanecido nos cargos por *décadas*. "No longo prazo, todos estarão mortos", é verdade, mas já que o "longo prazo" leva dezenas de anos, o estímulo para roubar e sair correndo é um pouco atenuado.

Entretanto, basta introduzir limites de mandato e tudo muda. Ora, o foco está em afanar o máximo de prataria o possível durante o curto prazo especificado pelo limite de mandato. Entenda os limites de mandato por sua extensão lógica, a fim de enxergá-los como são verdadeiramente: suponhamos que o limite de mandato fosse extremamente curto; não de oito anos, nem mesmo de oito meses. Imagine que fosse de oito semanas ou, melhor ainda, de apenas oito dias. Conseguimos imaginar a fúria predatória que tal sistema originaria? Oras, sequer haveria o pretexto falso de "bem público", de "tornar o mundo um lugar seguro para a democracia", de "um frango em cada panela" ou qualquer outro bláblábláblá político. Seria uma verdadeira corrida para se acumular riquezas, com pouquíssima tentativa de maquiar os fatos.

Uma consequência dessa percepção: quanto mais longo o tempo de mandato, melhor. Um mandato de horas, dias ou meses seria um desastre absoluto. Um de muitos anos já é melhor, e um de décadas, ainda melhor. Um limite de mandato vitalício não seria tão ruim. Então, quando chegarmos a um "limite de mandato" em que se pode legar a coroa aos filhos, como acontece, por exemplo, numa monarquia, chegaremos no outro extremo do espectro. Seja qual o for o governo, a questão é: quanto mais próximo estiver da monarquia, melhor. O problema com os limites de mandato é que nos conduzem rumo à direção errada. Deveríamos estar estendendo os mandatos atuais.

Embora a razão pela qual muitas pessoas, até mesmo os libertários, têm sido enganadas pelo canto de sereia dos limites de mandato possa ser apenas especulativa, isso se deve ao fato de elas ainda estarem presas à ideia de que os políticos tradicionais são legítimos (abro uma exceção para Ron Paul e um punhado de outros políticos libertários eleitos). Se as verdades sobre esses políticos fossem expostas, a última coisa que gostaríamos de fazer seria nos colocar sob os mandos e desmandos deles, com pouco ou, quiçá, nenhum incentivo para conter suas tendências naturais para a pilhagem. Já que somos obrigados a tê-los em nossas vidas, que fiquem no cargo pelo maior tempo possível.

··· Capítulo 46 ···

O Federalismo é Libertário?*

É justificável a França invadir Nova York a fim de obrigá-la a se livrar de sua legislação sobre o controle de aluguel? Seria compatível com o libertarianismo a Califórnia impedir à força que o governo dos Estados Unidos impusesse um projeto de alistamento militar aos californianos? O governo federal ataca fisicamente o Mississippi em 1950 por sua legislação Jim Crow[49]; o Mississippi resiste. Para qual lado o libertário torce? Os Estados Unidos (ou o estado da Louisiana, não importa qual) obriga o Canadá a desistir de suas restrições comerciais de domingo. Vários membros dos *Crips* impedem fisicamente que membros da gangue *Bloods* (ou vice-versa) estuprem uma mulher inocente. Policiais estaduais impedem um assalto em andamento. Um membro da *Murder, Inc.*[50], num passeio pelo país para fazer o que sempre fizeram nos Estados Unidos (ou no México), atira em um membro das Forças Armadas que está sequestrando uma pessoa inocente. O Brasil invade os Estados Unidos por causa das tarifas protecionistas norte-americanas. A pequena Rhode Island (imagine o filme *O Rato Que Ruge*[51]) obriga que o governo dos Estados Unidos abandone a ocupação do Iraque. Como o libertário deve analisar essas ocorrências?

Entendemos como assuntos não-discutíveis, pelo menos dentro dos círculos libertários, que as seguintes impropriedades: controle de aluguel,

* Publicado em 25 de maio de 2005.

[49] Leis locais e estaduais que reforçavam a segregação racial no Sul dos Estados Unidos em vigor de 1876 até 1965. (N. do E.)

[50] *Murder, Inc.* (ou *Murder Incorporated*) era o nome que a imprensa deu para grupos do crime organizado durante a década de 1930 até a década de 1940 que atuaram como "mão armada" da máfia americana. (N. do T.)

[51] Comédia de 1959, estrelada por Peter Sellers e Jean Seberg. Conta a história de uma nação empobrecida que declara guerra aos Estados Unidos na esperança de perder, todavia, as coisas não saem como o planejado. (N. do E.)

recrutamento militar, as Leis Jim Crow, restrições comerciais aos domingos, estupro, roubo, sequestro, tarifas e a intervenção dos Estados Unidos no Iraque. Também tomamos como sequer dignos de debates dentro círculos libertários (pelo menos nos anarcocapitalistas) que as seguintes coisas são ilegítimas: os governos da França, da cidade de Nova York, da Califórnia, dos Estados Unidos, do Mississippi, da Louisiana, do Canadá, os *Crips*, os *Bloods*, as polícias estaduais, o *Murder, Inc.* e os governos do México, Brasil e Rhode Island.

Assim, em *todos* esses casos, existe uma instituição ilegítima atacando uma outra instituição ilegítima. Além disso, em todos os exemplos mencionados acima, caso os iniciadores da violência, chamemo-los de *A*, forem bem sucedidos nos ataques e *B*, as "vítimas" fracassarem, o mundo, inalteradas todas as outras coisas, será um lugar mais libertário. Ou seja, haverá menos coisas ruins (controle de aluguel, recrutamento militar, as Leis Jim Crow, restrições comerciais aos domingos, estupro, roubo, sequestro, tarifas e imperialismo norte-americano) acontecendo no mundo.

Assim, os libertários devem *permitir* todas essas incursões. Não podemos negar que a maioria, senão todas as incursões, seriam realizadas por grupos que são, eles mesmos, ilegítimos. Mas vamos nos abstrair dessa questão, concentremo-nos exclusivamente no ato em si e ignoremos a posição da pessoa ou do grupo em questão. Assim, podemos facilmente reconhecer que os *Bloods* e o governo da Louisiana são, ambas, instituições ilegítimas. Ambos se envolvem com roubo em grande escala (a última muito mais do que a primeira). No entanto, no caso específico mencionado acima, ambos estão realizando boas ações. Os *Bloods* impediram um estupro e o estado da Louisiana acaba com as restrições canadenses contra o comércio aos domingos. Se nos concentrarmos um pouco sobre os dois atos isoladamente, é difícil entender por que um libertário deveria fazer-lhes oposição.

Por outro lado, e certamente existe um "outro lado" sobre o assunto, a suposição fundamental *coeteris paribus*, inalteradas todas as outras coisas, certamente não é verdadeira. Melhor, se todas as incursões ocorressem, isso seria receita para a violência injustificada numa escala verdadeiramente monumental. Esse cenário seria o caos; a desordem numa escala nunca sequer contemplada. Pense a guerra dos Estados Unidos no Iraque e multiplique-a por, digamos, um milhão de vezes. Se esse cenário vier a se tornar realidade, isso pode realmente significar o fim de praticamente todo o mundo, com toda, ou quase toda, a população mundial sendo morta no conflito. Entendemos que isso também é incompatível com o libertarianismo.

Os governos, em particular, são organizações verdadeiramente perversas. Já é terrível o suficiente que continuamente maltratem os próprios cidadãos. Esforcemo-nos, pelo menos, para mantê-los confinados aos próprios territórios. Pois, quando um deles espezinha o outro, as violações de direitos são enormemente multiplicadas.

Então, o que está acontecendo aqui? Será que nós, libertários, nos alinhamos com os federalistas centralizadores ou com os anti-federalistas descentralizadores? Bem, nenhum dos dois. O ponto é que os dois grupos falam de coisas diferentes, achando que se referem à mesma coisa. Alguns focam apenas num dos elementos cruciais da situação, nos próprios pontos, e ignoram as considerações dos outros.

É justificável a França invadir Nova York e, assim, acabar com o controle de aluguel? Bem, entendo que o governo da cidade de Nova York teria poucos motivos para reclamar disso e as vítimas libertadas certamente não contestariam. As regulamentações habitacionais de Nova York vêm causando danos de todo o tipo, não só contra os proprietários, mas também contra os inquilinos. Isso é verdade no curto prazo e caso nada mais mude. Por outro lado, qualquer ato dessa natureza por parte dos franceses desencadearia inevitavelmente uma reação em cadeia levando a desfechos horríveis, mesmo a despeito dos precedentes estabelecidos por quaisquer ações do tipo.

Henry Hazlitt, no livro *Economia Numa Única Lição*, nos diz: "A arte da economia está em considerar não só os efeitos imediatos de qualquer ato ou política, mas também os mais remotos; está em descobrir as consequências dessa política, não somente para um único grupo, mas para todos eles"[52]. Nada poderia ser mais verdadeiro do que isso para o caso em questão.

No curto prazo, os centralizadores federalistas estão, de fato, certos. Saddam realmente era um homem mau e se a invasão norte-americana do Iraque pudesse ser limitada a exterminar um único elemento, sem "danos colaterais" e nenhum precedente fosse por ela estabelecido, tal ato seria, sem dúvidas, libertário. (Mais uma vez, estamos ignorando, *arguendo*, o fato de que o Exército dos Estados Unidos é financiado de maneira incompatível com o libertarianismo). Quando o Brasil ataca os Estados Unidos, forçando-os a remover as tarifas protecionistas, isso também promove a liberdade a curto prazo. As interferências comerciais são essencialmente anti-libertárias.

Entretanto, quando levamos em conta as consequências dessas ações, que são boas no curto prazo e fruto de uma perspectiva estreita, é difícil enxergar como poderiam ser conciliadas ao libertarianismo. Os descentralizadores anti-federalistas teriam de ser escolhidos por esse ponto de vista.

Então, qual é a perspectiva correta pela qual devemos olhar para esses acontecimentos? O longo prazo ou o curto prazo? Infelizmente, a economia não nos dá nenhuma resposta para essa pergunta complicada. É tudo uma questão de preferência temporal que, conforme a Economia Austríaca nos ensina, é uma questão inerentemente subjetiva.

---

[52] Henry Hazlitt. *Economia Numa Única Lição*. Trad. Leônidas Gontijo de Carvalho. 4ª ed. Rio de Janeiro: Instituto Liberal, 1990. p.5. (N. do E.)

Veja, nenhuma menção anterior foi feita à Constituição dos Estados Unidos, ou a qualquer outra. Isso porque, juntamente com Spooner, consideramos esse documento como sem "autoridade alguma".

Estamos longe, todavia, da conclusão do assunto. Existe mais a ser considerado, muito mais. Primeiramente, como uma questão praticamente inevitável, se a França invadir Nova York para acabar com o controle de aluguel, também estaria necessariamente matando civis inocentes. Os franceses não podem simplesmente atacar o governo de Nova York. Além disso, a França estaria agredindo os próprios cidadãos ao atacar Nova York, através da tributação e/ou do recrutamento militar.

Em segundo lugar, a verdadeira questão em pauta é a seguinte: se um Estado perigoso já está configurado, mas que alega derivar sua autoridade de um documento que lhe concede poderes, mas que também o limita, pergunto: seria útil, do ponto de vista libertário, tentar prendê-los a esse documento, isto é, tentar mantê-los dentro dos limites aos quais até mesmo o Estado admite estar vinculado?

Acreditamos que é eminentemente sensato e libertário dizer para tal governo: – "Ei, espere um momento – você mesmo disse que só estão autorizados a fazer *A*, *B*, e *C*, e que não podem fazer *X*, *Y* e *Z* – e aqui você está fazendo *X*, então é melhor você começar a jogar com base nas próprias regras". Em outras palavras, o governo federal dá a entender que é definido pela Constituição. A Constituição, ilícita, diz que não permite obrigar um dos estados a abdicar de seu controle sobre o aluguel (por exemplo). Então, se nós, enquanto libertários, defendermos que o governo federal age inconstitucionalmente ao forçar Nova York a acabar com o controle sobre o aluguel porque o resultado seria algo libertário, o prejuízo imediato seria estarmos defendendo o princípio de que os *feds* podem desconsiderar a Constituição. Isso significa estarmos defendendo o esvaecimento de um dos poucos predicados institucionais que, na prática, impõem limites ao Estado.

Pensemos nisso dessa forma: você tem um dragão perigosíssimo acorrentado a uma montanha. Você quer que ele ataque um bando errante de bandidos, mas para tal, tem de soltá-lo. Então, você vai e solta o monstro, ele sai voando e, de fato, ataca os bandidos, matando alguns deles. Mas, para manter a analogia perfeita, apenas alguns dos bandidos são mortos, nem todos, uma vez que o Estado é notoriamente ineficiente. Diríamos que essa é uma coisa boa, pois o dragão matou alguns dos bandidos.

Mas seria algo bom desacorrentar tal besta? Os atos estão interligados. Ambos os meios e os fins da ação devem ser libertários. O fim (bandidos mortos) é libertário; mas e o meio, desacorrentar um monstro perigoso? A mesma coisa acontece com o governo federal: os fins, anular as leis de controle de aluguéis em Nova York etc. são bons, mas os meios escolhidos, afrouxando as restrições contra um monstro, são claramente anti-libertários. E aqui retomamos o ponto em que ponderávamos acerca do curto prazo *versus* o longo prazo, que é análogo à escolha entre meios e fins.

Em terceiro lugar, os libertários, em nossa opinião, deveriam ser sobretudo *honestos* e francos. Quaisquer que sejam as nossas opiniões sobre o que seria um sistema ou situação mais libertária, honestidade e integridade nos mandam identificar com precisão o nosso sistema atual.

Se é, obviamente, libertário para os federais anular uma lei de controle de aluguel em Nova York, o libertário honesto, então, deveria simplesmente dizer que ele está feliz com o resultado, contente que a Suprema Corte tenha feito o que fez, apesar de não ser constitucional. No nosso modo de ver, é desonesto inventar argumentos de conveniência dizendo que a ação que você prefere vem a ser constitucional. É coincidência demais que, quando os libertários centralistas regozijam sobre uma determinada ação federal, calha da última ser alinhada com a Constituição. Seria melhor simplesmente admitir que tal ação federal é inconstitucional e, em seguida, dizer “e daí”?

Em quarto lugar, enquanto economistas *wertfrei*[53] podem não ser capazes de escolher entre o curto e o longo prazo, como seres humanos com valores e como libertários, achamos que é sensato atribuir ao longo prazo ao menos um pouco de importância. Não se deseja a liberdade por apenas quinze minutos.

Uma última reflexão. Se estivéssemos agora em uma Convenção Constitucional e um bando de fãs arrogantes de James Madison e Benjamin Franklin estivessem planejando um novo governo, será que um libertário deveria apoiar esse novo Estado central ter poderes limitados/enumerados? É claro que sim, seria entendido que, se o novo Estado central tiver apenas poderes contados, em alguns casos, não será capaz de intervir no sentido de impedir que os estados constituintes se engajem em certas práticas antilibertárias. Definitivamente, apoiaríamos tal estrutura – para enumerar o poder do novo Estado central e limitá-lo a apenas tais poderes. A alternativa é o novo governo central ter poderes ilimitados. Que tipo de libertário seria a favor da criação de um governo ilimitado? Portanto, escolheríamos e seríamos a favor de limitar os poderes do governo, mesmo que isso significasse, mais à frente, que seria incapaz de impedir que os estados constituintes fizessem coisas ruins.

E continuaria sendo verdade mesmo se, no futuro, tentássemos fazer com que o governo central violasse suas limitações constitucionais em prol da liberdade em uma situação específica. O fato de que adotaríamos uma abordagem mais *ad hoc* ou pró-resultados caso a caso não significa que nos oporíamos, como princípio geral, ao Estado *ter* limites.

Washington, D. C. anula o controle de aluguel em Nova York e encerra a tarifação sobre o vinho nesse estado. Isoladamente, isso soa muito bem aos ouvidos libertários. No entanto, a partir de uma perspectiva mais profunda, observando as consequências de longo prazo, esses atos são altamente problemáticos.

[53] Imparciais, que não fazem juízos de valor. (N. do E.)

Obrigado, Sr. Libertário

Sempre que alguém menciona "a Economia Austríaca sem você-sabe-quem", os conhecedores sabem exatamente de quem se trata: Ludwig von Mises, é claro. Essa questão surgiu no final do século passado, durante uma discussão sobre o fenômeno do renascimento da Escola Austríaca de Economia, quando alguns temiam que Mises fosse muito radical e intransigente. Precisou ser rejeitado para o favorecimento dos mais moderados como, por exemplo, Friedrich A. Hayek para que a escola praxiológica conseguisse fazer algum progresso, ao menos da perspectiva dos que estão em Washington D.C..

Mas e esse "libertarianismo sem você-sabe-quem?" A quem se aplica a referência? A Murray N. Rothbard, é claro. Existem aqueles que, como no caso de Mises, afirmam que Rothbard também era muito radical e intransigente. Para o libertarianismo prosperar, também precisa ser ignorado, para que libertários mais moderados melhor ressoem, tal como, por exemplo, Milton Friedman.

Este livro é dedicado à memória de Murray N. Rothbard. É justo que este capítulo final também lhe seja dedicado, já que todo este livro é fruto do que aprendi direta e indiretamente desse grande homem. Era meu mentor, guru, amigo, confidente; sem ele, este conjunto de ensaios não poderia ter sido escrito.

Pretendo realizar a tarefa com a intermediação de sete estudiosos, também amigos dedicados de Murray: Wendy McElroy, Lew Rockwell, Joe T. Salerno, Gary North, Ron Paul, Justin Raimondo e Tom Woods. Cada um deles demonstra de modo brilhante as contribuições verdadeiramente gigantescas que Rothbard fez à liberdade e à boa economia e o fato de que, pelo menos em alguns círculos, não receber os devidos méritos.

Tom Woods cita Robert Higgs, outro estupendo colaborador da "ciência da liberdade"[54], que afirma:

> A erudição de Murray Rothbard abrangia uma enorme gama de assuntos, incluindo a Filosofia, Metodologia, Teoria Econômica, História do Pensamento Econômico e Político, História da Economia, Política Econômica, Direito e Política contemporânea. Já tinha uma carreira de economista especialista em História Econômica dos Estados Unidos estabelecida quando comecei a ler seu trabalho. Desde que comecei, jamais parei.[55]

Woods critica o modo como Rothbard vem sendo tratado por várias pessoas, muitas delas pseudo-libertárias e outras, na minha opinião, merecedoras de tal honraria. Numa apresentação verdadeiramente brilhante, Woods demonstra como Rothbard foi varrido para baixo do tapete da memória proverbial, como foi completamente ignorado por aqueles que aí estão por terem subido em seus ombros. Uma coisa é criticar Murray Rothbard, seja a partir de uma perspectiva libertária ou não-libertária. Isso é perfeitamente aceitável. É até mesmo benéfica, pois todos aprendemos com essas contribuições; chegamos muito mais perto das verdades sobre os assuntos. No entanto, negligenciar esse gigante da liberdade e ainda fazer isso em nome do libertarianismo é algo injusto e imperdoável. Obrigado, Tom Woods, por trazer a verdade à tona.

Segundo McElroy:

> Em quarenta e cinco anos de magistério e ativismo, Rothbard produziu mais de duas dúzias de livros e milhares de artigos que decodificaram o mundo sob uma perspectiva individualista radical. Ao fazer isso, não seria exagerado dizer que Rothbard criou o movimento libertário moderno. Especificamente, refinou e fundiu:
>
> - Teoria da lei natural, usando um aristotelismo básico ou uma abordagem Randiana;

[54] Expressão cunhada por Murray.

[55] Ver: Tom Woods, 2013. "Rothbard was a hack." October 25; http://tomwoods.com/blog/rothbard-was-a-hack, acesso em 31/jan/2016.

- O libertarianismo civil radical dos individualistas-anarquistas do século XIX, especialmente Lysander Spooner e Benjamin Tucker;
- A filosofia de livre mercado dos economistas austríacos, em particular Ludwig von Mises, na qual incorporou extensas historiografias econômicas; e
- A política externa do antigo Direito Americano – ou seja, o isolacionismo.[56]

Cada um destes pontos é crucial. Antes do advento da existência de Rothbard, se uma pessoa defendia a paz, praticamente era obrigada a criticar o mercado, pois o movimento em prol da livre iniciativa, conforme se estabelecia, era quase uma subsidiária totalmente composta por conservadores e belicistas intervencionistas. Praticamente todos os historiadores revisionistas eram, na melhor das hipóteses, críticos ferrenhos do capitalismo *laissez-faire*. Combinar o aristotelismo com as teorias de Mises, com Spooner e Tucker, com a paz e o não-intervencionismo foi visto por muitos como uma espécie de variante de esquizofrenia político-econômica, pois essas vertentes tão díspares não só destoavam umas das outras, mas eram tidas como inimigas mortais. Apenas nas mãos de um Murray Rothbard que estas vertentes tão díspares puderam ser transformadas em algo coeso, formando o movimento libertário moderno. E não somente "fundiu" essas vertentes, mas também as "refinou", dando contribuições importantes e originais para todas. Obrigado, Wendy McElroy, por trazer a verdade à tona.

Um caso semelhante ocorreu em relação à explicação sobre o renascimento da Escola Austríaca durante a década de 1970, pois Murray Rothbard não é apenas o sr. Libertário, mas também o sr. Austríaco. Alguns comentaristas atribuem esse fato ao prêmio Nobel de Economia dado a Hayek em 1974. Outros afirmam que a responsável por desencadear essa feliz ocorrência foi a conferência sobre Economia Austríaca realizada em

[56] Wendy McElroy, "Murray N. Rothbard: Mr. Libertarian".May 28, 2008; http://www.wendymcelroy.com/rockwell/mcelroy000706.html, acesso em 31/jan/2016.

South Royalton, Vermont, também em 1974, já que reuniu um grande número de jovens praxiologistas. Nenhuma delas conseguiria ter explicado o renascimento austríaco. Prêmios Nobel em Economia raramente ou nunca engendram ou ressuscitam escolas esquecidas do pensamento econômico.

E o fato de haver dezenas de jovens estudantes participando do evento em South Royalton em 1974 e isso ter sido o gatilho para o renascimento da Escola Austríaca, como é que foram parar lá, em primeiro lugar? De onde surgiu o grande grupo de acadêmicos em início de carreira se a Economia Austríaca estava moribunda o suficiente para necessitar de reanimação naquele momento?

Foi Joe Salerno quem deu a explicação certa:

> Esse punhado de contribuições esparsas à Economia Austríaca oriundos dos anos 1950, no entanto, poderiam ter sido os estertores da escola em vez de ser o prelúdio de seu renascimento, não fosse o gênio criativo de Murray Rothbard que veio a dar frutos no início da década de 1960. O ressurgimento da Economia Austríaca como movimento científico vivo remonta à publicação da obra de Rothbard, *Man, Economy and State [Homem, Economia e Estado]* em 1962, uma contribuição à Economia Austríaca e à Economia pura em geral que figura entre uma das mais brilhantes realizações na história do pensamento econômico. O livro era um tratado de dois volumes e quase mil páginas, escrito num inglês fascinante que deduzia logicamente, passo a passo, todo o *corpus* da teoria econômica do fato inegável de existir uma ação humana intencional. Integrou os *insights* e teoremas de dúzias de economistas austríacos anteriores, de Menger a Mises em um conjunto de princípios científicos sistemático e abrangente de teoria econômica.[57]

Salerno continua:

> Rothbard não somente desenvolveu, mas deu novos contornos ao paradigma praxeológico a tal ponto de seu nome estar inextrincavelmente ligado aos

[57] Ver: Joseph T. Salerno. "O Renascimento da Escola Austríaca – à Luz da Economia Austríaca".In: *Mises: Revista Interdisciplinar de Filosofia, Direito e Economia.* Vol. I , n. 1 (Jan-Jun 2013). p. 141. (N. do E.)

maiores pensadores da Economia Austríaca: a linhagem da Economia Austríaca desse momento em diante são as obras de Menger, Böhm-Bawerk, Mises e Rothbard.[58]

Sendo eu mesmo um dos jovens participantes na conferência de South Royalton (tinha 33 anos em 1974), certamente posso atestar que, não fossem as deslumbrantes publicações de Rothbard, não teria tomado parte nesse evento. E isso se aplica a praticamente todos os outros participantes, caso levemos em consideração as conversas informais que tivemos na época. Obrigado, Joe Salerno, por trazer a verdade à tona.

Lew Rockwell analisa muito bem essa questão quando diz:

> Rothbard foi o arquiteto do corpo de ideias mundialmente conhecido como libertarianismo. Esta filosofia política radicalmente anti-estatista reúne a economia de livre mercado, o aferro incondicional aos direitos de propriedade privada, a preocupação profunda com a liberdade humana e um amor pela paz, concluindo que a sociedade deve ser completamente livre para se desenvolver sem qualquer interferência do Estado, o qual pode e deve ser eliminado.[59]

Obrigado, Lew Rockwell, por trazer a verdade à tona ao criar o *Mises Institute* que, pelo que sei e, claro, ao dizer isso não estou criticando tal instituição de renome mundial, que obviamente é o memorial de Murray Rothbard. Que melhor obra a contribuição de Murray N. Rothbard poderia haver senão um *Mises Institute* vivo, verdadeiro, a afirmação da vida dedicada ao libertarianismo, à Economia Austríaca e à paz mundial. Sei que Murray, de onde quer que agora esteja, olha para baixo com um grande sorriso no rosto.

Aqui, gostaria de citar Gary North:

> É assim que se joga o melhor jogo acadêmico e os Lachmannianos sabem disso. Devem procurar por cargos em universidades de menor prestígio. No

[58] Idem. *Ibidem*. p. 142. (N. do E.)

[59] Llewellyn H. Rockwell, *The Left , The Right, and The State* (Auburn, Ala.: Mises Institute, 2008), p. 404.

entanto, o dinheiro é bom, então continuam jogando. Ocasionalmente até citam Mises em notas de rodapé, mas raramente usam os escritos originais para defender suas posições. Não o citam como leitura obrigatória. Partem para novas abordagens – abordagens que são mais aceitáveis metodologicamente, ou pelo menos esteticamente admissíveis, para os editores keynesianos de terceiro escalão. Ignoram Rothbard ou então descartam-no. Não citam seus escritos.

Uma coisa têm em comum: quase ninguém já ouviu falar de deles. Dentro da academia keynesiana são pouco conhecidos. Dentro da disciplina acadêmica de Economia de livre mercado, dominada pelos economistas da Escola de Chicago, podem até receber um tapinha na cabeça e ser convidados a falar em uma conferência acadêmica. A eles é permitido dizer algumas palavras em resposta ao orador principal em uma das sessões menos significativas. Mas, na maioria das vezes, permanecem invisíveis perante seus pares.

Isso os irrita. O que os perturba ainda mais é o fato de que o Instituto Mises e *LewRockwell.com* são rothbardianos. Ambos os sites são muito bem classificados em diversos *rankings online*. Recebem um enorme tráfego diário. A Escola Austríaca é conhecida do público geral apenas por meio dos sites influenciados por Rothbard.[60]

Ron Paul sempre disse que Rothbard foi uma grande influência em seu pensamento. Certa vez escreveu:

> Seria difícil cometer algum exagero ao falar da influência do Professor Murray N. Rothbard sobre o movimentos pela liberdade e livre mercado. É um gigante vivo da Economia Austríaca e conduziu o, agora, formidável movimento desde a morte de seu grande mestre, Ludwig von Mises, em 1973. Todos lhe somos gratos por manter vivo o legado de Mises, cujo trabalho permitiu-lhe construir o seu pensamento e o ampliar. [...] *A Grande Depressão Americana* foi um livro fundamental para a minha conversão ao autêntico livre mercado, ao pensamento libertário. A confiança que ganhei com toda a munição fornecida por Rothbard encorajou-me para entrar na política, uma vez que precisava da garantia de que minha lealdade intuitiva à liberdade era compartilhada por

[60] Gary North. "Tenured Austrian Economics vs. Murray Rothbard". March 13, 2013; http://www.garynorth.com/public/10768.cfm, acesso em 31/jan/2016.

grandes pensadores. Rothbard ensinou-me a sempre manter em mente a distinção entre a pacífica atividade do mercado e a coerção do Estado. Serviu-me como um guia constante desde que fui empossado.[61]

Talvez Justin Raimondo seja o maior responsável por esclarecer e aclamar o caminho traçado por Murray N. Rothbard, até porque o fez ao escrever uma biografia completa. Raimondo desbanca uma série de falácias sobre Rothbard.[62] Entre elas, a de que o "sr. Libertário" (Rothbard, é claro) não era uma influência duradoura, que perdeu tempo quando deixou o reino da teoria econômica pura abandonando o libertarianismo, que era um esquerdista, um paleo-conservador, um interesseiro e muito, muito mais. Não, não, não. Raimondo demonstrou que ele se apegou ao austro-libertarianismo e à paz durante toda a vida e lhes legou contribuições monumentais.

Obrigado, Justin Raimondo, por trazer a verdade à tona.

[61] Robert Wenzel. "Murray Rothbard Down the Memory Hole at Campaign for Liberty": http://www.economicpolicyjournal.com/2014/04/murray-rothbard-down-memory-hole-at.html, acesso em 31/jan/2016.

[62] Justin Raimondo, *An Enemy of the State* (New York: Prometheus, 2000).

Posfácio à 2ª Edição Brasileira

O Caminho para a Sociedade Libertária

Raphaël Lima

Não obstante terem sido escritos no começo dos anos 2000 (uau, o tempo passou!), os artigos de Walter Block que compõem o livro *Rumo a uma Sociedade Libertária* continuam muito atuais, e de várias formas previram o discurso estatista que viria na década seguinte. Todas as ideias que ele critica aqui evoluíram e continuam sendo defendidas: bombardear países e civis inocentes até que concordem conosco, tentar revogar a lei da oferta e demanda, e obrigar as pessoas a viverem de outra forma, mesmo que não tenham ferido ninguém.

Os alvos podem ter mudado um pouco, mas a estrutura é a mesma. Assim como as respostas de Block continuam sendo perfeitamente válidas, com seus exemplos criativos e pouca preocupação em chocar o leitor com excesso de lógica e libertarianismo. Este livro é apenas uma parte de toda a estrutura libertária, apresentada de uma maneira mais leve e mais digerível. E espero que a leitura da obra tenha trazido interesse sobre as partes mais carnudas e profundas da filosofia da liberdade. O autor dedicou não só este volume, mas boa parte de sua carreira, ao esforço de compreender e explicar as consequências lógicas da aderência ao Princípio de Não-Agressão (PNA) e a defesa da propriedade privada, os pilares da filosofia libertária. Recomendo sem ressalvas a leitura de todos os seus outros trabalhos.

Porém o leitor pode estar se perguntando: ok, mas como chegamos lá? Como podemos propagar e proteger a filosofia libertária de maneira que as ideias de Block sejam postas em prática e não sejam consumidas de volta pelo buraco negro da estatolatria?

De várias formas a resposta para isso está implícita na escrita de Block e de tantos autores diferentes que já se debruçaram sobre esse tema, mas vamos explicitá-las aqui, para que você não fique de mãos vazias.

Embora os frutos do libertarianismo sejam mais explícitos nos campos da economia, da política externa e das liberdades individuais, não podemos jamais esquecer que suas raízes filosóficas estão no solo da cultura. O caminho para uma sociedade libertária é o cultivo e preservação de valores morais e culturais compatíveis e defensores da liberdade. Também precisamos rejeitar e expurgar do nosso comportamento, além de não premiar ou encorajar nos outros, valores incompatíveis com uma sociedade libertária.

Isso começa por entender que você é digno de liberdade, capaz de desenhar seus próprios objetivos e, em cima disso, forjar seu próprio caminho. Uma pessoa que não tem um apreço por si própria terá pouca ou nenhuma razão para ter apreço pela liberdade. Isso porque quem se entende como incapaz e maligno terá mais facilidade de fechar os olhos e mente, e aceitar a dominação estatal. Do outro lado, uma pessoa consciente de sua própria dignidade, habilidade e capacidade entenderá como o Estado é um impedimento e uma falsa ajuda.

Ademais, quem tem esse senso de dignidade entende mais facilmente que o Estado e seus funcionários poderão tentar lhe roubar da honra e responsabilidade de seu sucesso. Poucas coisas são mais insultantes que um político dizendo que fez um museu, que incentivou a pesquisa, ou que gerou empregos, quando tudo que ele realmente fez foi berrar ordens e ameaças para outras pessoas, apenas para depois furtar delas a dignidade do orgulho de um trabalho bem feito.

Quem tem dignidade e autoconfiança não exige ser ajudado, mas pede uma oportunidade para provar o próprio valor. Quem sabe que é capaz, não só de fazer, mas também de aprender, não pedirá facilidades, barreiras, cotas ou cargos, e sim que o jogo tenha as mesmas regras para todos.

Os valores opostos a esse senso de dignidade tomam várias formas. A mais simples é a glorificação do "coitadismo", a constante corrida por quem sofreu mais e, portanto, merecedor de mais ajuda dos outros, obtida via coerção estatal. A combinação de pressão social e recompensa financeira para o abandono da autoconfiança é um veneno para a liberdade e para a civilização.

E para que objetivo deve se voltar a ação do homem? Ora, para a sua própria felicidade, como ele a definir. Não podemos perpetuar ou coadunar com a perpetuação da ideia de que um indivíduo deve servir uma causa independente de sua vontade, ou que sua função de existência seja servir outros.

A cultura de servidão obrigatória é uma das raízes da mentalidade estatista. Caso seja incentivada uma mentalidade coletivista, segundo a qual todos devem servir a uma causa, seja ela a nação, o proletariado ou natureza, então é lógico que o Estado pode e deve obrigar todos, por quaisquer meios disponíveis, a servir esta causa. O Estado totalitário, então, se torna apenas uma simples conclusão lógica.

Não devemos glorificar quem viveu em submissão, em resignação ou em passividade, e sim quem superou dificuldades, quem não se satisfez com mediocridades e quem desbravou novos caminhos. Em suma, quem obteve de sua vida a maior e mais completa realização e satisfação, contanto que não tenha agredido outros indivíduos.

Isto acarreta também em cultivar uma cultura de respeito pelos demais indivíduos, por suas ideias, objetivos e escolhas. Isso não significa aceitar passivamente as crenças alheias, calando-se diante dos erros. Se você acredita que outros estão empregando os meios errados para seus objetivos, é perfeitamente livre para explicar por que acredita nisso, para tentar persuadi-los a abandonar os caminhos errados, e até para boicotá-los caso decida não tomar parte de um desastre.

Mas se queremos cultivar e preservar a liberdade, devemos entender que existe uma barreira intransponível entre discordar do caminho de vida de alguém e o direito de obrigar tal pessoa, com o uso de força, a seguir o caminho que você acha ser o melhor. Outras pessoas não são sua propriedade, suas ferramentas ou suas empresas, e sim donas de si mesmas.

É em boa parte desses valores que floresce o respeito pela propriedade privada. Se não julgamos que o outro tem o direito de viver sua própria vida e forjar sua própria felicidade, por que respeitaríamos o seu corpo, seu trabalho e o que ele obteve como resultado de seu suor? Se não acreditamos que ele é capaz de construir, a partir de sua mente, trabalho e livre cooperação, uma boa vida e contribuir para uma boa sociedade, por que o deixaríamos livre para fazer isso?

O estatismo vem em grande medida de um desprezo pelo outro. Que outra ideia poderia justificar obrigar outros, sob ameaça de grande violência ou morte, e a lhe obedecer? Isso já está em grande parte incorporado a nossa mentalidade via a máxima de "faça para os outros o que você gostaria que fizessem por você". Precisamos preservar esta ideia, e não ser tolerantes com pessoas que vivem relativizando isso.

Finalmente, mas ainda muito longe de esgotar o assunto, um valor fundamental para o avanço e preservação da liberdade, assim como a própria civilização (e existe diferença?) é o pensamento de longo prazo. Aqueles que buscam uma solução imediatista, que não estão dispostos a investir trabalho e suor para construir algo melhor no futuro, ou que não entendem como a riqueza hoje é o resultado de muito esforço passado são justamente aqueles que marcharão pelas ruas com plaquinhas e frases de efeito, exigindo que um político decrete que um problema deixe de existir.

O que gerações criaram com muito cuidado e afinco pode ser exterminado quase instantaneamente por um decreto estatal, porém aqueles que acham que riqueza existe porque foi roubada de alguém ou que não entendem que os ricos de hoje foram os pobres do passado são a maior ameaça para a humanidade.

A boa economia nos ensina que a produtividade, a raiz da riqueza atual, é oriunda do investimento de recursos economizados previamente. Quem tem um pensamento de curto prazo, preguiça, ou incapacidade de postergar gratificação, é imensamente mais propenso a roer hoje as sementes do desenvolvimento de amanhã, ou pior, a exigir que o Estado faça isso com a poupança dos outros.

Cultivar e defender tais valores não exige revolução qualquer, pois boa parte já estão presentes na cabeça de muitos. Nos últimos anos encontrei várias pessoas que defendiam todos os valores e princípios libertários sem saber que o libertarianismo existe. Mas um número muito maior de pessoas defende alguns desses valores sem compreender as conclusões lógicas deles, ou com inúmeras contradições.

Isso não acontece por má-fé ou desonestidade, e sim porque simplesmente faltam pessoas que estudaram o libertarianismo e têm a capacidade e paciência para explicar essas ideias. É um trabalho árduo e longo, mas se não fosse assim, muito provavelmente já teria sido feito. Este é o caminho para a liberdade. Vamos trilhá-lo.

O livro *Rumo a uma Sociedade Libertária* nos ajuda a entender as consequências lógicas da defesa da propriedade privada, e perceber onde o estatismo pode entrar no discurso geral, envenenando o raciocínio das pessoas. É como um detector de ideias estatistas, também equipado com os remédios para quando essa febre for detectada. Use-o sem moderação.

Índice Onomástico

O

P

Q

R

S

T

U

V

W

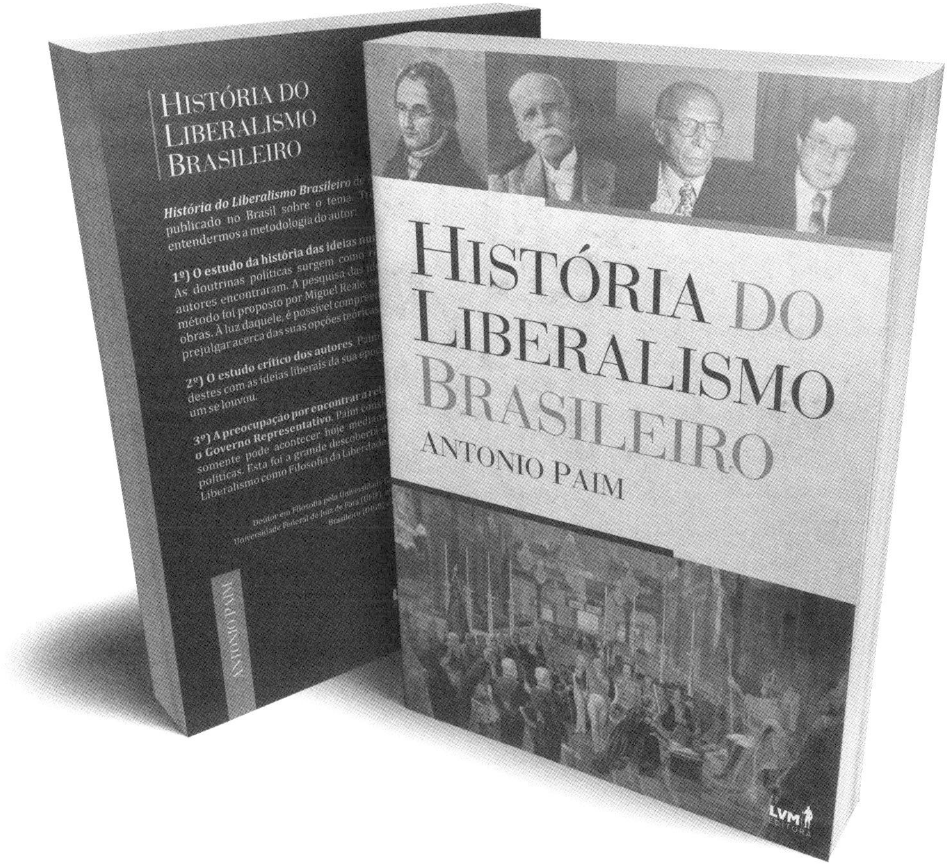

A trajetória pessoal e o vasto conhecimento teórico que acumulou sobre as diferentes vertentes do liberalismo e de outras correntes políticas, bem como os estudos que realizou sobre o pensamento brasileiro e sobre a história pátria, colocam Antonio Paim na posição de ser o estudioso mais qualificado para escrever a presente obra. O livro *História do Liberalismo Brasileiro* é um relato completo do desenvolvimento desta corrente política e econômica em nosso país, desde o século XVIII até o presente. Nesta edição foram publicados, também, um prefácio de Alex Catharino, sobre a biografia intelectual de Antonio Paim, e um posfácio de Marcel van Hattem, no qual se discute a influência do pensamento liberal nos mais recentes acontecimentos políticos do Brasil.

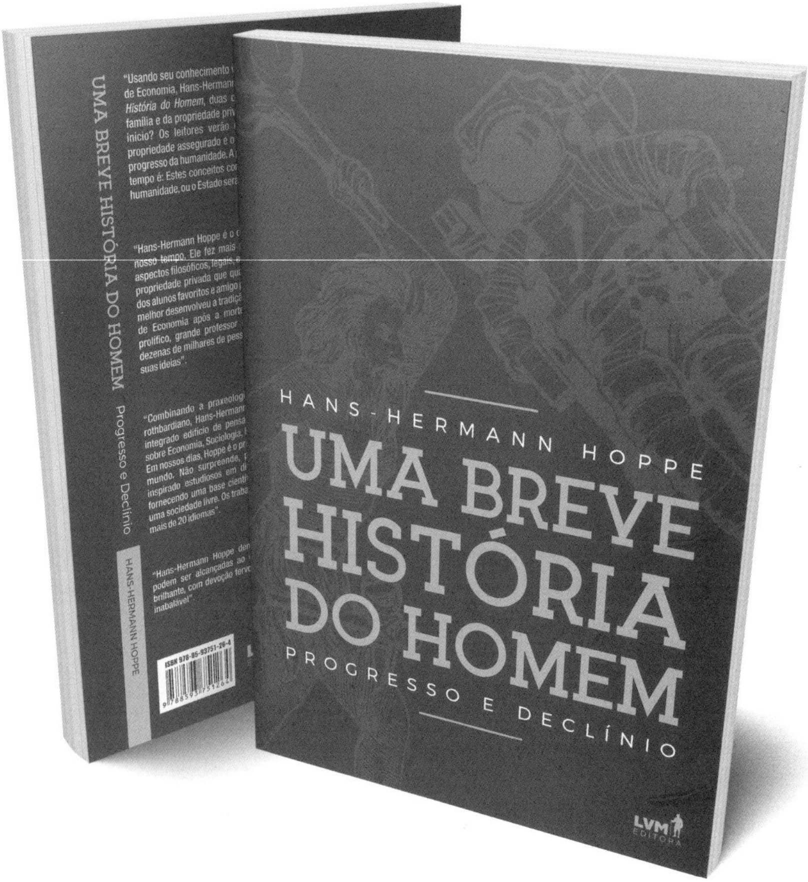

Uma Breve História do Homem: Progresso e Declínio de Hans-Hermann Hoppe, em um primero momento, narra as origens e os desenvolvimentos da propriedade privada e da família, desde o início da Revolução Agrícola, há aproximadamente onze mil anos, até o final do século XIX. O surgimento da Revolução Industrial há duzentos anos e análise de como esta libertou a humanidade ao possibilitar que o crescimento populacional não ameaçasse mais os meios de subsistência disponíveis são os objetos da segunda parte. Por fim, no terceiro e último capítulo, o autor desvenda a gênese e a evolução do Estado moderno como uma instituição com o poder monopolístico de legislar e de cobrar impostos em determinado território, relatando a transformação do Estado monárquico, com os reis "absolutos", no Estado democrático, com o povo "absoluto".

Os objetivos principais do livro *A Bela Anarquia* de Jeffrey Tucker são: 1) chamar a atenção para a realidade que nos cerca, mas que dificilmente nos preocupamos em notar, muito menos de celebrar; 2) exortar a disposição de abraçar este novo mundo como um meio de melhorar nossas vidas independentemente do que as instituições anacrônicas de poder estatal desejem que façamos; 3) elucidar as causas e efeitos que criaram este novo mundo; e 4) estimular mais ainda as boas instituições que criaram esta bela anarquia. Esta obra cobre os usos das mídias sociais, a obsolescência do Estado-nação, o modo como o governo está destruindo o mundo físico, o papel do comércio na salvação da humanidade, as depredações da política monetária dos governos e o mal da guerra, bem como a mentira da segurança nacional e o papel das sociedades privadas como agentes de libertação.

No livro *Criminalização*, o professor Mark Thornton busca estimular o debate, nas comunidades acadêmica e política, acerca da proibição das drogas, com o objetivo de que tais discussões possam nos conduzir a uma política pública mais racional. A obra é uma investigação pioneira, que apresenta, ao mesmo tempo, tanto uma narrativa histórica acerca da proibição do álcool e das drogas quanto uma teoria econômica acerca das fracassadas tentativas governamentais de proibir a comercialização de substâncias entorpecentes. Fundado na experiência histórica da chamada Lei Seca e em estudos recentes sobre a legislação norte-americana contra a maconha, a cocaína e a heroína, dentre outras, o autor demonstra que criminalização impõem custos severos e que é extremamente difíceis de implementar, defendendo, assim, que, de um ponto de vista econômico, a proibição efetiva é impossível de alcançar.

Liberdade, Valores e Mercado são os princípios que orientam a LVM Editora na missão de publicar obras de renomados autores brasileiros e estrangeiros nas áreas de Filosofia, História, Ciências Sociais e Economia. Merecem destaque no catálogo da LVM Editora os títulos da Coleção von Mises, que será composta pelas obras completas, em língua portuguesa, do economista austríaco Ludwig von Mises (1881-1973) em edições críticas, acrescidas de apresentações, prefácios e posfácios escritos por especialistas, além de notas do editor.

O Conflito de Interesses e Outros Ensaios é uma coletânea de quatro textos acadêmicos de Ludwig von Mises, publicados entre os anos de 1929 e 1945, mas ainda muito atuais. No primeiro ensaio é abordada a questão do conflito de interesses entre diferentes grupos sociais. O mito do fracasso do capitalismo é o tema do segundo. O terceiro discute o problema internacional do direito de imigração. No quarto e último trabalho é analisada a importância de Carl Menger e da Escola Austríaca de Economia. Além do prefácio original de Murray N. Rothbard, foram inclusos nesta edição um prefácio de Adriano Gianturco, uma introdução de Hans-Hermann Hoppe e um posfácio de Claudio A. Téllez-Zepeda.

Caos Planejado foi lançado pela primeira vez em 1947. O título vem da descrição de Ludwig von Mises sobre a realidade do Intervencionismo e do Socialismo, tanto em suas variantes nacionalistas, representadas pelo Nazismo e pelo Fascismo, quanto pelo internacionalismo comunista. No lugar de criar uma sociedade ordenada, as tentativas de planejamento estatal têm gerado apenas o caos. A obra é um profundo ataque a todas as formas de controle governamental, totalitário ou democrático, que marcaram o panorama século XX. Nesta versão em português, além dos prefácios de Leonard E. Read e de Christopher Westley, elaborados, respectivamente, para as edições norte-americanas de 1961 e de 2015, foram inclusos uma apresentação de Richard M. Ebeling, um prefácio de Bruno Garschagen e um posfácio de Ralph Raico.

Acompanhe a LVM Editora nas Redes Sociais

https://www.facebook.com/LVMeditora/

https://www.instagram.com/lvmeditora/

Esta obra foi composta por Ricardo Bogéa | Artífices em
Garamond, Lumberjack e Univers LT Std
e impressa pela Evangraf para a LVM em setembro de 2018.